KB161814

임동석중국사상100

논 어

論 語

朱熹 集註 / 林東錫 譯註

"상아, 물소 뿔, 진주, 옥. 진괴한 이런 물건들은 사람의 이목은 즐겁게 하지만 쓰임에는 적절하지 않다. 그런가 하면 금석이나 초목, 실, 삼베, 오곡, 육재는 쓰임에는 적절하나 이를 사용하면 닳아지고 취하면 고갈된다. 그렇다면 사람의 이목을 즐겁게 하면서 이를 사용하기에도 적절하며, 써도 닳지 아니하고 취하여도 고갈되지 않고, 똑똑한 자나 불초한 자라도 그를 통해 얻는 바가 각기 그 자신의 재능에 따라주고, 어진 사람이나 지혜로운 사람이나 그를 통해 보는 바가 각기 그 자신의 분수에 따라주되 무엇이든지 구하여 얻지 못할 것이 없는 것은 오직 책뿐이로다!"

《소동파전집》(34) 〈이씨산방장서기〉에서 구당(丘堂) 여원구(呂元九) 선생의 글씨

책머리에

동양에서 2천여 년을 두고 첫째로 많이 읽고 연구해온 책을 거론하라면 누구나 주저없이 《논어》를 들 것이다. 우리나라도 이미 삼국시대 이를 읽고 연구하여 일본에게 전해준 기록이 생생히 남아있다.

그만큼 동양인이라면 이를 기본 계단으로 삼아 깊고 심오한 학문의 세계로 들어섰던 것이다. 특히 과거 유학이 곧 국시였던 시대에는 태어나 죽을 때까지 이 《논어》의 구절을 읊고 되색이며 화제와 비유, 생동의 근거로 삼아 생활 전반에 이를 적용하였다. 그리하여 집집마다 꽂아두고 서당마다 이를 암송하였으며 나아가 과거시험과 벼슬길에 이를 읽지 아니하고 선뜻 나선다는 것은 꿈도 꿀 수 없었다.

나도 지난날 선생님에게 이 《논어》를 배우면서 선비의 꿈을 꾸었고, 학문의 길을 나서게 되는 계기를 얻게 되었다. 특히 단장취의斷章取義한 구절일망정 지금까지 나를 이토록 한 가지에 매달릴 수 있게 한 것이 바로 "죽어야 말리 녀겨"(死而後己. 191)이다. 그래서 힘들고 지칠 때마다 '하늘이 나를 사랑하기 때문에 이렇게 노고롭게 하나보다'라고 하면서 "사랑한다면서 능히 괴롭지 말라하랴?"(愛之, 能勿勞乎. 340)를 되뇌이며 "가고 또 가고"(行行重行行)하는 길밖에 없었다. 작은 표점하나 그냥 지나치지 못하다가 끝내 일의 바른 길을 터득하는 기쁨도 맛보았으니 일찍이 어떤 사람이 공자를 두고 "그 선생님은 어찌 그리 다능한가?"라고 묻자 공자가 이를 듣고 "나는 어려서 빈천했었다. 그 때문에 하찮은 일에도 능력이 많은 것이다"(吾少也賤, 故多能鄙事. 211)라 하였다. 그리고 급히 성과를 보고자 하였더니 가로막는 걸림돌이 하나둘이 아니었다. 이에 "급히 가고자 하면 이르지 못하나니"(欲速則不達. 319) "공인이 그 일을 잘하려면 먼저 연장부터 잘 베려 놓는 법"(工欲善其事, 必先利其器. 388)의 의미를 깨닫게도 되었다. 이처럼 《논어》는 결국 내 생활 그 자체가 되고 말았다. 그 결과 이제 나도 〈사서四書〉 완정본完整本을 하나 갖게 되었다. 아니 힘써 만들어본 〈노력본勞力本〉이라 해야 맞을 것이다. 좌우간 나로서는 꿈을 이룬 것이며 꽃다운 청장년을 후회없이 퇴색임질할 수 있다는 안도감까지 든다.

벌써 30여 년이 훌쩍 흘렀다. 내 딴에는 〈사서집주〉를 완전히 역주하여 이 시대 많은 학자들의 연구를 망라하고 싶었던 엉뚱한 오기가 발동했던 것이 벌써 이렇게 많은 성상을 보낸 것이다. 물론 동양 어느 학자가 〈사서〉에 관심을 가지고 읽지 않은 자가 있었겠으며 어느 연구자가 〈사서〉에 대하여 나름대로의 의견과 꿈을 가지지 않은 분이 있었겠는가? 당시나 지금이나 학자 축에도 들지 못하던 내가 그러한 생각을 가진 것은 물론 〈사서〉의 구절구절이 너무 좋아서이기도 하였겠지만 그보다 누구나 덤빌 수 있는 〈사서〉에 대하여, 과연 누구나 덤벼 난맥상을 이루고 있었음을 보았기 때문이었다.

당시는 아직 컴퓨터라는 것이 일반화되지 않아 원고지에 일일이 썼으며 나아가 자료는 있는 대로 찾아 복사하고 카드를 만들어 오려 붙여야 할 시대였다. 그 뒤 비록 문명의 이기가 나왔지만 그래도 입력과 검증, 교정은 절대적인 시간을 요구하였다. 나아가 새로운 이론과 서적이 나타날 때마다 다시 대조하고 참고해야하는 작업은 사실 나에게 커다란 고통을 주었다.

그러나 오히려 그러한 시간들이 행복하였음은 아마 나는 이미 숙명적으로 평원을 마음 놓고 가고 싶은 대로 달릴 수 있는 자동차가 아니라 이미 깔려있는 레일을 달려야 하는 기차와 같은 운명을 가진 자였기 때문이리라. 방향을 바꿀 수도 없고 쉴 수도 없는 그러한 외길을 타고났으니 어디로 가고 누구를 원망하겠는가? 게다가 출판은 더욱 어려운 일이었다. 누구나 하는 〈사서〉가 뭐 다시 출판할 거리가 되겠는가 라는 평가와, 대학자도 아닌 자가 감히

〈사서〉에 손을 대는가 라는 의구심 때문이었으리라. 새롭게 체재를 갖추어 언해까지 넣었으며 집주集註의 음주音注 부분도 빠짐이 없고, 집주의 전고典故도 일일이 찾아 밝혔다고 자신감을 보였지만 그것은 강변에 불과하였고 학문적인 것은 고사하고 상업성 자체가 걸림돌이었기 때문이었다.

그러나 모든 것은 시간과 함께 흘렀다. 지구상 수 천년 수 천만 명이 읽고 연구하여 학문과 감정에 영향을 준 책이 꽤 많겠지만 이 〈사서〉만큼 핍진하게 우리의 역사와 사상을 통제한 책도 드물 것이다. 이 시대에 이러한 일을 덤벙에보겠다고 나신 깃이 바로 과욕이있으며 역부족이있는지 모른다. 그러나 『사이후이死而後已』에 매달리다가도 "마치 말을 할 줄 모르는 듯이"(似不能言. 236) 이 세상을 살다 가리라는 경지에 오르지 못했음을 늘 자책하기도 하였다. 그러나 다시 일어나 정리하고 따져보고 하여 감히 〈노력본〉이라고 내세울만한 이 시대 이 나라의 학문 수준을 알리고 싶었다. 하고 싶은 말도 많고 쓰고 싶은 이야기도 많으나 모두가 췌사贅辭임이 분명한 것 같다. 게다가 조악粗惡하고 누소漏疏한 부분은 각론 연구자가 완벽하게 짚어주기를 바란다. 강호제현江湖諸賢의 편달鞭撻과 질책叱責이 답지遝至하기를 빌 뿐이다. 검증된 책으로 다시 나기 위하여 어떠한 지적도 겸허하게, 그리고 애정어린 관심으로 수용할 것이다.

　　　　　　　줄포茁浦 임동석林東錫이 부곽재負郭齋에서 새판을 내면서

일러두기

1. 이 책은 주희朱熹의 〈사서집주四書集註〉《논어論語》 전체의 원문原文과 집주문集註文을 빠짐없이 현대식으로 역주譯註한 것이다.
2. 대체로 모든 판본이 경經의 원문 중간에 집주문이 실려 있으나 전체 원문의 대의를 먼저 이해하기 쉽도록 하고자 해당처에 번호를 부여하고 집주문은 따로 아래로 모아 역주하였다.
3. 각 편별로 전체 일련번호와 편장篇章의 순서 번호를 넣어 쉽게 구분하며 역주 내의 설명에서도 쉽게 찾아볼 수 있도록 하였다.
4. 장별로 역대이래 각 학자들의 의견과 주장을 주註에서 처리하였다.
5. 그 외에 어휘, 구절, 허사, 문법적 문제, 음운, 인명 등 문제가 될 만한 것들은 모두 주에서 처리하였다.
6. 음주音注 부분에서 반절식反切式, 직음식直音式, 성조변별식聲調辨別式 등도 언해음諺解音과 대조하여 일일이 누락됨이 없이 밝혔다.
7. 매 단락마다 〈도산본陶山本〉과 〈율곡본栗谷本〉 언해를 실어 문장의 직역은 물론 국어학에도 도움이 되도록 하였다.
8. 언해는 단어별 언해음諺解音을 괄호 안에 넣었으며 띄어쓰기를 하여 시각적으로 구분되도록 하였으며 문장 부호는 표시하지 않았다.
9. 국내외 각종 사서 판본板本, 역주본譯註本, 현대 번역본, 백화어白話語 번역본 등을 두루 참고하였다. 특히 중국 판본은 〈사부간요四部刊要〉본이 가장 완벽하다고 보아 이를 근거로 하되 〈십삼경주소十三經注疏〉본과 대만사범대학臺灣師範大學 사서교학연토회四書敎學硏討會 표점활자본標點活字本을 참고로 하였으며, 국내 판본으로는 내각장본內閣藏本 〈경서經書(大學, 論語, 孟子, 中庸)〉(成均館大學校 大東文化硏究院 影印, 世宗 甲寅字)를 근거로 하였으며, 〈언해본諺解本〉 두 종류도 교차 검증하였다.

10. 집주集註에 거론된 인명人名은 처음 출현하는 곳에 간단히 약력을 밝혔으며 전체 부록(《大學》 말미)에 따로 모아 설명하였다.

11. 이체자異體字는 원본대로 실었다. 예: 恆(恒), 閒(間), 胑(胑) 등.

12. 집주 내의 전고典故도 일일이 찾아 밝혔으며, 각주脚註에 처리할 수 없는 경우는 해당 부분 괄호 안에 넣었다.

13. 원문에 현토懸吐는 하지 않았으며 현대 중국식 표점부호標點符號를 사용하였다. 다만 우리말 해석문解釋文에는 한국식 문장 부호를 사용하여 구분하였다.

14. 글씨(서예), 전각 자료 등은 현대 국내 작가의 것은 허락을 받아 게재한 것이며, 중국 석가石可의 《孔子事蹟圖·論語箴言印》(1988 山東 齊魯書社)의 전각 작품 등을 전재한 것임을 밝힌다.

15. 부록附錄(1)에는 주희의 〈사서독법四書讀法〉 등과 공자 관련 역사 기록을 실었으며, 부록(2)에는 《논어》 원문 전체를 실어 쉽게 찾아볼 수 있도록 하였다.

16. 사서四書 각 책에 대한 해제는 따로 하지 않고 전체 『사서총해제四書總解題』를 마련하여 《대학》 말미에 실어 일체의 학술적 문제를 일관되게 설명하였다.

17. 기타 자세한 것은 부록과 해제를 참고하기 바란다.

논어

明 正統 9년(1444) 《聖蹟圖》 목판화 〈夾谷會齊圖〉

〈孔子見老子圖〉(東漢 畫像石) 山東 嘉祥縣 武梁祠

논어

山東 曲阜 孔廟 大成殿의 〈孔子像〉(1984년 淸代 그림을 복원하여 만든 塑像)

浙江 衢州 孔子廟의 宋代 〈공자상〉. 宋 高宗이 남천할 때 48대
衍聖公 孔端友가 자신의 집에 공자 祭祀를 위해 그린 초상

논어

山東 曲阜 孔廟의 大成殿

山東 曲阜 孔廟 大門

논어

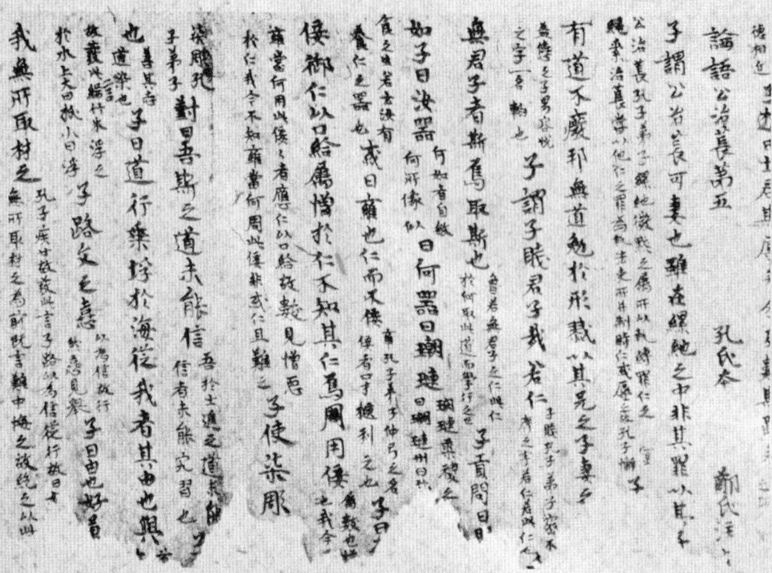

《論語》 公冶長篇 西域人이 唐나라 때 抄寫한 것.

〈朱熹〉상

차 례

❀ 책머리에
❀ 일러두기
❀ 〈사서총해제四書總解題〉 임동석중국사상100《대학》 부록을 볼 것

❀ 《논어집주》 들

〈6〉 雍也篇 (총 28장)

120(6-1)　雍也可使南面 ······················· 460

121(6-2)　哀公問弟子孰爲好學 ·············· 464

122(6-3)　子華使於齊 ························· 468

123(6-4)　子謂仲弓 ··························· 473

124(6-5)　回也其心三月不違仁 ·············· 476

125(6-6)　季康子問 ··························· 479

126(6-7)　季氏使閔子騫爲費宰 ·············· 482

127(6-8)　伯牛有疾 ··························· 485

128(6-9)　賢哉回也 ··························· 488

129(6-10)　冉求曰非不說子之道力不足也 ··· 492

130(6-11)　子謂子夏曰 ······················· 494

131(6-12)　子游爲武城宰 ···················· 496

132(6-13)　孟之反不伐 ······················· 499

133(6-14)　不有祝鮀之佞 ···················· 502

134(6-15)　誰能出不由戶 ···················· 504

135(6-16) 質勝文則野 ·· 506

136(6-17) 人之生也直 ·· 508

137(6-18) 知之者不如好之者 ······································ 510

138(6-19) 中人以上可以語上也 ··································· 512

139(6-20) 樊遲問知 ··· 514

140(6-21) 知者樂水仁者樂山 ······································ 517

141(6-22) 齊一變至於魯 ·· 520

142(6-23) 觚不觚 ··· 523

143(6-24) 宰我問曰 ··· 526

144(6-25) 君子博學於文 ·· 529

145(6-26) 子見南子子路不說 ······································ 531

146(6-27) 中庸之爲德也 ·· 534

147(6-28) 子貢曰如有博施於民而能濟衆 ··················· 536

<7> 述而篇 (총 37장)

148(7-1) 述而不作 ··· 544

149(7-2) 黙而識之 ··· 547

150(7-3) 德之不修 ··· 549

151(7-4) 子之燕居 ··· 551

152(7-5) 甚矣吾衰也 ·· 553

153(7-6) 志於道 ··· 555

154(7-7) 自行束脩以上 ·· 558

155(7-8)　　　不憤不啓 ……………………………………… 560

156(7-9)　　　子食於有喪者之側 ………………………… 563

157(7-10)　　　子謂顏淵曰 ………………………………… 565

158(7-11)　　　富而可求也 ………………………………… 569

159(7-12)　　　子之所愼齊戰疾 ………………………… 572

160(7-13)　　　子在齊聞韶 ………………………………… 574

161(7-14)　　　冉有曰夫子爲衛君乎 ………………… 576

162(7-15)　　　飯疏食飮水 ………………………………… 580

163(7-16)　　　加我數年 …………………………………… 582

164(7-17)　　　子所雅言 …………………………………… 585

165(7-18)　　　葉公問孔子於子路 ……………………… 587

166(7-19)　　　我非生而知之者 ………………………… 590

167(7-20)　　　子不語怪力亂神 ………………………… 592

168(7-21)　　　三人行必有我師焉 ……………………… 594

169(7-22)　　　天生德於予 ………………………………… 596

170(7-23)　　　二三子以我爲隱乎 ……………………… 599

171(7-24)　　　子以四教 …………………………………… 602

172(7-25)　　　聖人吾不得而見之矣 ………………… 604

173(7-26)　　　子釣而不綱 ………………………………… 608

174(7-27)　　　蓋有不知而作之者 ……………………… 610

175(7-28)　　　互鄉難與言 ………………………………… 612

176(7-29)　　　仁遠乎哉 …………………………………… 615

177(7-30)　　　陳司敗問 …………………………………… 617

178(7-31) 子與人歌而善 ························· 621

179(7-32) 文莫吾猶人也 ························· 623

180(7-33) 若聖與仁 ····························· 625

181(7-34) 子疾病 ······························· 628

182(7-35) 奢則不孫 ····························· 631

183(7-36) 君子坦蕩蕩 ························· 633

184(7-37) 子溫而厲 ··························· 635

<8> 泰伯篇 (총 21장)

185(8-1) 泰伯其可謂至德也已矣 ············· 640

186(8-2) 恭而無禮則勞 ····················· 643

187(8-3) 曾子有疾召門弟子曰 ············· 646

188(8-4) 曾子有疾孟敬子問之 ············· 649

189(8-5) 曾子曰以能問於不能 ············· 653

190(8-6) 曾子曰可以託六尺之孤 ········· 655

191(8-7) 曾子曰士不可以不弘毅 ········· 657

192(8-8) 興於詩 ····························· 660

193(8-9) 民可使由之 ····················· 664

194(8-10) 好勇疾貧 ························· 666

195(8-11) 如有周公之才之美 ············· 668

196(8-12) 三年學不至於穀 ············· 670

197(8-13) 篤信好學 ····················· 672

198(8-14)　不在其位不謀其政 ················· 676

199(8-15)　師摯之始 ················· 678

200(8-16)　狂而不直 ················· 680

201(8-17)　學如不及 ················· 682

202(8-18)　巍巍乎 ················· 684

203(8-19)　大哉堯之爲君也 ················· 686

204(8-20)　舜有臣五人而天下治 ················· 689

205(8-21)　禹吾無間然矣 ················· 694

⟨9⟩ 子罕篇 (총 30장)

206(9-1)　子罕言利與命與仁 ················· 700

207(9-2)　達巷黨人曰 ················· 702

208(9-3)　麻冕禮也 ················· 705

209(9-4)　子絶四 ················· 707

210(9-5)　子畏於匡 ················· 710

211(9-6)　大宰問於子貢曰 ················· 713

212(9-7)　吾有知乎哉 ················· 717

213(9-8)　鳳鳥不至 ················· 720

214(9-9)　子見齊衰者 ················· 722

215(9-10)　顏淵喟然歎曰 ················· 724

216(9-11)　子疾病子路使門人爲臣 ················· 729

217(9-12)　子貢曰有美玉於斯 ················· 733

218(9-13)　子欲居九夷 ···················· 736

219(9-14)　吾自衛反魯 ···················· 738

220(9-15)　出則事公卿 ···················· 740

221(9-16)　子在川上 ······················ 742

222(9-17)　吾未見好德如好色者也 ········· 745

223(9-18)　譬如爲山 ······················ 747

224(9-19)　語之而不惰者 ·················· 749

225(9-20)　子謂顏淵 ······················ 751

226(9-21)　苗而不秀者有矣夫 ············· 753

227(9-22)　後生可畏 ······················ 755

228(9-23)　法語之言 ······················ 758

229(9-24)　主忠信 ························· 761

230(9-25)　三軍可奪帥也 ·················· 763

231(9-26)　衣敝縕袍 ······················ 765

232(9-27)　歲寒然後知松柏之後彫 ········· 768

233(9-28)　知者不惑 ······················ 770

234(9-29)　可與共學 ······················ 772

235(9-30)　唐棣之華 ······················ 775

⟨10⟩ 鄕黨篇 (총 18장)

236(10-1)　孔子於鄕黨 ···················· 780

237(10-2)　朝與下大夫言 ·················· 783

238(10-3)　君召使擯 ·· 786

239(10-4)　入公門鞠躬如也 ·· 790

240(10-5)　執圭鞠躬如也 ·· 795

241(10-6)　君子不以紺緅飾 ·· 799

242(10-7)　齊必有明衣 ·· 805

243(10-8)　食不厭精 ·· 808

244(10-9)　席不正不坐 ·· 816

245(10-10)　鄉人飲酒 ·· 818

246(10-11)　問人於他邦 ·· 821

247(10-12)　廄焚 ·· 824

248(10-13)　君賜食必正席先嘗之 ································ 826

249(10-14)　入大廟每事問 ·· 830

250(10-15)　朋友死 ·· 832

251(10-16)　寢不尸 ·· 834

252(10-17)　升車必正立 ·· 838

253(10-18)　色斯舉矣 ·· 841

● 《논어집주》 등

〈1〉學而篇 (총 16장)

001(1-1)	學而時習之	68
002(1-2)	有子曰其爲人也孝弟	73
003(1-3)	巧言令色	77
004(1-4)	曾子曰吾日三省吾身	79
005(1-5)	道千乘之國	82
006(1-6)	弟子入則孝	86
007(1-7)	子夏曰賢賢易色	89
008(1-8)	君子不重	92
009(1-9)	曾子曰愼終追遠	96
010(1-10)	子禽問於子貢曰	98
011(1-11)	父在觀其志	102
012(1-12)	有子曰禮之用和爲貴	105
013(1-13)	有子曰信近於義	109
014(1-14)	君子食無求飽	112
015(1-15)	子貢曰貧而無諂	115
016(1-16)	不患人之不己知	119

〈2〉爲政篇 (총 24장)

017(2-1)	爲政以德	124
018(2-2)	詩三百一言以蔽之	127
019(2-3)	道之以政	130
020(2-4)	吾十有五而志于學	133

021(2-5)　孟懿子問孝 ·· 138

022(2-6)　孟武伯問孝 ·· 142

023(2-7)　子游問孝 ·· 144

024(2-8)　子夏問孝 ·· 147

025(2-9)　吾與回言終日 ·· 150

026(2-10)　視其所以 ··· 153

027(2-11)　溫故而知新 ··· 156

028(2-12)　君子不器 ··· 158

029(2-13)　子貢問君子 ··· 160

030(2-14)　君子周而不比 ······································· 162

031(2-15)　學而不思則罔 ······································· 164

032(2-16)　攻乎異端 ··· 166

033(2-17)　由誨女知之乎 ······································· 168

034(2-18)　子張學干祿 ··· 170

035(2-19)　哀公問曰 ··· 173

036(2-20)　季康子問 ··· 176

037(2-21)　或謂孔子曰 ··· 179

038(2-22)　人而無信 ··· 182

039(2-23)　子張問十世可知也 ··································· 184

040(2-24)　非其鬼而祭之 ······································· 188

\<3\> 八佾篇 (총 26장)

041(3-1)　孔子謂季氏 ·· 192

042(3-2)　三家者以雍徹 ···························· 195

043(3-3)　人而不仁 ································· 198

044(3-4)　林放問禮之本 ···························· 200

045(3-5)　夷狄之有君 ······························ 204

046(3-6)　季氏旅於泰山 ···························· 207

047(3-7)　君子無所爭 ······························ 210

048(3-8)　子夏問曰巧笑倩兮 ························ 212

049(3-9)　夏禮吾能言之 ···························· 216

050(3-10)　禘自既灌而往者 ·························· 219

051(3-11)　或問禘之說 ······························ 222

052(3-12)　祭如在祭神如神在 ························ 224

053(3-13)　王孫賈問曰 ······························ 227

054(3-14)　周監於二代 ······························ 231

055(3-15)　子入大廟每事問 ·························· 233

056(3-16)　射不主皮 ································ 236

057(3-17)　子貢欲去告朔之餼羊 ····················· 239

058(3-18)　事君盡禮 ································ 242

059(3-19)　定公問君使臣臣事君 ····················· 244

060(3-20)　關雎樂而不淫 ···························· 246

061(3-21)　哀公問社於宰我 ·························· 248

062(3-22)　管仲之器小哉 ···························· 251

063(3-23)　子語魯大師樂 ···························· 256

064(3-24)　儀封人請見 ······························ 259

065(3-25)　子謂韶盡美矣 ……………………………………………… 262

066(3-26)　居上不寬 …………………………………………………… 264

〈4〉 里仁篇 (총 26장)

067(4-1)　里仁爲美 …………………………………………………… 268

068(4-2)　不仁者不可以久處約 ……………………………………… 270

069(4-3)　唯仁者能好人 ………………………………………………… 273

070(4-4)　苟志於仁矣 ………………………………………………… 275

071(4-5)　富與貴是人之所欲也 ……………………………………… 277

072(4-6)　我未見好仁者 ………………………………………………… 281

073(4-7)　人之過也 …………………………………………………… 285

074(4-8)　朝聞道夕死可矣 …………………………………………… 287

075(4-9)　士志於道 …………………………………………………… 290

076(4-10)　君子之於天下也 …………………………………………… 292

077(4-11)　君子懷德小人懷土 ………………………………………… 294

078(4-12)　放於利而行 ……………………………………………… 296

079(4-13)　能以禮讓爲國乎 …………………………………………… 298

080(4-14)　不患無位 …………………………………………………… 300

081(4-15)　參乎吾道一以貫之 ………………………………………… 302

082(4-16)　君子喩於義 ……………………………………………… 307

083(4-17)　見賢思齊焉 ……………………………………………… 309

084(4-18)　事父母幾諫 ……………………………………………… 311

085(4-19)　父母在不遠遊 …………………………………………… 314

086(4-20) 三年無改於父之道 ················· 316

087(4-21) 父母之年不可不知也 ················· 318

088(4-22) 古者言之不出 ················· 320

089(4-23) 以約失之者鮮矣 ················· 322

090(4-24) 君子欲訥於言而敏於行 ················· 324

091(4-25) 德不孤必有鄰 ················· 326

092(4-26) 子游曰事君數 ················· 328

<5> 公冶長篇 (총 27장)

093(5-1) 子謂公冶長 ················· 332

094(5-2) 子謂子賤 ················· 336

095(5-3) 子貢問曰賜也何如 ················· 338

096(5-4) 或曰雍也仁而不佞 ················· 341

097(5-5) 子使漆雕開仕 ················· 344

098(5-6) 道不行乘桴浮于海 ················· 347

099(5-7) 孟武伯問子路仁乎 ················· 350

100(5-8) 子謂子貢曰 ················· 354

101(5-9) 宰予晝寢 ················· 358

102(5-10) 吾未見剛者 ················· 362

103(5-11) 子貢曰我不欲人之加諸我也 ················· 365

104(5-12) 子貢曰夫子之文章 ················· 367

105(5-13) 子路有聞 ················· 369

106(5-14) 子貢問曰孔文子何以謂之文也 ················· 371

107(5-15) 子謂子產有君子之道四焉 ················· 374

108(5-16) 晏平仲善與人交 ····················· 377

109(5-17) 臧文仲居蔡 ······················· 379

110(5-18) 子張問曰令尹子文三仕爲令尹 ············· 382

111(5-19) 季文子三思而後行 ··················· 388

112(5-20) 寗武子邦有道 ····················· 391

113(5-21) 子在陳曰歸與歸與 ··················· 393

114(5-22) 伯夷叔齊不念舊惡 ··················· 396

115(5-23) 孰謂微生高直 ····················· 399

116(5-24) 巧言令色足恭左丘明恥之 ··············· 401

117(5-25) 顔淵季路侍 ······················· 404

118(5-26) 已矣乎吾未見 ····················· 409

119(5-27) 十室之邑 ························· 411

❈《논어집주》 중

〈11〉先進篇 (총 25장)

254(11-1) 先進於禮樂 ······················· 890

255(11-2) 從我於陳蔡者 ····················· 893

256(11-3)　回也非助我者也 …………………………………… 897

257(11-4)　孝哉閔子騫 ………………………………………… 899

258(11-5)　南容三復白圭 ……………………………………… 901

259(11-6)　季康子問弟子孰爲好學 ……………………………… 903

260(11-7)　顏淵死 …………………………………………… 905

261(11-8)　顏淵死子曰噫天喪予 ……………………………… 908

262(11-9)　顏淵死子哭之慟 …………………………………… 910

263(11-10)　顏淵死門人欲厚葬之 ……………………………… 913

264(11-11)　季路問事鬼神 …………………………………… 916

265(11-12)　閔子侍側 ………………………………………… 919

266(11-13)　魯人爲長府 ……………………………………… 922

267(11-14)　由之瑟奚爲於丘之門 ……………………………… 925

268(11-15)　子貢問師與商也孰賢 ……………………………… 928

269(11-16)　季氏富於周公 …………………………………… 931

270(11-17)　柴也愚 ………………………………………… 934

271(11-18)　回也其庶乎 ……………………………………… 938

272(11-19)　子張問善人之道 ………………………………… 941

273(11-20)　論篤是與 ………………………………………… 944

274(11-21)　子路問聞斯行諸 ………………………………… 946

275(11-22)　子畏於匡 ………………………………………… 950

276(11-23)　季子然問 ………………………………………… 953

277(11-24)　子路使子羔爲費宰 ……………………………… 958

278(11-25)　子路曾晳冉有公西華侍坐 ………………………… 962

＜12＞ 顔淵篇 （총 24장）

279(12-1)	顔淵問仁	976
280(12-2)	仲弓問仁	982
281(12-3)	司馬牛問仁	986
282(12-4)	司馬牛問君子	990
283(12-5)	司馬牛憂曰	993
284(12-6)	子張問明	997
285(12-7)	子貢問政	1000
286(12-8)	棘子成曰	1004
287(12-9)	哀公問於有若曰	1007
288(12-10)	子張問崇德辨惑	1012
289(12-11)	齊景公問政於孔子	1016
290(12-12)	片言可以折獄者	1019
291(12-13)	聽訟吾猶人也	1022
292(12-14)	子張問政	1024
293(12-15)	博學於文	1026
294(12-16)	君子成人之美	1028
295(12-17)	季康子問政於孔子	1030
296(12-18)	季康子患盜	1032
297(12-19)	季康子問政於孔子曰	1034
298(12-20)	子張問士何如斯可謂之達矣	1037
299(12-21)	樊遲從遊於舞雩之下	1043
300(12-22)	樊遲問仁	1047
301(12-23)	子貢問友	1053
302(12-24)	曾子曰君子以文會友	1055

⟨13⟩ 子路篇 (총 30장)

303(13-1)	子路問政	1060
304(13-2)	仲弓爲季氏宰	1063
305(13-3)	子路曰衛君侍子而爲政	1066
306(13-4)	樊遲請學稼	1072
307(13-5)	誦詩三百	1076
308(13-6)	其身正	1079
309(13-7)	魯衛之政	1081
310(13-8)	子謂衛公子荊	1083
311(13-9)	子適衛	1085
312(13-10)	苟有用我者	1089
313(13-11)	善人爲邦百年	1091
314(13-12)	如有王者	1094
315(13-13)	苟正其身矣	1096
316(13-14)	冉子退朝	1098
317(13-15)	定公問	1101
318(13-16)	葉公問政	1106
319(13-17)	子夏爲莒父宰	1108
320(13-18)	葉公語孔子曰	1111
321(13-19)	樊遲問仁	1114
322(13-20)	子貢問曰	1116
323(13-21)	不得中行而與之	1121
324(13-22)	南人有言曰	1124
325(13-23)	君子和而不同	1127
326(13-24)	子貢問曰	1129

327(13-25)　君子易事而難說也 ················· 1132

328(13-26)　君子泰而不驕 ····················· 1134

329(13-27)　剛毅木訥近仁 ····················· 1136

330(13-28)　子路問曰 ························· 1138

331(13-29)　善人教民七年 ····················· 1140

332(13-30)　以不敎民戰 ······················· 1142

⟨14⟩ 憲問篇 (총 47장)

333(14-1)　憲問恥 ··························· 1146

334(14-2)　克伐怨欲不行焉 ··················· 1148

335(14-3)　士而懷居 ························· 1151

336(14-4)　邦有道 ··························· 1153

337(14-5)　有德者必有言 ····················· 1156

338(14-6)　南宮适問於孔子曰 ················· 1158

339(14-7)　君子而不仁者有矣夫 ··············· 1162

340(14-8)　愛之能勿勞乎 ····················· 1164

341(14-9)　爲命裨諶草創之 ··················· 1166

342(14-10)　或問子産 ························· 1169

343(14-11)　貧而無怨 ························· 1173

344(14-12)　孟公綽爲趙魏老則優 ··············· 1175

345(14-13)　子路問成人 ······················· 1178

346(14-14)　子問公叔文子於公明賈曰 ··········· 1183

347(14-15)　臧武仲以防求爲後於魯 ······················· 1186

348(14-16)　晉文公譎而不正 ······························· 1189

349(14-17)　子路曰桓公殺公子糾 ······················· 1192

350(14-18)　子貢曰管仲非仁者與 ······················· 1196

351(14-19)　公叔文子之臣大夫僎與文子同升諸公 ····· 1200

352(14-20)　子言衛靈公之無道也 ······················· 1203

353(14-21)　其言之不怍 ································· 1206

354(14-22)　陳成子弑簡公 ······························· 1208

355(14-23)　子路問事君 ································· 1213

356(14-24)　君子上達 ··································· 1215

357(14-25)　古之學者爲己 ······························· 1217

358(14-26)　蘧伯玉使人於孔子 ··························· 1219

359(14-27)　不在其位 ··································· 1222

360(14-28)　曾子曰君子思不出其位 ····················· 1224

361(14-29)　君子恥其言而過其行 ······················· 1226

362(14-30)　君子道者三 ································· 1228

363(14-31)　子貢方人 ··································· 1230

364(14-32)　不患人之不己知 ····························· 1232

365(14-33)　不逆詐 ····································· 1234

366(14-34)　微生畝謂孔子曰 ····························· 1236

367(14-35)　驥不稱其力 ································· 1239

368(14-36)　或曰以德報怨 ······························· 1241

369(14-37)　莫我知也夫 ································· 1244

370(14-38)　公伯寮愬子路於季孫 ················· 1247

371(14-39)　賢者辟世 ································· 1251

372(14-40)　作者七人矣 ····························· 1254

373(14-41)　子路宿於石門 ··························· 1256

374(14-42)　子擊磬於衛 ····························· 1258

375(14-43)　子張曰書云 ····························· 1262

376(14-44)　上好禮 ································· 1265

377(14-45)　子路問君子 ····························· 1267

378(14-46)　原壤夷俟 ································· 1271

379(14-47)　闕黨童子將命 ··························· 1274

❋ 《논어집주》 下

〈15〉 衛靈公篇 (총 41장)

380(15-1)　衛靈公問陳於孔子 ····················· 1324

381(15-2)　賜也女以予爲多學而識之者與 ········· 1328

382(15-3)　由知德者鮮矣 ····························· 1332

383(15-4)　無爲而治者 …………………………………… 1334

384(15-5)　子張問行 ……………………………………… 1336

385(15-6)　直哉史魚 ……………………………………… 1341

386(15-7)　可與言而不與之言 …………………………… 1344

387(15-8)　志士仁人 ……………………………………… 1346

388(15-9)　子貢問爲仁 …………………………………… 1349

389(15-10)　顏淵問爲邦 …………………………………… 1352

390(15-11)　人無遠慮 ……………………………………… 1358

391(15-12)　已矣乎 ………………………………………… 1360

392(15-13)　臧文仲其竊位者與 …………………………… 1362

393(15-14)　躬自厚而薄責於人 …………………………… 1364

394(15-15)　不曰如之何如之何者 ………………………… 1366

395(15-16)　羣居終日 ……………………………………… 1368

396(15-17)　君子義以爲質 ………………………………… 1370

397(15-18)　君子病無能焉 ………………………………… 1372

398(15-19)　君子疾沒世而名不稱焉 ……………………… 1374

399(15-20)　君子求諸己 …………………………………… 1376

400(15-21)　君子矜而不爭 ………………………………… 1378

401(15-22)　君子不以言舉人 ……………………………… 1380

402(15-23)　子貢問曰 ……………………………………… 1382

403(15-24)　吾之於人也 …………………………………… 1385

404(15-25)　吾猶及史之闕文也 …………………………… 1388

405(15-26)　巧言亂德 ··· 1391

406(15-27)　衆惡之 ·· 1393

407(15-28)　人能弘道 ··· 1395

408(15-29)　過而不改 ··· 1397

409(15-30)　吾嘗終日不食 ·· 1399

410(15-31)　君子謀道不謀食 ······································· 1402

411(15-32)　知及之 ·· 1404

412(15-33)　君子不可小知而可大受也 ·························· 1407

413(15-34)　民之於仁也 ··· 1409

414(15-35)　當仁不讓於師 ·· 1411

415(15-36)　君子貞而不諒 ·· 1413

416(15-37)　事君 ·· 1415

417(15-38)　有敎無類 ··· 1417

418(15-39)　道不同 ·· 1420

419(15-40)　辭達而已矣 ··· 1422

420(15-41)　師冕見 ·· 1424

〈16〉 季氏篇 (총 14장)

421(16-1)　季氏將伐顓臾 ··· 1430

422(16-2)　天下有道 ··· 1440

423(16-3)　祿之去公室五世矣 ······································ 1444

424(16-4)　益者三友 ··· 1447

425(16-5)   益者三樂 ··· 1450

426(16-6)   侍於君子有三愆 ··· 1453

427(16-7)   君子有三戒 ·· 1455

428(16-8)   君子有三畏 ·· 1458

429(16-9)   生而知之者上也 ··· 1461

430(16-10)   君子有九思 ·· 1463

431(16-11)   見善如不及 ·· 1466

432(16-12)   齊景公有馬千駟 ··· 1469

433(16-13)   陳亢問於伯魚曰 ··· 1472

434(16-14)   邦君之妻 ··· 1477

〈17〉 陽貨篇 (총 26장)

435(17-1)   陽貨欲見孔子 ·· 1482

436(17-2)   性相近也 ··· 1487

437(17-3)   唯上知與下愚不移 ·· 1489

438(17-4)   子之武城 ··· 1492

439(17-5)   公山弗擾以費畔 ··· 1496

440(17-6)   子張問仁於孔子 ··· 1500

441(17-7)   佛肸召 ··· 1503

442(17-8)   由也 ·· 1508

443(17-9)   小子何莫學夫詩 ··· 1512

444(17-10)   子謂伯魚曰 ·· 1516

445(17-11) 禮云禮云 ·· 1518

446(17-12) 色厲而內荏 ·· 1520

447(17-13) 鄉原 ·· 1522

448(17-14) 道聽而塗說 ·· 1524

449(17-15) 鄙夫可與事君也與哉 ·· 1526

450(17-16) 古者民有三疾 ·· 1529

451(17-17) 巧言令色 ·· 1532

452(17-18) 惡紫之奪朱也 ·· 1534

453(17-19) 予欲無言 ·· 1537

454(17-20) 孺悲欲見孔子 ·· 1540

455(17-21) 宰我問三年之喪 ·· 1542

456(17-22) 飽食終日 ·· 1549

457(17-23) 子路曰君子尚勇乎 ·· 1551

458(17-24) 子貢曰君子亦有惡乎 ·· 1553

459(17-25) 唯女子與小人爲難養也 ·· 1557

460(17-26) 年四十而見惡焉 ·· 1559

〈18〉 微子篇 (총 11장)

461(18-1) 微子去之 ·· 1564

462(18-2) 柳下惠爲士師 ·· 1567

463(18-3) 齊景公待孔子曰 ·· 1570

464(18-4) 齊人歸女樂 ·· 1573

465(18-5)　楚狂接輿歌而過孔子曰 ……………………………… 1576

466(18-6)　長沮桀溺耦而耕 ………………………………………… 1580

467(18-7)　子路從而後遇丈人 …………………………………… 1586

468(18-8)　逸民 ………………………………………………………… 1592

469(18-9)　大師摯適齊 ……………………………………………… 1598

470(18-10)　周公謂魯公曰 …………………………………………… 1602

471(18-11)　周有八士 ………………………………………………… 1605

〈19〉子張篇 (총 25장)

472(19-1)　子張曰士見危致命 …………………………………… 1610

473(19-2)　子張曰執德不弘 …………………………………………… 1612

474(19-3)　子夏之門人問交於子張 ……………………………… 1614

475(19-4)　子夏曰雖小道 …………………………………………… 1617

476(19-5)　子夏曰日知其所亡 ……………………………………… 1619

477(19-6)　子夏曰博學而篤志 ……………………………………… 1621

478(19-7)　子夏曰百工居肆以成其事 …………………………… 1624

479(19-8)　子夏曰小人之過也 ……………………………………… 1626

480(19-9)　子夏曰君子有三變 ……………………………………… 1628

481(19-10)　子夏曰君子信而後勞其民 ………………………… 1630

482(19-11)　子夏曰大德不踰閑 …………………………………… 1632

483(19-12)　子游曰子夏之門人小子 …………………………… 1634

484(19-13)　子夏曰仕而優則學 ……………………………………… 1639

485(19-14)　子游曰喪致乎哀而止 ……………………………… 1641

486(19-15)　子游曰吾友張也爲難能也 …………………… 1643

487(19-16)　曾子曰堂堂乎張也 ……………………………… 1645

488(19-17)　曾子曰吾聞諸夫子 ……………………………… 1647

489(19-18)　曾子曰吾聞諸夫子 ……………………………… 1649

490(19-19)　孟氏使陽膚爲士師 ……………………………… 1651

491(19-20)　子貢曰紂之不善 …………………………………… 1654

492(19-21)　子貢曰君子之過也 ……………………………… 1656

493(19-22)　衛公孫朝問於子貢曰 …………………………… 1658

494(19-23)　叔孫武叔語大夫於朝曰 …………………… 1661

495(19-24)　叔孫武叔毀仲尼 …………………………………… 1665

496(19-25)　陳子禽謂子貢曰 ……………………………………… 1668

⟨20⟩ 堯曰篇 (총 3장)

497(20-1)　堯曰咨爾舜 ……………………………………………… 1674

498(20-2)　子張問於孔子曰 ……………………………………… 1683

499(20-3)　不知命 ………………………………………………………… 1689

🍃 부록 I

Ⅰ. 〈論語序說〉 ·················· 宋, 朱熹 ···················· 1694

Ⅱ. 〈讀論語孟子法〉 ·········· 宋, 朱熹 ···················· 1704

Ⅲ. 〈孔子世家〉 ················ 漢, 司馬遷《史記》········ 1707

Ⅳ. 〈仲尼弟子列傳〉 ·········· 漢, 司馬遷《史記》········ 1718

Ⅴ. 〈藝文志〉六藝略 論語家 ········· 漢, 班固《漢書》············ 1729

Ⅵ. 〈七十二弟子解〉 ·········· 魏, 王肅《孔子家語》······ 1730

🍃 부록 II

《論語》원문 ··· 1736

논어

〈伏生授經圖〉王維(唐) 일본 오사카시립미술관 소장

옹야雍也 第六

총28장(120-147)

◈ **集註**

凡二十八章. 篇內第十四章以前, 大意與前篇同.

모두 28장이다. 이 편의 제 14장 이전은 대의大意가 전편前篇(里仁篇)
과 같다(인물의 品評·賢否를 다룸).

120(6-1)

雍也可使南面

공자가 말하였다.

"염옹冉雍은 가히 남면南面시킬 만하다."

중궁仲弓이 자상백자子桑伯子에 대하여 여쭙자 공자는 이렇게 말하였다.

"가히 간簡한 인물이라 할 수 있지."

중궁이 다시 여쭈었다.

"경敬에 거하고, 간簡을 실행하여, 그 백성에게 임한다면 역시 옳은 것이 아닙니까? 간에 거하고 간을 실행한다면 이는 너무 간한 것이 아닐까요?"

공자가 이렇게 말하였다.

"옹(雍; 仲弓)의 말이 맞다."*

子曰:「雍也可使南面.」㊀
仲弓問子桑伯子.
　子曰:「可也簡.」㊁
仲弓曰:「居敬而行簡, 以臨其民, 不亦可乎? 居簡而
　　　　行簡, 無乃大簡乎?」㊂
　子曰:「雍之言然.」㊃

【雍】冉雍. 字는 仲弓.
【南面】남쪽을 향해 앉는 자리. 天子·諸侯·卿·大夫 등 존귀한 지도자의 신분을
　일컫는 말이다. 臣下는 상대적으로 北面이라 표현한다.《說苑》修文篇에는
　「南面者, 天子也」라 하였다.
【子桑伯子】王肅은《孔子家語》에서「伯子書傳無見」이라 하였으며, 자세한 사적
　은 알 수 없다. 어떤 이는《莊子》大宗師篇에 보이는 子桑戶라 하고, 또는
　秦 穆公 시대의 子桑(公孫技)이라고도 하나 확실하지는 않다.
【簡】寬略함. 큰 줄기만 잘 처리하는 행동 유형을 표현하는 말.
【大】大는 음이 '태'이며 '太(너무. 부사)'의 뜻이다.
* 일부 판본에는『仲弓問』이하를 별도의 章으로 분리하기도 한다(何晏).

◉ 諺 解

(陶山本)　　子(㐀)ㅣ 글ᄋᆞ샤ᄃᆡ 雍(옹)은 可(가)히 ᄒᆡ여곰 南面(남면)ᄒᆞ얌즉
　　ᄒᆞ두다
仲弓(듕궁)이 子桑伯子(㐀상ᄇᆡᆨ㐀)를 묻㐀온대 子(㐀)ㅣ 글ᄋᆞ샤ᄃᆡ 可(가)홈
이 簡(간)이니라
仲弓(듕궁)이 글오ᄃᆡ 敬(경)애 居(거)ᄒᆞ고 簡(간)을 行(ᄒᆡᆼ)ᄒᆞ야 ᄡᅥ 그 ᄇᆡᆨ셩을
臨(림)ᄒᆞ면 ᄯᅩ흔 可(가)티 아니ᄒᆞ닝잇가 簡(간)애 居(거)ᄒᆞ고 簡(간)을 行(ᄒᆡᆼ)
ᄒᆞ면 아니 너무 簡(간)ᄒᆞ닝잇가
　子(㐀)ㅣ 글ᄋᆞ샤ᄃᆡ 雍(옹)의 말이 그러ᄒᆞ다

子(ᄌ)ㅣ ᄀᆞᄅᆞ샤ᄃᆡ 雍(옹)은 可(가)히 ᄒᆡ여곰 南面(남면)ᄒᆞ얌즉
ᄒᆞ도다

仲弓(듕궁)이 子桑伯子(ᄌ상ᄇᆡᆨᄌ)를 問(문)ᄒᆞᆫ대 子(ᄌ)ㅣ ᄀᆞᄅᆞ샤ᄃᆡ 可(가)
ᄒᆞ니 簡(간)ᄒᆞ니라

仲弓(듕궁)이 ᄀᆞᆯ오ᄃᆡ 敬(경)의 居(거)코 簡(간)을 行(ᄒᆡᆼ)ᄒᆞ야 써 그 民(민)을
臨(림)ᄒᆞ면 ᄯᅩᄒᆞ 可(가)티 아니리잇가 簡(간)의 居(거)ᄒᆞ고 簡(간)을 行(ᄒᆡᆼ)ᄒᆞ면
아니 너모 簡(간)ᄒᆞ리잇가

子(ᄌ)ㅣ ᄀᆞᄅᆞ샤ᄃᆡ 雍(옹)의 말이 올타

◆ 集註

120-㉠

南面者, 人君聽治之位. 言仲弓寬洪簡重, 有人君之度也.

南面이란 임금된 자가 政治를 듣는 위치이다. 仲弓은 寬洪(관대하고 넓음)하고
簡重하여 임금의 度量이 있음을 말한 것이다.

120-㉡

子桑伯子, 魯人, 胡氏以爲疑卽莊周所稱子桑戶者是也. 仲弓以夫子許己南面,
故問伯子如何. 可者, 僅可而有所未盡之辭. 簡者, 不煩之謂.

子桑伯子는 魯나라 사람으로 胡氏(胡寅)는 莊周가 말한 子桑戶(《莊子》 大宗師篇에
나오는 人物)가 이 사람이 아닌가 여겼다. 仲弓은 夫子가 자신을 南面할 만하다
여기자 그 때문에 伯子가 어떤가 라고 여쭈운 것이다. 可라는 것은 겨우 可하나
아직 미진한 바가 있다는 말이다. 簡이라는 것은 번거롭지 않음을 이르는 말이다.

120-㉢

大, 音泰.
○ 言自處以敬, 則中有主而自治嚴, 如是而行簡以臨民, 則事不煩而民不擾, 所以
爲可. 若先自處以簡, 則中無主而自治疏矣, 而所行又簡, 豈不失之太簡, 而無法度

之可守乎? 家語記:「伯子不衣冠而處, 夫子譏其欲同人道於牛馬.」然則伯子蓋太簡者, 而仲弓疑夫子之過許與!

大는 음이 泰(태)이다.

○ 스스로 처하되 敬으로써 하면 그 속에 줏대가 있어 저절로 다스림이 엄격해지며, 이와 같으면서 百姓에게 임하되 행정을 간략히 하면 일도 번거롭지 않고 百姓도 소요하지 않아, 그 때문에 可하다라고 말한 것이다. 그러나 만약 스스로 簡하게 처하면 마음속에 줏대가 없어, 자연히 다스림이 성글어질 것이다. 게다가 행동 또한 簡하다면 어찌 太簡에 빠져 법도도 지킬 만한 것이 없는 경우가 되지 않겠는가? 《家語》에 "伯子가 衣冠을 하지 않고 처하자 夫子는 그가 사람의 도리를 牛馬와 같이 하려 한다라고 기롱하였다"라 하였다.(이는 지금의 《孔子家語》에는 전하지 않고 《說苑》 修文篇 810(19-34)에 실려 있다.) 그렇다면 伯子는 아마 너무 簡한 자였을 것이다. 그래서 仲弓은 夫子가 지나치게 긍정한 것을 의아하게 여긴 것이리라!

120-㉑

仲弓蓋未喩夫子可字之意, 而其所言之理, 有黙契焉者, 故夫子然之.

○ 程子曰:「子桑伯子之簡, 雖可取而未盡善, 故夫子云可也. 仲弓因言内主於敬而簡, 則爲要直; 内存乎簡而簡, 則爲疏畧, 可謂得其旨矣.」

又曰:「居敬則心中無物, 故所行自簡; 居簡則先有心於簡, 而多一簡字矣, 故曰太簡.」

仲弓은 아마 夫子가 말한 '可'자의 뜻을 깨닫지 못한 듯하나 그 말한 바의 이치가 묵계가 있었으므로 부자가 그렇다(然)라고 한 것이다.

○ 程子(程頤)는 이렇게 말하였다. "子桑伯子의 簡은 비록 가히 취할만하나 盡善하지는 못하였다. 그 때문에 夫子가 '可'라 한 것이다. 仲弓이 이로 인하여 안으로 敬에 主를 삼으면서 簡하면 要直(요체와 정직)이 되거니와 속으로 簡을 간직하면서 簡한다면 疏畧이 되고 만다고 말하였으니, 그는 가히 그 뜻을 터득하였다고 말할 수 있다."

또 이렇게 말하였다. "敬에 거하면 마음속에 外物이 없다. 그 때문에 행하는 바가 저절로 簡해진다. 그러나 簡에 거하면 먼저 簡에 마음을 두게 되므로 하나의 '簡'字가 더 있게 된다. 그 때문에 太簡(너무 간함)이라 한 것이다."

121(6-2)

哀公問弟子孰爲好學

애공哀公이 물었다.

"제자 중에 누가 배움을 좋아합니까?"

공자는 이렇게 대답하였다.

"안회顔回라는 자가 있어 학문을 좋아했지요. 그는 자신의 노함을 남에게 옮기지 않았으며, 똑같은 허물을 두 번 저지르지도 않았습니다. 그러나 불행하게도 명이 짧아 죽고 말았습니다. 지금은 그러한 자가 없습니다. 배우기를 좋아하는 자가 누구라고 아직 들어보지 못하였습니다."

哀公問:「弟子孰爲好學?」

孔子對曰:「有顔回者好學, 不遷怒, 不貳過. 不幸短命
死矣, 今也則亡, 未聞好學者也.」㊀

【哀公】孔子가 활동하던 시대의 魯나라 군주. (前出)

【顔回】字는 子淵. 孔子의 弟子.

【遷】遷延(옮겨 퍼지다. 연결되다. 疊韻連綿語)의 뜻.《周易》繫辭傳(下)에「子曰: 顔氏之子, 其殆庶幾乎! 有不善, 未嘗不知; 知之, 未嘗復行也」라 하였다.

【今也則亡】亡는 無(무)이며 '무'로 읽는다. 그러나. 여기서 '亡'자는 衍文이며 「今也則未聞好學者也」로 되어야 한다고 보는 견해가 있다. 兪樾의《群經平議》에 「此與先進篇語有詳略; 因涉彼文而誤衍『亡』字. 旣云『亡』, 又云『未聞好學』; 於辭 復矣! 釋文云;『本或無亡字』, 當據以訂正」이라 하였다.

◉ 諺解

南山本 哀公(이공)이 묻ᄌᆞ오ᄃᆡ 弟子(뎨ᄌᆞ)ㅣ 뉘 學(ᄒᆞᆨ)을 됴히 너기ᄂᆞ닝 잇고 孔子(공ᄌᆞ)ㅣ 對(ᄃᆡ)ᄒᆞ야 글ᄋᆞ샤ᄃᆡ 顔回(안회)라 ᄒᆞ리 學(ᄒᆞᆨ)을 됴히 너겨 怒(노)를 遷(쳔)티 아니ᄒᆞ며 過(과)를 貳(ᄼᆡ)티 아니ᄒᆞ더니 幸(ᄒᆡᆼ)티 몯ᄒᆞ야 命(명)이 短(단)ᄒᆞ야 죽은 디라 이제ᄂᆞᆫ 업스니 學(ᄒᆞᆨ)을 됴히 너기는 이를 듣디 몯ᄀᆡᆺ이다

栗谷本 哀公(이공)이 問(문)ᄒᆞ샤ᄃᆡ 弟子(뎨ᄌᆞ)ㅣ 뉘 學(ᄒᆞᆨ)을 好(호)ᄒᆞᄂᆞ니 잇고 孔子(공ᄌᆞ)ㅣ 對(ᄃᆡ)ᄒᆞ야 ᄀᆞᆯᄋᆞ샤ᄃᆡ 顔回(안회)라 ᄒᆞᆫ 者ᄒᆞ(쟈)ㅣ 學(ᄒᆞᆨ)을 好(호)ᄒᆞ야 怒(노)를 遷(쳔)티 아니ᄒᆞ며 過(과)를 貳(이)티 아니터니 幸(ᄒᆡᆼ)티 몯ᄒᆞ야 命(명)이 短(단)ᄒᆞ야 죽은 디라 이제ᄂᆞᆫ 업스니 學(ᄒᆞᆨ) 好(호)ᄒᆞᆯ 者(쟈)를 듣디 몯게이다

◆ 集註

121-㉠

好, 去聲. 亡, 與無同.

○ 遷, 移也. 貳, 復也. 怒於甲者, 不移於乙; 過於前者, 不復於後. 顔子克己之功至於如此, 可謂眞好學矣. 短命者, 顔子三十二而卒也. 旣云「今也則亡」, 又言「未聞好學者」, 蓋深惜之, 又以見眞好學者之難得也.

○ 程子曰:「顏子之怒, 在物不在己, 故不遷. 有不善未嘗不知, 知之未嘗復行, 不貳過也.」

又曰:「喜怒在事, 則理之當喜怒者也, 不在血氣則不遷. 若舜之誅四凶也, 可怒在彼, 己何與焉? 如鑑之照物, 姸媸在彼, 隨物應之而已, 何遷之有?」

又曰:「如顏子地位, 豈有不善? 所謂不善, 只是微有差失. 纔差失便能知之, 纔知之便更不萌作.」

張子曰:「慊於己者, 不使萌於再.」

或曰:「詩書六藝, 七十子非不習而通也, 而夫子獨稱顏子爲好學. 顏子之所好, 果何學歟?」

程子曰:「學以至乎聖人之道也.」

「學之道奈何?」

曰:「天地儲精, 得五行之秀者爲人. 其本也眞而靜. 其未發也五性具焉, 曰仁·義·禮·智·信. 形旣生矣, 外物觸其形而動於中矣. 其中動而七情出焉, 曰喜·怒·哀·懼·愛·惡·欲. 情旣熾而益蕩, 其性鑿矣. 故學者約其情使合於中, 正其心, 養其性而已. 然必先明諸心, 知所往, 然後力行以求至焉. 若顏子之非禮勿視·聽·言·動, 不遷怒貳過者, 則其好之篤而學之得其道也. 然其未至於聖人者, 守之也, 非化之也. 假之以年, 則不日而化矣. 今人乃謂聖本生知, 非學可至, 而所以爲學者, 不過記誦文辭之間, 其亦異乎顏子之學矣.」

好는 去聲이다. 무(亡)는 無와 같다.

○ 遷은 옮기다(移)는 뜻이다. 貳는 거듭됨(復)을 말한다. 甲에게 怒함을 乙에게 옮기지 않으며, 前에 잘못한 것을 뒤에 거듭하지 않는다. 顏回의 克己之功이 이런 경지에 이르렀으니, 가히 진실로 學問을 좋아한다고 이를 만하다. 短命이란 顏回가 32세에 죽었기 때문이다. 이미 "지금이라면 없다"라 하고, 다시 "배움 좋아하는 자를 듣지 못하였다"라 말한 것은 대체로 심히 애석하게 여김과 아울러 정말로 學問을 좋아하는 자를 보기가 어렵기 때문이었으리라.

○ 程子(程頤)가 말하였다. "顏回의 怒란 外物에 있지 자신에게 있었던 것이 아니다. 그 때문에 옮기지 않은 것이다. 不善이 있으면 일찍이 알지 못한 채 지나친 적이 없고, 알고 나서는 반복한 적이 없으니, 이것이 不貳過이다."

또 이렇게 말하였다. "喜怒가 일(남의 일) 때문이라면 이치로 보아 당연히 기뻐하고 화를 내어야 할 것이지만, 血氣 때문임이 아니라면 옮겨서는 안 되는 것이다.

이를테면 舜이 四凶을 죽여 없앤 것은 가히 怒할 만한 이유가 저들에게 있었던 것이니, 자신에게 무슨 연관이 있었겠는가? 이는 마치 거울이 물건을 비춤에 예쁘고 추한 것은 저들에게 있는 것이니, 그 물건에 따라 응할 뿐임과 같다. 그러니 무슨 옮길 것이 있겠는가?"

또 이렇게 말하였다. "顔回 같은 경지나 위치라면 어찌 不善이라는 것이 있겠는가? 소위 不善이란 다만 아주 미미한 차질이나 실수일 뿐이다. 겨우 작은 차이나 실수일지라도 문득 능히 알아차리고, 겨우 알기만 하여도 곧바로 고쳐 싹도 나지 못하게 한 것이다."

張子(張載, 橫渠先生)가 말하였다. "자신에게 미심쩍은 것은 두 번 다시 싹이 돋지 않게 한다."

어떤 이가 이렇게 물었다. "詩書와 六藝는 七十弟子가 익혀서 통하지 않는 자가 없는데, 夫子께서 유독 顔子만을 好學이라 칭하셨습니다. 顔子가 좋아하였던 바는 과연 어떤 學問입니까?"

程子(程頤)가 이렇게 말하였다. "배워서 聖人之道에 이르는 것이었다." "그렇다면 배움의 道는 어떤 것입니까?" 이에 이렇게 말하였다. "天地는 精氣를 저장하여 그 중 五行의 뛰어난 것을 얻은 것이, 사람이 되었다. 그 본체는 진실되고 고요하다. 그것이 아직 드러나지 않은 채 五性이 구비되어 있으니, 바로 仁・義・禮・智・信이다. 형체가 이미 생기고 外物이 그 형체에 접촉하여 그 가운데에서 움직이게 된다. 그 가운데가 움직여 七情이 나타나니 이것이 喜・怒・哀・懼・惡・欲이다. 그 七情이 불꽃을 일으키고 더욱 요탕하게 되면, 그 본성이 뚫리고 만다. 그러므로 깨달은 자는 그 七情을 묶어 中에 합당하게 하고, 그 마음을 바로잡아 그 性을 잘 修養할 뿐이다. 그러나 반드시 먼저 이를 마음 속에서 밝혀 어디로 갈 것인가를 알아낸 연후에 힘써 행하여, 그 이를 곳을 찾아야 한다. 이를테면 顔子가 禮가 아니면 하지 않는 視・聽・言・動(顔淵篇 279(12-1))과 不遷怒・不貳過(本章) 정도라면 그 좋아함이 독실하고 그 배움의 얻음이 그 道에 맞는 것이다. 그러나 아직 聖人의 경지에 이르지 못한 것을 지킨 것이며, 저절로 된 것이 아니다. 顔回에게 시간을 더 假託해 주었더라면(顔回가 좀더 살았더라면) 며칠이 되지 않아 저절로 변화되었을 것이다. 지금 사람들은 聖人은 본래 태어나면서부터 아는 것이므로 배운다고 될 것이 아니라고 여겨, 배우는 자의 할 일이란 그저 기억하고 외우고 글을 짓고 하는 정도에 불과하다고 말하니, 이 역시 顔子의 學問과는 다른 것이다."

122(6-3)

子華使於齊

　　자화子華가 제齊나라에 공자 심부름을 가자 염구冉求가 자화의 어머니를 위해 곡식을 청하였다. 이에 공자가 이렇게 말하였다.

　　"그에게 한 부(釜; 六斗四升)를 주어라."

　　이에 염구가 더 많이 달라고 하자 공자는 다시 이렇게 하였다.

　　"한 유(庾; 二斗四升)만큼 줄여 주어라."

　　그런데도 염구는 도리어 이보다 많게 곡식 다섯 병秉을 주었다. 공자가 이를 알고 이렇게 말하였다.

　　"자화公西赤가 제나라에 가면서 살찐 말을 타고, 가벼운 갖옷을 입고 갔다. 내 듣기로 군자는 궁박한 이를 주선해주기는 하지만, 부유한 자에게 더 보태어주지는 않는다더라."

　　원사原思가 공자 집안의 가재家宰가 되어, 공자가 그에게 곡식 구백九百을 주자 사양하였다. 이에 공자가 이렇게 말하였다.

　　"사양하지 말아라! 너희 이웃과 마을, 향, 당에 나누어 주려무나!"*

子華使於齊, 冉子爲其母請粟.

子曰:「與之釜.」

請益.

　曰:「與之庾.」

冉子與之粟五秉.㊀

子曰:「赤之適齊也, 乘肥馬, 衣輕裘. 吾聞之也: 君子周
　　急不繼富.」㊁

原思爲之宰, 與之粟九百, 辭.㊂

子曰:「毋! 以與爾鄰里鄉黨乎!」㊃

【子華】 公西赤. 字는 子華.
【齊】 春秋時代 魯나라와 이웃한 大國. 姜太公望 呂尙(子牙)의 後孫이며, 도읍은
臨淄(지금의 山東省 淄博市 臨淄鎭).
【冉子】 冉求. 字는 子有.
【其母】 公西赤의 어머니.
【釜】 고대 용량의 단위. 六斗四升이라 한다.
【庾】 역시 고대 용량의 단위. 二斗四升이라 한다.
【秉】 고대 용량의 단위. 十六斛을 一秉이라 하여, 一斛은 十斗. 아주 많은 양이다.
【原思】 原憲. 字는 子思. 가난하였으나 청렴하였던 孔子의 弟子. 包咸은 「孔子爲
魯司寇, 以原憲爲家邑宰」라 하였다.
【宰】 여기서는 孔子의 家宰·家臣. 집안 일을 총괄하는 집사의 일종.
【九百】 단위가 없어 알 수 없으나 孔安國은 「九百, 九百斗也」라 하였다.
【鄰里鄉黨】 고대 行政 단위의 명칭. 五家는 鄰, 二十五家는 里, 萬二千五百家는
鄉, 五百家는 黨이라 한다.
* 일부 본에는 『原思爲之宰』 이하를 분리하여 별개의 장으로 삼은 것도 있다.

諺解

陶山本 子華(ㅈ화)ㅣ 齊(졔)예 브리이더니 冉子(염ㅈ)ㅣ 그 어미를 爲(위)ㅎ야 粟(속)을 請(쳥)ㅎ대 子(ㅈ)ㅣ 글ㅇ샤ㄷ 釜(부)를 주라 더홈을 請(쳥)ㅎ대 글ㅇ샤ㄷ 庾(유)를 주라 ㅎ야시ㄴ 冉子(염ㅈ)ㅣ 粟(속) 다숫 秉(병)을 준대

子(ㅈ)ㅣ 글ㅇ샤ㄷ 赤(젹)의 齊(졔)예 갈 제 肥馬(비마)를 ㅌ며 輕裘(경구)를 닙으니 나ㄴ 들오니 君子(군ㅈ)ㄴ 急(급)ㅎ 이를 周(쥬)ㅎ고 富(부)ㅎ 이를 繼(계)티 아니ㅎ다 ㅎ라

原思(원ㅅ)ㅣ 宰(ㅈ)되엿더니 粟(속) 九百(구빅)을 주어시ㄴ 수양ㅎ대

子(ㅈ)ㅣ 글ㅇ샤ㄷ 말아 뻐 네의 鄰(린)이며 里(리)며 鄉(향)이며 黨(당)을 줄 ㅂ더

栗谷本 子華(ㅈ화)ㅣ 齊(졔)예 使(ㅅ)ㅎ거ㄴ 冉子(염ㅈ)ㅣ 그 母(모)를 爲(위)ㅎ야 粟(속)을 請(쳥)ㅎ대 子(ㅈ)ㅣ ㄱ르샤ㄷ 釜(부)를 주라 益(익)호ㅁ 請(쳥)ㅎ대 ㄱ르샤ㄷ 庾(유)를 주라 冉子(염ㅈ)ㅣ 粟(속) 五秉(오병)을 준대

子(ㅈ)ㅣ ㄱ르샤ㄷ 赤(젹)이 齊(졔)예 適(뎍)홀 제 肥馬(비마)를 乘(승)ㅎ며 輕裘(경구)를 衣(의)ㅎ니 나ㄴ 드르니 君子(군ㅈ)ㄴ 急(급)을 周(쥬)ㅎ고 富(부)를 繼(계)티 아닛ㄴ다 ㅎ니라

原思(원ㅅ)ㅣ 宰(ㅈ)되얏ㄴ 디라 粟(속) 九百(구빅)을 주신대 辭(ㅅ)ㅎ거ㄴ 子(ㅈ)ㅣ ㄱ르샤ㄷ 마라 뻐 너의 鄰里(린리) 鄉黨(향당)을 줄 ㅂ더

集註

122-㊀

使·爲, 並去聲.

○ 子華, 公西赤也. 使, 爲孔子使也. 釜, 六斗四升. 庾, 十六斗. 秉, 十六斛.

使・爲는 모두 去聲이다.

○ 子華는 公西赤이다. 使는 孔子를 위하여 심부름을 간 것이다. 釜는 六斗四升
이다. 庾는 十六斗이다. 秉은 十六斛이다.

122-㈡

衣, 去聲. ○ 乘肥馬・衣輕裘, 言其富也. 急, 窮迫也. 周者, 補不足. 繼者, 續有餘.

衣는 去聲(동사)이다.

○ '乘肥馬・衣輕裘'는 그가 부유함을 말한 것이다. 急은 窮迫함이다. 周란
부족함을 보충하는 것이다. 繼는 여유 있는 자에게 계속 대어 줌이다.

122-㈢

原思, 孔子弟子, 名憲. 孔子爲魯司寇時, 以思爲宰. 粟, 宰之祿也. 九百不言其量,
不可考.

原思는 孔子의 弟子로 이름은 憲이다. 孔子가 魯나라의 司寇가 되었을 때
原思를 家宰로 삼았었다. 粟은 家宰의 俸祿이며, 九百은 그 양을 말하지 않아
상고할 수 없다.

122-㈣

毋, 禁止辭. 五家爲鄰, 二十五家爲里, 萬二千五百家爲鄕, 五百家爲黨. 言常祿不
當辭, 有餘自可推之以周貧乏. 蓋鄰・里・鄕・黨有相周之義.

○ 程子曰:「夫子之使子華, 子華之爲夫子使, 義也. 而冉有乃爲之請, 聖人寬容,
不欲直拒人. 故與之少, 所以示不當與也. 請益而與之亦少, 所以示不當益也. 求未達而
自與之多, 則已過矣, 故夫子非之. 蓋赤苟至乏, 則夫子必自周之, 不待請矣. 原思爲宰,
則有常祿. 思辭其多, 故又敎以分諸鄰里之貧者, 蓋亦莫非義也.」

張子曰:「於斯二者, 可見聖人之用財矣.」

毋는 禁止辭이다. 5家를 鄰이라 하며, 25가를 里라 하며, 1만 2천5백 家는 鄕이 되고, 5百家는 黨이 된다. 떳떳한 俸祿은 사양해서는 안 되며, 남음이 있으면 스스로 헤아려 가난하고 궁핍한 이들을 周旋(구휼)해 주면 된다는 말이다. 대개 鄰·里·鄕·黨에는 서로 돌보아 주는 義가 있었다.

○ 程子(程頤)는 이렇게 말하였다. "夫子가 子華를 심부름시키고, 子華가 夫子의 심부름꾼이 된 것은 義의 관계이다. 그런데 冉有가 이를 위하여 곡식을 청하자 聖人은 寬容하여 곧바로 사람을 거부하지 않고자 한 것이다. 그 때문에 적게 주라 하여 마땅히 주지 않아야 할 것임을 보인 것이다. 이에 더 달라고 청하자 도리어 더 적게 주라 하여 그 더욱더 주지 않아야 할 것임을 보인 것이다. 冉求가 이를 알아차리지 못하고 스스로 더 많이 준 것은 이미 잘못된 것이다. 그 때문에 夫子가 이를 그르다 한 것이다. 아마 公西赤이 진실로 지극히 궁핍하였다면 夫子가 반드시 周旋하여 주었을 것이며, 요청을 기다리지도 않았을 것이다. 原思가 宰가 되었다면 떳떳한 俸祿이 있게 마련이다. 그런데 原思는 그것이 많다고 사양하였다. 그 때문에 다시 鄰里의 가난한 자에게 나누어 주라고 가르쳤으니 역시 義가 아님이 없다."

張子(張載)는 이렇게 말하였다. "이 두 가지 일에서 聖人의 재물 쓰는 법을 가히 알 수 있다."

123(6-4)

子謂仲弓

공자가 중궁仲弓에게 말하였다.

"얼룩소의 송아지가 붉은 빛에 뿔까지 훌륭하다면, 비록 희생으로 쓰이지 않고자 한들 산천의 신들이 그를 마다하겠느냐?"

子謂仲弓, 曰:「犂牛之子騂且角, 雖欲勿用, 山川其舍諸?」㊀

【仲弓】冉雍.

【犂牛】얼룩소. 雜色의 소. 음은 '리'와 '려' 두 가지가 있다. '犂'는 '犁'로도 쓴다.

【騂且角】騂은 털빛이 붉음, 角은 뿔이 바르게 난 것. 犧牲用으로 쓰기에 표준이 되는 소를 말한다. 騂은 음이 '셩'이다.

【舍】捨와 같다.

子(ᄌ)ㅣ 仲弓(듕궁)을 닐어 ᄀᆞᆯᄋᆞ샤ᄃᆡ 犂牛(리우)의 子(ᄉ)ㅣ 騂(셩)ᄒᆞ고 ᄯᅩ 角(각)ᄒᆞ면 비록 ᄡᅳ디 말고쟈 ᄒᆞ나 山川(산쳔)은 그 ᄇᆞ리랴

子(ᄌ)ㅣ 仲弓(듕궁)을 닐러 ᄀᆞᄅᆞ샤ᄃᆡ 犂牛(리우)의 子(ᄌ)ㅣ 騂(셩)코 ᄯᅩ흔 角(각)ᄒᆞ면 비록 ᄡᅳ디 말고져 ᄒᆞ나 山川(산쳔)은 그 舍(샤)ᄒᆞ랴

◆ 集 註

123-㊀

犂, 利之反. 騂, 息營反. 舍, 上聲.

○ 犂, 雜文. 騂, 赤色. 周人尙赤, 牲用騂. 角, 角周正, 中犧牲也. 用, 用以祭也. 山川, 山川之神也. 言人雖不用, 神必不舍也. 仲弓父賤而行惡, 故夫子以此譬之. 言父之惡, 不能廢其子之善, 如仲弓之賢, 自當見用於世也. 然此論仲弓云爾, 非與仲弓言也.

○ 范氏曰:「以瞽瞍爲父而有舜, 以鯀爲父而有禹. 古之聖賢, 不係於世類, 尙矣. 子能改父之過, 變惡以爲美, 則可謂孝矣.」

犁는 反切로 '利之反'(리)이며 騂은 '息營反'(성)이다. 舍는 上聲(버리다)이다.

○ 犁는 섞인 무늬이다. 騂은 붉은 색이다. 周나라 사람들은 赤色을 숭상하여 犧牲에 騂牛를 사용하였다. 角은 뿔이 周正(고르고 단정한)하여 犧牲에 적합한 것이다. 用은 제사에 사용함을 말한다. 山川은 山川의 神이다. 사람이 비록 쓰지 않으려 하여도 神은 틀림없이 버리지 않을 것임을 말한 것이다. 仲弓의 아버지는 미천하고 惡을 저질렀다. 이 때문에 夫子가 이로써 비유한 것이다. 아버지의 惡行이 그 아들의 훌륭함을 폐기할 수 없으니, 仲弓 같은 어짊은 저절로 세상에 쓰임을 받게 될 것임을 말한 것이다. 그러나 이는 仲弓을 두고 논한 것일 뿐 仲弓에게 직접 말해 준 것은 아니다.

○ 范氏(范祖禹)는 이렇게 말하였다. "瞽瞍(內閣本에는 叟로 되어 있다)를 아버지로 두었으나 舜임금이 있었고, 鯀을 아버지로 두었으면서도 禹임금이 있었다. 옛날의 聖賢은 그 世類(世家나 族類)에 매이지 않음이 오히려 그러하였다. 자식이 능히 아버지의 허물을 고쳐 惡을 변화시켜 아름답게 만든다면 가히 孝라 말할 수 있는 것이다."

124(6-5)

回也其心三月不違仁

공자가 말하였다.

"안회顔回는 그 마음이 석 달의 긴 시간도 인仁에 떠남이 없지만,
그 나머지들은 하루, 한 달에 한 번 인을 떠올리는 정도이다."*

子曰:「回也, 其心三月不違仁, 其餘則日月至焉而
已矣.」㊀

【顏回】顔淵. 字는 子淵.

【三月】3개월이라기보다는 긴 시간을 뜻한다.

【違】離(떠나다, 잊고 살다)로 해석한다.

【日月】'우연히'의 뜻. 하루 한 달 중 어쩌다 한 번이라는 뜻.《集解》에「餘人暫有至
仁時; 唯回移時而不變」이라 하였다.

＊《中庸》제8장에「子曰: 回之爲人也, 擇乎中庸, 得一善則拳拳服膺而弗失之矣!」라
하였다.

子(ᄌ)ㅣ 글ᄋᆞ샤ᄃᆡ 回(회)ᄂᆞᆫ 그 ᄆᆞᅀᆞᆷ이 석 ᄃᆞᆯ을 仁(신)에 어글웃디
아니ᄒᆞ고 그 나ᄆᆞᆫ 이ᄂᆞᆫ 날이며 ᄃᆞᆯ로 니를 ᄯᆞᄅᆞᆷ이니라

子(ᄌ)ㅣ ᄀᆞᄅᆞ샤ᄃᆡ 回(회)ᄂᆞᆫ 그 ᄆᆞᅀᆞᆷ이 三月(삼월)을 仁(인)의
違(위)티 아니코 그 나ᄆᆞ니ᄂᆞᆫ 日月(일월)애 至(지)ᄒᆞᆯ ᄯᆞᄅᆞᆷ이니라

◆ 集 註

124-㊀

三月, 言其久. 仁者, 心之德. 心不違仁者, 無私欲而有其德也. 日月至焉者, 或日
一至焉, 或月一至焉, 能造其域而不能久也.

○ 程子曰:「三月, 天道小變之節, 言其久也, 過此則聖人矣. 不違仁, 只是無纖毫
私欲. 少有私欲, 便是不仁.」

尹氏曰:「此顔子於聖人, 未達一間者也, 若聖人則渾然無間斷矣.」

張子曰:「始學之要, 當知『三月不違』與『日月至焉』內外賓主之辨. 使心意勉勉
循循而不能已, 過此幾非在我者.」

석 달은 긴 시간을 말한다. 仁이란 마음의 德이다. 마음에 仁을 떠남이 없다는 것은 사욕이 없이 그 德을 간직하는 것이다. 日月至焉이란 혹 하루에 한번 떠올리거나 혹 한 달에 한 번 떠올려, 능히 그 범위에는 이르되 지속되지 못함을 말한다.

○ 程子(程頤)가 말하였다. "석 달은 天道가 조금 변하는 節期인데 이를 길다고 말한 것은, 그 기간을 넘길 수 있다면 聖人이기 때문이다. 不違仁은 그저 털끝만큼의 사사로운 욕구가 없다는 것이다. 조금이라도 私欲이 있다면 이는 곧 不仁이다."

尹氏(尹焞)가 말하였다. "이는 顔回가 聖人에게 있어서 한 칸 정도 미달한 것으로, 만약 聖人이라면 渾然히 전혀 間斷이 없을 것이다."

張子(張載)는 이렇게 말하였다. "배움을 시작하는 요체는 마땅히 '三月不違'와 '日月之焉'의 안팎과 賓主(本末과 같음)에 대한 변별을 아는 것이다. 마음과 의지로 하여금 힘쓰고 순리대로 하여 그만둘 수 없게 하여야 하나니, 이 단계를 넘어서면 거의 나에게 있는 것이 아닌 것이 된다."(내 의지로, 억지로 하려 하지 않아도 자연스럽게 계속됨을 뜻한다)

125(6-6)

季康子問

계강자季康子가 물었다.

"중유仲由는 정치에 종사시킬 만합니까?"

공자가 이렇게 말하였다.

"중유라면 과단성果이 있지요. 정치에 종사함에 무슨 어려움이 있겠습니까?"

다시 이렇게 물었다.

"그렇다면 사(賜, 子貢)는 정치에 종사시킬 만합니까?"

공자는 이렇게 대답하였다.

"자사는 달達한 사람이니 그가 정치에 종사함에 무슨 어려움이 있겠습니까?"

다시 이렇게 물었다.

"염구冉求는 정치에 종사시킬 만합니까?"

공자의 대답은 이러하였다.

"염구는 예藝가 있으니 그가 정치에 종사함에 무슨 어려움이 있겠습니까?"

季康子問:「仲由可使從政也與?」
　子曰:「由也果, 於從政乎何有?」
　　日:「賜也可使從政也與?」
　　日:「賜也達, 於從政乎何有?」
　　日:「求也可使從政也與?」
　　日:「求也藝, 於從政乎何有?」⊖

【季康子】季孫肥. 魯 哀公 때의 正卿이며 당시의 실력자였다.
【仲由】子路.
【賜】端木賜. 字는 子貢.
【冉求】子有.

● **諺 解**

陶山本　季康子(계강ᄌᆞ)ㅣ 묻ᄌᆞ오딕 仲由(듕유)는 可(가)히 히여곰
政(졍)을 從(죵)ᄒᆞ얌즉 ᄒᆞ닝잇가 子(ᄌᆞ)ㅣ ᄀᆞᆯᄋᆞ샤딕 由(유)는 果(과)
ᄒᆞ니 政(졍)을 從(죵)홈애 므스거시 이시리오 ᄀᆞᆯ오딕 賜(ᄉᆞ)는 可(가)히 히여곰
政(졍)을 從(죵)ᄒᆞ얌즉 ᄒᆞ닝잇가 ᄀᆞᆯᄋᆞ샤딕 賜(ᄉᆞ)는 達(달)ᄒᆞ니 政(졍)을
從(죵)홈애 므스거시 이시리오 ᄀᆞᆯ오딕 求(구)는 可(가)히 히여곰 政(졍)을
從(죵)ᄒᆞ얌즉 ᄒᆞ닝잇가 ᄀᆞᆯᄋᆞ샤딕 求(구)는 藝(예)ᄒᆞ니 政(졍)을 從(죵)홈애
므스거시 이시리오

栗谷本　季康子(계강ᄌᆞ)ㅣ 問(문)호딕 仲由(듕유)ㅣ 可(가)히 ᄒᆞ여곰 從政
(죵졍)ᄒᆞ얌즉 ᄒᆞ니잇가 子(ᄌᆞ)ㅣ ᄀᆞᄅᆞ샤딕 由(유)ㅣ 果(과)커니
從政(죵졍)애 므서시 어려우리오 ᄀᆞᆯ오딕 賜(ᄉᆞ)ㅣ 可(가)히 ᄒᆞ여곰 從政(죵졍)
ᄒᆞ얌즉 ᄒᆞ니잇가 ᄀᆞᄅᆞ샤딕 賜(ᄉᆞ)ㅣ 達(달)커니 從政(죵졍)애 므서시 어려우리오
ᄀᆞᆯ오딕 求(구)ㅣ 可(가)히 ᄒᆞ여곰 從政(죵졍)ᄒᆞ얌즉 ᄒᆞ니잇가 ᄀᆞᄅᆞ샤딕 求(구)ㅣ
藝(예)커니 從政(죵졍)애 므서시 어려우리오

125-㊀

與, 平聲.

○ 從政, 謂爲大夫. 果, 有決斷. 達, 通事理. 藝, 多才能.

○ 程子曰:「季康子問三子之才可以從政乎? 夫子答以各有所長. 非惟三子, 人各有所長. 能取其長, 皆可用也.」

與는 平聲이다.

○ 從政은 大夫가 됨을 말한다. 果는 決斷이 있음을 말한다. 達은 사리에 통달함이다. 藝는 才能이 많음을 뜻한다.

○ 程子(程頤)는 이렇게 말하였다. "季康子가 세 사람의 재능을 가히 政治에 종사시킬 수 있는가라고 묻자, 夫子가 각각의 잘하는 바로써 대답한 것이다. 오직 세 사람뿐 아니라 사람은 각각 잘하는 바가 있다. 능히 그 장점을 취하면 모두가 가히 쓸 수 있다."

126(6-7)

季氏使閔子騫爲費宰

계씨季氏가 민자건閔子騫을 자신의 봉지인 비費 땅의 읍재邑宰로 삼으려 하자 민자건이 심부름 온 이에게 이렇게 말하였다.

"나를 위해서 사양의 뜻을 잘 전해주시오. 만약 다시 나를 찾아오는 자가 있으면 나는 틀림없이 저 문수汶水 북쪽으로 피해 가 있을 것이오."

季氏使閔子騫爲費宰.
閔子騫曰:「善爲我辭焉! 如有復我者, 則吾必在汶
上矣.」⊖

【閔子騫】姓은 閔이며, 이름은 損. 字는 子騫(B.C. 511~?). 孔子보다 15세 아래였다.
【費】땅 이름. 李孫氏의 封地. 지금의 山東省 費縣.
【宰】여기서는 邑宰. 封地인 費 땅을 총괄하는 임무.
【汶上】문수(汶水)의 북쪽. 汶水는 지금의 山東省 大汶河, 上은 북쪽. 桂馥의
《札樸》에 「水以陽爲北, 凡言某水上者, 皆謂水北」이라 하였다. 당시 汶水 북쪽은
齊나라 땅이었다. 여기서는 찾아올 수 없는 먼 곳으로 피함을 뜻한다.

● 諺解

　季氏(계시)ㅣ 閔子騫(민ᄌ건)으로 ᄒᆡ여곰 費(비)ㅅ 宰(ᄌᆡ)를 ᄒᆞ인대
閔子騫(민ᄌ건)이 ᄀᆞᆯ오ᄃᆡ 善(션)히 나를 爲(위)ᄒᆞ야 辭(ᄉᆞ)ᄒᆞ라
만일에 내게 다시 홈이 이실 ᄯᅢᆫ댄 곧 내 반ᄃᆞ시 汶(문)ㅅ 上(샹)애
이쇼리라

　季氏(계시)ㅣ 閔子騫(민ᄌ건)을 ᄒᆞ여곰 費宰(비ᄌᆡ)를 ᄒᆞ라ᄒᆞᆫ대
閔子騫(민ᄌ건)이 ᄀᆞᆯ오ᄃᆡ 善(션)히 나를 爲(위)ᄒᆞ야 辭(ᄉᆞ)ᄒᆞ라
만일에 내게 復(부)호미 이시면 내 반ᄃᆞ시 汶上(문샹)의 이쇼리라

◆ 集註

126-㊀

費, 音祕. 爲, 去聲. 汶, 音問.

○ 閔子騫, 孔子弟子, 名損. 費, 季氏邑. 汶, 水名, 在齊南魯北竟上. 閔子不欲臣季氏,
令使者善爲己辭. 言若再來召我, 則當去之齊.

○ 程子曰:「仲尼之門, 能不仕大夫之家者, 閔子·曾子數人而已.」

謝氏曰:「學者能少知內外之分, 皆可以樂道而忘人之勢. 況閔子得聖人爲之依歸,
彼其視季氏不義之富貴, 不啻犬彘. 又從而臣之, 豈其心哉? 在聖人則有不然者,
蓋居亂邦·見惡人, 在聖人則可; 自聖人以下, 剛則必取禍, 柔則必取辱. 閔子豈不能

早見而豫待之乎? 如由也不得其死, 求也爲季氏附益, 夫豈其本心哉? 蓋旣無先見之知, 又無克亂之才故也. 然則閔子其賢乎?」

費는 음이 祕(비)이다. 爲는 去聲(되다)이다. 汶은 음이 問(문)이다.

○ 閔子騫은 孔子의 弟子로 이름은 損이다. 費는 季氏의 封邑이다. 汶은 물이름으로 齊나라 남쪽, 魯나라 북쪽의 경계에 있다. 閔子騫이 季氏의 臣下가 되지 않고자 使者로 하여금 자신을 위하여 잘 말하여 주도록 한 것이다. 만약다시 와서 나를 부르면 마땅히 버리고 齊나라로 떠날 것임을 말한 것이다.

○ 程子(程頤)는 이렇게 말하였다. "仲尼의 門下에서 능히 大夫의 집에 벼슬하지 않았던 자는 閔子騫·曾子 등 몇 사람뿐이다."

謝氏(謝良佐)는 이렇게 말하였다. "배우는 자로서 內外之分을 조금만 알아도 누구나 가히 道를 즐김으로써 남의 권세를 잊을 수 있거늘, 하물며 閔子騫은 聖人을 얻어 이를 依歸할 대상으로 여겼으니, 그 季氏의 의롭지 못한 부귀야 개나 돼지쯤으로 여기었을 뿐만 아니라, 게다가 쫓아 臣下가 되는 일이 어찌그의 본심이었겠는가? 聖人에게 있어서는 그렇지 않은 것이 있으니, 대개 어지러운 나라에 살며 못된 사람을 만난다 하여도 聖人에게는 可한 것이다. 聖人 이하로서는 剛하면 이 경우에 틀림없이 禍를 입게 되고, 柔하면 모욕을 뒤집어 쓰게 된다. 閔子騫이 어찌 능히 이를 미리 알아보고 예측하여 대비하지 않았겠는가? 仲由(子路) 같은 경우라면 옳은 죽음을 얻지 못하였고(先進篇 265(11-12)), 冉求(子有)는 그 季氏를 위하여 더욱 재물이 불어나도록 해주었으나(先進篇 270(11-16)), 이것이 어찌 그들의 본심이었겠는가? 대체로 이미 先見之知가 없고 게다가 克亂之才도 없었기 때문이었으리라. 그렇다면 閔子騫은 얼마나 어진가?"

127(6-8)

伯牛有疾

백우(伯牛; 冉伯牛)가 병이 들자 공자가 문병을 가서는, 창문을 통해 그의 손을 잡고 이렇게 말하였다.

"이러한 병에 걸릴 리 없는데, 운명이로다! 이런 사람에게 이런 병이 들다니! 이런 사람에게 이런 병이 들다니!"*

伯牛有疾, 子問之, 自牖執其手,

　　曰:「亡之, 命矣夫! 斯人也而有斯疾也! 斯人也

　　而有斯疾也!」⊖

【伯牛】孔子의 弟子인 冉耕. 字는 伯牛.

【疾】흔히 문둥병(癩)이라고 한다. 그러나 이는 《淮南子》 精神訓의 「子夏失明,
冉伯牛爲厲」(厲는 癩자를 借用한 것)라 한 데에서 비롯되었으며, 이 때문에 內閣本
의 夾註에 「朱子曰: 伯牛之癩, 以淮南子而言耳. 其信否則不可知」라 하였다.

【亡之】'이러한 병에 걸릴 리가 없다'로 풀이한다. 亡는 음이 '무'이다.

【牖】둥글게 만든 창문. 음은 '유'이다.

* 包咸은 「牛有惡疾, 不欲見人, 故孔子從牖執其手也」라 하였다.

 諺解

 陶山本　伯牛(빅우) ㅣ 疾(질)이 잇거늘 子(ᄌ) ㅣ 무ᄅ실 시 牖(유)로브터
그 손을 잡아 ᄀᆞᆯᄋᆞ샤ᄃᆡ 업스리러니 命(명)이라 이 사ᄅᆞᆷ이 이 疾(질)을
둘셔 이 사ᄅᆞᆷ이 이 疾(질)을 둘셔

栗谷本　伯牛(빅우) ㅣ 疾(질)을 둣거늘 子(ᄌ) ㅣ 問(문)ᄒᆞ실 시 牖(유)로브터
그 手(슈)를 자바 ᄀᆞᄅᆞ샤ᄃᆡ 亡(망)ᄒᆞ리로다 命(명)이여 이 사ᄅᆞᆷ이
이 疾(질)을 둘셔 이 사ᄅᆞᆷ이 이 疾(질)을 둘셔

◆ 集註

127-㊀

夫, 音扶.

○ 伯牛, 孔子弟子, 姓冉, 名耕. 有疾, 先儒以爲癩也. 牖, 南牖也. 禮「病者居北牖下.
君視之, 則遷於南牖下, 使君得以南面視己.」 時伯牛家以此禮尊孔子, 孔子不敢當,
故不入其室, 而自牖執其手, 蓋與之永訣也. 命, 謂天命. 言此人不應有此疾, 而今乃
有之, 是乃天之所命也. 然則非其不能謹疾而有以致之, 亦可見矣.

○ 侯氏曰:「伯牛以德行稱, 亞於顏·閔. 故其將死也, 孔子尤痛惜之.」

夫는 음이 扶(부)이다.

○ 伯牛는 孔子의 弟子로 姓은 冉이며 이름은 耕이다. 有疾은 先儒들이 나병(癩病)이라 여겼다. 牖는 남쪽으로 난 둥근 창이다. 禮에는 "病者는 북쪽 창문 아래에 있으며 임금이 문안 와서 살펴볼 때에는 남쪽 창문 아래로 옮겨, 임금으로 하여금 南面하고 볼 수 있도록 해야 한다"(《禮記》喪大記에 있는 구절)라 되어있다. 당시 冉伯牛의 집에서 이런 禮로서 孔子를 존경하자 孔子가 감히 그럴 수 없어 그 때문에 집안으로 들어가지 않고 창문으로 그의 손을 잡은 것이니, 아마 그와 永訣한 것이리라. 命은 天命을 말한다. 이 사람은 응당 이런 병에 있어서는 안 되는데 지금 이런 병에 걸렸으니, 이는 하늘이 내린 바의 운명임을 말한 것이다. 따라서 그가 능히 질병을 삼가지 않아서 이러한 지경에 이른 것이 아님을 역시 알 수 있다.

○ 侯氏(侯仲良: 字는 師聖, 河東人, 楊時 등과 同時代 人物로 胡宏의 스승이며 湘湖學統을 이은 學者)는 이렇게 말하였다. "冉伯牛는 德行으로 알려졌으며 顔回와 閔子騫 다음이었다. 그 때문에 그가 장차 죽음에 이르자 孔子가 더욱 이를 애통해하며 아깝게 여긴 것이다."

128(6-9)

賢哉回也

공자가 말하였다.

"어질도다, 안회顏回여! 한 단簞의 밥과 표주박 물 한 모금에 누추한 골목에 살고 있으니 보통 사람이라면 그 고생을 견뎌내기 어려우련만, 안회는 그것을 즐거움으로 여겨 바꾸려 들지 않는구나. 어질도다, 안회여!"

子曰:「賢哉, 回也! 一簞食, 一瓢飮, 在陋巷, 人不堪其憂, 回也不改其樂. 賢哉, 回也!」⊖

【回】 顔回. 字는 子淵.
【簞】 竹器. 원형으로 되어 밥을 담을 수 있다. 초라함을 뜻한다.
【食】 밥, 명사로 음은 '사'이다.
【陋巷】 서민들의 궁벽한 골목.

　　子(ᄌ)ㅣ 굴ᄋ샤ᄃ 賢(현)ᄒ다 回(회)ㅣ여 ᄒ 簞(단)앳 食(ᄉ)와 ᄒ 瓢(표)앳 飮(음)으로 陋巷(루항)애 이심을 사ᄅᆷ이 그 시름을 이긔디 몯ᄒ거늘 回(회)ㅣ 그 樂(락)을 改(ᄀᆡ)티 아니ᄒ니 賢(현)ᄒ다 回(회)ㅣ여

　　子(ᄌ)ㅣ ᄀᆞᄅ샤ᄃ 賢(현)ᄒ다 回(회)여 ᄒ 簞(단) 밥과 ᄒ 瓢(표) 飮(음)으로 陋巷(루항)의 잇기를 人(인)이 그 憂(우)를 견ᄃᆡ디 몯ᄒ거늘 回(회)ㅣ 그 樂(락)을 改(ᄀᆡ)티 아니ᄒ니 賢(현)ᄒ다 回(회)여

128-㊀

食, 音嗣. 樂, 音洛.

　○ 簞, 竹器. 食, 飯也. 瓢, 瓠也. 顔子之貧如此, 而處之泰然, 不以害其樂, 故夫子再言「賢哉回也」以深嘆美之.

　○ 程子曰:「顔子之樂, 非樂簞瓢陋巷也, 不以貧窶累其心而改其所樂也, 故夫子稱其賢.」

　又曰:「簞瓢陋巷非可樂, 蓋自有其樂爾. 其字當玩味, 自有深意.」

　又曰:「昔受學於周茂叔, 每令尋仲尼顔子樂處, 所樂何事?」

　愚按:「程子之言, 引而不發, 蓋欲學者深思而自得之. 今亦不敢妄爲之說. 學者但當從事於博文約禮之誨, 以至於欲罷不能而竭其才, 則庶乎有以得之矣.」

食는 음이 嗣(사)이다. 樂은 음이 洛(락)이다.

○ 簞은 竹器이다. 사(食)는 밥(飯)이다. 瓢는 바가지(瓠)이다. 顔子(顔回)의 가난함이 이와 같았지만 이에 태연히 처하면서 그 즐거움을 해치지 않음으로 夫子가 두 번이나 '賢哉回也'라 하여 이를 깊이 嘆美한 것이다.

○ 程子(程頤)가 말하였다. "顔回의 즐거움이란 簞瓢陋巷을 즐긴다는 것이 아니라 貧窶함 때문에 그 마음이 얽혀 즐거워하던 바를 바꾸지는 않음을 뜻한다. 그 때문에 夫子가 그의 어짊을 칭찬한 것이다."

또 이렇게 말하였다. "簞瓢陋巷은 가히 즐거워할 만한 것이 아니나 아마 스스로 그 즐거움이 있었던 듯하다. '其'자에 마땅히 玩味의 의미를 찾아야 하니 스스로 그 속에 그 깊은 뜻이 있다."

또 이렇게 말하였다. "옛날 周茂叔(周敦頤: 1017~1073. 北宋의 理學者. 濂溪學派의 대표적 인물)에게 受學할 때, 매번 孔子·顔子가 즐거워 하였던 것과 그 즐거워하였던 바가 어떤 일이었던가를 찾게 시켰었다."

〈周惇頤〉(茂叔, 濂溪先生)《三才圖會》

내 생각으로는 이렇다. "程子(程頤)의 말은 당기기만 하고 쏘지 않는 것(引而不發: 문제만 내놓고 해답은 가르쳐 주지 않음)으로 아마 배우는 자들이 깊이 헤아려 스스로 터득하게 하려 한 것이리라. 지금 나 역시 마구 설명할 수는 없다. 배우는 자라면 다만 마땅히 博文約禮의 가르침에 종사하여 그만두고자 하여도 그만둘 수 없어, 그 재능을 다하는 경지에 이른다면 거의 이를 터득함이 있을 것이다."

129(6-10)

冉求曰非不說子之道力不足也

염구冉求가 말하였다.

"선생님의 도를 즐거워하지 않는 것은 아니지만 역부족力不足입니다."

공자가 이렇게 말하였다.

"역부족이라는 것은 중도에서 그만두는 것을 말한다. 지금 너는 미리 한계를 긋는구나."

冉求曰:「非不說子之道, 力不足也.」

子曰:「力不足者, 中道而廢. 今女畫.」㊀

【冉求】字는 子有. 政事에 뛰어났던 人物.

【力不足】뜻은 있었지만 힘이 미치지 못함.

【畫】'땅에 금을 긋듯이 한계를 정하다'의 뜻이다. '획'으로 읽음. '劃'의 본자임.

◉ 諺解

陶山本　冉求(염구) l 골오딕 子(ᄌ)의 道(도)를 說(열)티 아니홈이 아니
언마ᄂᆞᆫ 힘이 足(족)디 몯호이다 子(ᄌ) l 골ᄋ샤딕 힘이 足(족)디
몯흔 者(쟈)ᄂᆞᆫ 道(도)애 中(듕)ᄒᆞ야 廢(폐)ᄒᆞᄂᆞ니 이제 너ᄂᆞᆫ 畫(획)
홈이로다

栗谷本　冉求(염구) l 골오딕 子(ᄌ)의 道(도)를 說(열)티 아니미 아니언
마ᄂᆞᆫ 힘이 足(족)디 몯호이다 子(ᄌ) l ᄀᆞᄅᆞ샤딕 힘이 足(족)디
몯흔 者(쟈)ᄂᆞᆫ 中道(듕도)애 廢(폐)ᄒᆞᄂᆞ니 이제 너ᄂᆞᆫ 畫(획)호미니라

◆ 集註

129-㊀

說, 音悅. 女, 音汝.

○ 力不足者, 欲進而不能. 畫者, 能進而不欲. 謂之畫者, 如畫地以自限也.

○ 胡氏曰「夫子稱顔回不改其樂, 冉求聞之, 故有是言. 然使求說夫子之道,
誠如口之說芻豢, 則必將盡力以求之, 何患力之不足哉? 畫而不進, 則日退而已矣,
此冉求之所以局於藝也.」

說은 음이 悅(열)이다. 女는 음이 汝(여)이다.

○ 力不足이란 나가고자 하나 능히 그렇게 할 수가 없는 경우를 뜻한다.
畫이란 능히 나갈 수 있으나 그렇게 하지 않고자 함이다. 畫이라고 말한 것은
마치 땅을 그어 스스로 한계를 짓는 것과 같기 때문이다.

○ 胡氏(胡寅)가 이렇게 말하였다. "夫子가 顔回는 그 즐거움을 바꾸지 않는다고
칭찬하자, 冉求가 이를 듣고 그 때문에 이런 말을 한 것이다. 그러나 冉求가
夫子의 道 좋아하기를 진실로 가축의 입이 꼴이나 먹이를 좋아하듯이 하게
하였다면 틀림없이 장차 盡力하여 이를 구하였을 터이니 어찌 힘이 부족하다고
걱정하겠는가? 한계를 긋고, 나가지 않는다면 이는 날마다 후퇴하는 것일
따름이다. 이것이 冉求가 才藝에만 국한된 까닭이다."

130(6-11)

子謂子夏曰

공자가 자하子夏에게 이렇게 말하였다.

"너는 군자다운 선비가 되어라. 소인 같은 선비가 되어서는 아니 된다."

子謂子夏曰:「女爲君子儒! 無爲小人儒!」⊖

【子夏】卜商. 字는 子夏. 子游와 더불어 文學에 뛰어났다 한다.
【儒】선비. 學者.

子(ᄌ)ㅣ 子夏(ᄌ하)ᄃ려 닐어 ᄀᆞᆯ〮ᄋᆞ〮샤ᄃᆡ 네 君子(군ᄌ)ㅅ 儒(유)ㅣ 되고 小人(쇼신)ㅅ 儒(유)ㅣ 되디 말라

 子(ᄌ)ㅣ 子夏(ᄌ하)ᄃ려 닐러 ᄀᆞᄅ샤ᄃᆡ 네 君子(군ᄌ) 儒(유)ㅣ 되고 小人(쇼인) 儒(유)ㅣ 되디 말라

◆ 集註

130-㊀

儒, 學者之稱.

程子曰:「君子儒爲己, 小人儒爲人.」

○ 謝氏曰:「君子小人之分, 義與利之間而已. 然所謂利者, 豈必殖貨財之謂? 以私滅公, 適己自便, 凡可以害天理者皆利也. 子夏文學雖有餘, 然意其遠者大者或昧焉, 故夫子語之以此.」

儒는 學者를 지칭하는 말이다.

程子(程頤)는 이렇게 말하였다. "君子의 儒는 자신의 수양을 위한 것이요, 小人의 儒는 남에게 보이기 위한 것이다."

○ 謝氏(謝良佐)는 이렇게 말하였다. "君子와 小人의 구분은 義와 利의 간격일 뿐이다. 그러나 소위 利라는 것이 어찌 반드시 財貨를 증식하는 것을 말한 것이리오? 사사로움으로 公을 滅하거나 자신에게 맞추어 스스로 편하게 하여, 무릇 天理를 해칠 수 있는 것은 모두가 利이다. 子夏는 文學에는 비록 남음이 있었으나, 그 원대한 생각은 혹 어두웠던 듯하다. 그 때문에 夫子가 이 말을 해준 것이다."

131(6-12)

子游爲武城宰

자유子游가 무성武城의 읍재邑宰가 되자 공자가 말하였다.
"너는 그 곳에서 어떤 인물을 얻었느냐?"
자유가 이렇게 대답하였다.
"담대멸명澹臺滅明이라는 자를 얻었습니다. 행동에 지름길을 고집하지 않으며, 공사公事가 아닌 일로는 일찍이 저偃의 집에 찾아온 적이 없습니다."

子游爲武城宰.
子曰:「女得人焉爾乎?」
曰:「有澹臺滅明者, 行不由徑, 非公事, 未嘗至於偃
之室也.」㊀

【子游】言偃. 字는 子游.

【武城】地名. 魯나라의 城邑. 지금의 山東省 費縣 서남쪽.

【焉爾】唐石經과 宋石經에는 '焉爾'가 '焉耳'로 되어 있다.

【澹臺滅明】澹臺는 姓氏, 滅名은 이름. 字는 子羽. 《搜神記》·《博物志》 등에
그의 일화가 실려 있으며, 《史記》 仲尼弟子列傳에는 「澹臺滅明, 武城人, 字子羽,
少孔子三十九歲」라 하여 孔子의 弟子로 올라 있다. 여기서는 내용으로 보아
孔子에게 수업 받기 전인 듯하다.

⊙ 諺解

 子游(ᄌ유)ㅣ 武城(무셩)ㅅ 宰(ᄌᆡ)되엿더니 子(ᄌ)ㅣ 골ᄋ샤ᄃᆡ
네 사름을 어던는다 굴오ᄃᆡ 澹臺滅明(담ᄃᆡ멸명)이라 ᄒᆞᆯ 이 이시니
行(ᄒᆡᆼ)홈애 俓(경)을 말미암디 아니ᄒᆞ며 公事(공ᄉ)ㅣ 아니어든
일쯕 偃(언)의 室(실)에 니르디 아니ᄒᆞᄂᆞ닝이다

 子游(ᄌ유)ㅣ 武城(무셩) 宰(ᄌᆡ)되엿거늘 子(ᄌ)ㅣ ᄀᆞᄅᆞ샤ᄃᆡ
네 人(인)을 어덧는다 굴오ᄃᆡ 澹臺滅明(담ᄃᆡ멸명)이라 ᄒᆞ리 이시니
行(ᄒᆡᆼ)ᄒᆞᆯ 제 俓(경)을 由(유)티 아니ᄒᆞ며 公事(공ᄉ)ㅣ 아니어든
일즉 偃(언)의 室(실)에 至(지)티 아니터이다

◆ 集註

131-㊀

女, 音汝. 澹, 徒甘反.

○ 武城, 魯下邑. 澹臺姓. 滅明名, 字子羽. 徑, 路之小而捷者. 公事, 如飮射讀法之類.
不由徑, 則動必以正, 而無見小欲速之意可知. 非公事不見邑宰, 則其有以自守,
而無枉己徇人之私可見矣.

○ 楊氏曰:「爲政以人才爲先, 故孔子以得人爲問. 如滅明者, 觀其二事之小, 而其正大之情可見矣. 後世有不由徑者, 人必以爲迂; 不至其室, 人必以爲簡. 非孔氏之徒, 其孰能知而取之?」

愚謂:「持身以滅明爲法, 則無苟賤之羞; 取人以子游爲法, 則無邪媚之惑.」

女는 음이 汝(여)이다. 澹은 反切로 '徒甘反'(담)이다.

○ 武城 魯나라의 下邑이다. 澹臺는 姓이요, 滅明은 이름으로 字는 子羽이다. 徑은 좁으나 질러갈 수 있는 길(지름길)이다. 公事는 飮(鄕飮酒)·射(鄕射禮)·讀法 같은 부류이다. 지름길로 말미암지 않으면 그 행동이 틀림없이 바를 것이며, 작은 이익을 위해 속히 가고자 하는 것이 없음을 가히 알 수 있다. 公事가 아니면 邑宰를 만나지 않았다는 것으로 그가 스스로 지킴이 있어, 자신을 굽혀 남의 사사로움에 따르지 않았음을 가히 알 수 있다.

○ 楊氏(楊時)는 이렇게 말하였다. "爲政에는 사람의 才能을 우선으로 삼는다. 그 때문에 孔子가 사람을 얻었느냐는 것을 질문으로 삼은 것이다. 滅明 같은 경우라면 그 두 가지 작은 일을 보고 그의 正大한 정황을 가히 알 수 있다. 後世에는 지름길로 가지 않는 자가 있을 때 남들은 이를 迂闊한 자라고 여기며, 자신의 집에 이르지 않으면 남들은 이를 疏簡하다 여길 것이다. 孔子의 무리가 아니라면 누가 능히 이를 알아 행동으로 취하였겠는가?"

내 생각으로는 이렇다. "자신의 몸가짐을 滅明로써 법을 삼는다면 구차하고 천박한 羞恥가 없게 될 것이요, 남을 취하되 子游의 관점으로써 법을 삼는다면 邪媚之惑(간사하게 아첨하는 이에게 미혹되는 것)이 없게 될 것이다."

132(6-13)

孟之反不伐

공자가 말하였다.

"맹지반孟之反은 자신을 자랑하지 아니하는 자이다. 그는 후퇴하면서 맨 뒤에서 적을 막다가 곧 궁문으로 들어서게 되었을 때, 그제야 자신의 말을 채찍질하면서 '내가 감히 맨 뒤에서 싸우려 한 것이 아니라 말이 어서 도망쳐 앞으로 내닫지 아니했기 때문이다'라고 말했다는 것이다."*

子曰:「孟之反不伐, 奔而殿, 將入門, 策其馬, 曰:『非敢
　　後也, 馬不進也.』」⊖

【孟之反】魯나라의 大夫.《左傳》哀公 11年에는『孟之側』으로 실려 있다. 孟反·
孟側이며 古代 사람들은 이름 사이에「之」를 넣은 것이다.
【伐】자랑함.
【殿】軍隊 行列의 가장 뒤쪽에 처함을 말한다. 후퇴 중이므로 가장 위험한 위치이다.
*《左傳》哀公 11年 傳에「師及齊師戰于郊. 右師奔; 齊人從之. 孟之側後入, 以爲殿;
抽矢策其馬, 曰:『馬不進也!』」라 하였다.

◉ 諺解

子(ᄌ)] 글ᄋ샤ᄃᆡ 孟之反(밍지반)은 伐(벌)티 아니ᄒᆞ놋다 奔(분)
홈에 殿(뎐)ᄒᆞ야 將(쟝)ᄎᆞ 門(문)의 들 ᄉᆡ 그 ᄆᆞᆯ을 策(책)ᄒᆞ야 ᄀᆞᆯ오ᄃᆡ
敢(감)히 後(후)ᄒᆞᄂᆞᆫ 줄이 아니라 ᄆᆞ리 나ᅀᅡ가디 안이 홈이라 ᄒᆞ니라

子(ᄌ)] ᄀᆞᄅᆞ샤ᄃᆡ 孟之反(밍지반)은 伐(벌)티 아닛놋다 奔(분)
홀제 殿(뎐)홀 시 쟝ᄎᆞ 門(문)에 들제 그 ᄆᆞᆯ을 策(책)ᄒᆞ야 ᄀᆞᆯ오ᄃᆡ
敢(감)히 後(후)호미 아니라 ᄆᆞ리 進(진)티 아니호미라 ᄒᆞ니라

◈ 集註

132-㊀

殿, 去聲.

○ 孟之反, 魯大夫, 名側.

胡氏曰:「反卽莊周所稱孟子反者是也.」伐, 誇功也. 奔, 敗走也. 軍後曰殿. 策,
鞭也. 戰敗而還, 以後爲功. 反奔而殿, 故以此言自揜其功也. 事在哀公十一年.

○ 謝氏曰:「人能操無欲上人之心, 則人欲日消·天理日明, 而凡可以矜己誇人者,
皆無足道矣. 然不知學者欲上人之心無時而忘也, 若孟之反, 可以爲法矣.」

殿은 去聲이다.

○ 孟之反은 魯나라의 大夫로 이름은 側이다.

胡氏(胡寅)는 이렇게 말하였다. "孟之反은 바로 莊周가 말한 孟子反(《莊子》大宗師篇에 나오는 人物)이 바로 이 사람이다." 伐은 功을 자랑한다는 뜻이며, 奔은 敗하여 도망가는 것이다. 軍隊의 뒤쪽을 殿이라 한다. 策은 鞭(채찍)이다 戰鬪에서 패하여 돌아올 때는 뒤처진 것을 功으로 여긴다. 되돌아 도망쳐 오면서 뒤쪽에 처졌으므로 이 말로써 스스로 그 공을 엄폐한 것이다. 이 사건은 《左傳》哀公 11年에 실려 있다.

○ 謝氏(謝良佐)는 이렇게 말하였다. "사람이 능히 남보다 올라서려는 마음이 없도록 操縱할 수 있다면, 그 사람의 욕심은 날로 소멸되고 天理는 날로 밝아질 것이니, 무릇 자신을 뽐내고 남에게 자랑할 수 있는 것이란 굳이 어느 하나 말거리도 되지 않는다. 그러나 學問을 알지 못하는 자는 남의 위로 올라가려는 욕심을 한시도 잊지 못한다. 孟之反 같은 경우는 가히 법으로 삼을 만하다."

133(6-14)

不有祝鮀之佞

공자가 말하였다.

"축타祝鮀와 같은 구변이나 송조宋朝 같은 미모가 없이는, 지금의
이 세상의 어려움을 면하고 살아남기가 어렵도다."

> 子曰:「不有祝鮀之佞, 而有宋朝之美, 難乎免於今之
> 世矣.」㊀

【祝鮀】衛나라의 大夫. 字는 子魚. 원래 祝은 宗廟祭祀의 기도나 占星을 맡는
官職이며, 타(鮀)가 이름이다. 《左傳》定公 4年에 그의 外交辭令에 대한 기록이
있다.
【宋朝】宋나라의 公子. 이름은 朝.《左傳》昭公 20年과 定公 14年에 그의 미모로
인하여 야기된 사건이 기록되어 있다.

子(ᄌ)ㅣ 글ᄋ샤딕 祝鮀(츅타)의 佞(녕)을 두며 宋朝(송됴)의 美(미)를 두디 아니면 이젯 世(셰)예 免(면)홈이 어려우니라

 子(ᄌ)ㅣ ᄀᆞᄅᆞ샤딕 祝鮀(츅타)의 佞(녕)을 둠과 宋朝(송됴)의 美(미)를 두디 아니면 이제 世(셰)예 免(면)호미 어려우니라

◈ 集 註

133-㊀

鮀, 徒河反.

○ 祝, 宗廟之官. 鮀, 衛大夫, 字子魚, 有口才. 朝, 宋公子, 有美色. 言衰世好諛悅色, 非此難免, 蓋傷之也.

鮀는 反切로 '徒河反'(타)이다.

○ 祝은 宗廟를 주관하는 官職이다. 鮀는 衛나라의 大夫로 字는 子魚이며, 말재주가 있었다. 朝는 宋나라의 公子로 美色이 있었다. 衰微한 세상에 아첨을 좋아하고 美色을 좋아하니 이것이 아니면 면하기 어려움을 말한 것으로, 대체로 이를 서글피 여긴 것이다.

134(6-15)

誰能出不由戶

공자가 말하였다.

"그 누가 문을 경유해 드나들지 않는 이가 있겠는가? 그런데 어찌하여 이 도道는 말미암지 않는고?"

子曰:「誰能出不由戶? 何莫由斯道也?」㉠

【由】經由함.
【道】추상적인 의미의 길로 표현한 것이다.

諺解

 陶山本　子(ᄌ)ㅣ 골ᄋ샤ᄃᆡ 뉘 能(능)히 出(츌)홈애 戶(호)를 由(유)티 아니리오마ᄂᆞᆫ 엇디 이 道(도)를 由(유)티 아니ᄒᆞᄂᆞᆫ고

 栗谷本　子(ᄌ)ㅣ ᄀᆞᄅ샤ᄃᆡ 뉘 能(능)히 날 제 戶(호)를 由(유)티 아니리오마ᄂᆞᆫ 엇디 이 道(도)를 由(유)티 아닛ᄂᆞᆫ고

集註

134-㊀

言人不能出不由戶, 何故乃不由此道邪? 怪而歎之之辭.

○ 洪氏曰:「人知出必由戶, 而不知行必由道. 非道遠人, 人自遠爾.」

사람이 능히 문을 경유하지 않고는 나갈 수가 없는데 무슨 연고로 이 道는 경유하지 않는지 이를 괴이하게 여겨 한탄한 말이다.

○ 洪氏(洪興祖)는 이렇게 말하였다. "사람은 나갈 때 반드시 문을 경유해야 함을 알면서도, 행동에는 반드시 도로 말미암아야 함은 모르고 있다. 道가 사람을 멀리하는 것이 아니라 사람이 스스로 멀리할 따름이다."

質勝文則野

공자가 말하였다.

"질質이 문文보다 나으면 야野하고, 문이 질보다 나으면 사史하다. 문과 질이 빈빈彬彬한 연후라야 군자인 것이다."

子曰:「質勝文則野, 文勝質則史. 文質彬彬, 然後君子.」㊀

【文】紋과 같다. 文飾, 紋飾.
【野】非文明的이고 鄙略한 상태.
【史】잘 다듬어진 상태를 뜻한다.
【彬彬】잘 조화를 이루어 빛나는 모습.

陶山本 子(ᄌᆞ)ㅣ ᄀᆞᆯ 오샤ᄃᆡ 質(질)이 文(문)을 勝(승)ᄒᆞ면 野(야)ㅣ오 文(문)이 質(질)을 勝(승)ᄒᆞ면 史(ᄉᆞ)ㅣ니 文(문)과 質(질)이 彬彬(빈빈)ᄒᆞᆫ 後(후)에 君子(군ᄌᆞ)ㅣ니라

栗谷本 子(ᄌᆞ)ㅣ ᄀᆞᄅᆞ샤ᄃᆡ 質(질)이 文(문)을 勝(승)ᄒᆞ면 野(야)ᄒᆞ고 文(문)이 質(질)을 勝(승)ᄒᆞ면 史(ᄉᆞ)ㅣ니 文(문)과 質(질)이 彬彬(빈빈)ᄒᆞ야아 그런 後(후)애 君子(군ᄌᆞ)ㅣ니라

◆ 集註

135-㊀

野, 野人, 言鄙畧也. 史, 掌文書, 多聞習事, 而誠或不足也. 彬彬, 猶斑斑, 物相雜而適均之貌. 言學者當損有餘, 補不足, 至於成德, 則不期然而然矣.

○ 楊氏曰:「文質不可以相勝. 然質之勝文, 猶之甘可以受和, 白可以受采也. 文勝而至於滅質, 則其本亡矣. 雖有文, 將安施乎? 然則與其史也, 寧野.」

野는 野人(촌사람)으로서 비루하고 疏略함을 말한다. 史는 文書를 관장하는 것으로 많이 듣고 일에 익숙하나 성의는 혹 부족한 경우이다. 彬彬은 斑斑과 같다. 물건이 서로 섞여 적당히 균형을 이룬 모습이다. 배우는 자는 마땅히 남는 것은 덜고 부족한 것은 보충하여, 成德에 이르면 그렇게 되기를 기대하지 않아도 그렇게 됨을 말한 것이다.

○ 楊氏(楊時)는 이렇게 말하였다. "文과 質은 서로를 모두 이겨서는 안 된다. 그러나 質이 文보다 나은 것은 마치 단맛은 和를 수용할 수 있고, 흰색은 채색을 수용할 수 있음과 같다. 그러나 文이 勝하여 質을 滅하는 지경에 이르면 그 근본이 사라지는 것과 같아, 비록 文이 있으나 장차 어디에 베풀 수 있겠는가? 그렇다면 그 史하느니 차라리 野함이 나은 것이다."

"質勝文則野, 文勝質則史"(石可)

136(6-17)

人之生也直

공자가 말하였다.

"사람이 태어났을 때는 누구나 곧다. 그 뒤 무망誣罔하게 살아도 살기는 하되, 이는 요행으로 화를 면하고 있는 것일 따름이다."

子曰:「人之生也直, 罔之生也幸而免.」㊀

【直】劉寶楠의《論語正義》에는 鄭玄의 說을 인용하여 "태어났을 때는 모두가 그 性이 정직하다"(始生之性皆正直)라 하였다.《韓詩外傳》卷7에「正直者, 順道 而行, 順理而言, 公平無私; 不爲安肆志, 不爲危激行」이라 하였다.

【罔】誣罔함. 不正直함. 그러나 '罔'을 '無'로 보아 '이러한 정직함이 없이도 살기는 하되 이는 요행으로 면하는 것일 뿐이다'로 해석할 수도 있다.

子(そ)ㅣ 굴ㅇ샤티 사름의 生(싱)이 直(딕)흔 거시니 罔(망)의
生(싱)홈은 힝혀 免(면)ㅎ얀ᄂ니라

 子(そ)ㅣ ᄀᄅ샤티 人(인)의 生(싱)이 直(딕)ㅎ니 罔(망)의
生(싱)호믄 幸(힝)혀 免(면)호미니라

◆ 集註

136-㊀

程子曰:「生理本直. 罔, 不直也, 而亦生者, 幸而免耳.」

程子(程頤)는 이렇게 말하였다. "태어나서는 그 이치(혹은 살아가는 이치)가 본래
곧은 것이다. 罔은 곧지 않은 것이다. 그런데도 역시 살아감은 요행으로 면하는
것일 따름이다."

137(6-18)

知之者不如好之者

공자가 말하였다.

"아는 것은 좋아하는 것만 같지 못하고, 좋아하는 것은 즐겨하는 것만 같지 못하다."*

子曰:「知之者不如好之者, 好之者不如樂之者.」㊀

【知之者】구체적으로 아는 대상은 道라 보고 있다. 그러나 통상적인 學問이나 事物도 같은 이치로 풀이할 수 있다.

* 包咸은 「學問: 知之者, 不如好之者篤; 好之者, 又不如樂之者深也」라 하였다.

陶山本　子(ᄌ)ㅣ ᄀᆞᆯ익샤티 아ᄂᆞᆫ 이 됴히 너기ᄂᆞᆫ 이만 ᄀᆞᆮ디 몯ᄒᆞ고 됴히 너기ᄂᆞᆫ 이 즐겨ᄒᆞᄂᆞᆫ 이만 ᄀᆞᆮ디 몯ᄒᆞ니라

栗谷本　子(ᄌ)ㅣ ᄀᆞᄅᆞ샤티 知(디)ᄒᆞᄂᆞᆫ 者(쟈)ㅣ 好(호)ᄒᆞᄂᆞᆫ 者(쟈)만 ᄀᆞᆮ디 몯ᄒᆞ고 好(호)ᄒᆞᄂᆞᆫ 者(쟈)ㅣ 樂(락)ᄒᆞᄂᆞᆫ 者(쟈)만 ᄀᆞᆮ디 몯ᄒᆞ니라

◆ 集 註

137-㊀

好, 去聲. 樂, 音洛.

○ 尹氏曰:「知之者, 知有此道也. 好之者, 好而未得也. 樂之者, 有所得而樂之也.」

○ 張敬夫曰:「譬之五穀, 知者知其可食者也, 好者食而嗜之者也, 樂者嗜之而飽者也. 知而不能好, 則是知之未至也; 好之而未及於樂, 則是好之未至也. 此古之學者, 所以自彊而不息者與!」

好는 去聲이다. 樂은 음이 洛(락)이다.

○ 尹氏(尹焞)는 이렇게 말하였다. "이를 안다는 것은 이러한 道가 있음을 안다는 것이다. 이를 좋아한다는 것은 좋아하나 아직 얻지는 못하였다는 것이다. 이를 즐겨한다는 것은 얻는 바가 있어 이를 즐거워한다는 것이다."

○ 張敬夫(張栻)는 이렇게 말하였다. "五穀에 이를 비유컨대 아는 자는 그것이 먹을 수 있는 것임을 아는 것이요, 좋아하는 자는 그것을 먹고 맛있어하는 것이며, 즐기는 자는 그것을 맛있어하고 배도 부른 자이다. 알기만 하고 능히 좋아하지 않는다면 이는 앎이 지극한 데에 이르지 않은 것이며, 좋아하되 즐김에 이르지 못하였다면 이는 좋아함이 지극한 것에 이르지 못한 것이다. 이것이 옛날 배우는 자들이 自彊不息한 이유이리라."

"知之者不如好之者, 好之者不如樂之者"(石可)

中人以上可以語上也

공자가 말하였다.

"중인 이상에게는 높은 도를 말하여 줄 수 있지만, 중인 이하는 높은 도를 말하여 줄 수 없다."

> 子曰:「中人以上. 可以語上也; 中人以下, 不可以語
> 上也.」㊀

【中人】古代에 사람의 능력과 품성을 세 단계로 나누어 上人·中人·下人으로 분류하여 말한 것이다. 그러나 앞의 『中人以上』의 『以上』은 뒷사람에 의해 追加된 것이라고 보는 견해도 있다(毛子水).

【語上】語는 告·誨의 뜻. 上은 고차원적인 내용이나 원리를 뜻한다.

子(ᄌ)ㅣ 글ᄋ샤ᄃᆡ 中人(듕신)으로뻐 우흔 可(가)히 뻐 우흘 니ᄅ려
니와 中人(듕신)으로뻐 아래는 可(가)히 뻐 우흘 니ᄅ디 몬홀 ᄭᅥ시니라

子(ᄌ)ㅣ ᄀᆞᄅ샤ᄃᆡ 中人(듕인)으로뻐 우흔 可(가)히 뻐 上(샹)을
語(어)ᄒᆞ려니와 中人(듕인)으로뻐 아래는 可(가)히 뻐 上(샹)을
語(어)티 몬홀 디니라

◈ 集註

138-㊀

以上之上, 上聲. 語, 去聲.

○ 語, 告也. 言敎人者, 當隨其高下而告語之, 則其言易入而無躐等之弊也.

○ 張敬夫曰:「聖人之道, 精粗雖無二致, 但其施敎, 則必因其材而篤焉. 蓋中人以下之質, 驟而語之太高, 非惟不能以入, 且將妄意躐等, 而有不切於身之弊, 亦終於下而已矣. 故就其所及而語之, 是乃所以使之切問近思, 而漸進於高遠也.」

以上의 上은 上聲이다. 語는 去聲이다.

○ 語는 告하다의 뜻이다. 남을 가르치는 자는 마땅히 그의 高下에 따라 이를 일러주면 그 설명이 쉽게 이해가 되며 등급을 건너뛰는 폐단이 없음을 말한 것이다.

○ 張敬夫(張栻)는 이렇게 말하였다. "聖人의 道는 精과 粗, 이 두 가지가 비록 합치하지는 않으나, 그 施敎는 반드시 그 재능에 따라 독실하게 한다. 아마 中人 이하의 재질에게 급하게 너무 높은 것을 일러주면 능히 移入되지 못할 뿐만 아니라 오히려 장차 망녕된 뜻으로 등급을 건너뛰어 그 몸에 절실하게 하지 못하는 폐단이 있고, 또한 낮은 그 자리에서 그치고 말뿐이다. 따라서 그가 미칠 수 있는 데로 나아가도록 일러주어야 한다. 이것이 그로 하여금 切問近思(477(19-6))하여 점차 高遠한 곳으로 나아가게 할 수 있는 것이다."

139(6-20)

樊遲問知

번지樊遲가 슬기로움에 대하여 여쭙자 공자가 이렇게 말하였다.

"사람으로서의 의義에 힘쓰고, 귀신을 공경하되 그에게서 멀리하면 가히 슬기롭다고 할 수 있다."

다시 어짊에 대하여 여쭙자 이렇게 말하였다.

"어진 자는 어려움을 먼저 처리하고 얻는 것을 뒤로 한다. 이렇게 하면 어질다고 할 수 있다."*

樊遲問知.
子曰:「務民之義, 敬鬼神而遠之, 可謂知矣.」
問仁.
　曰:「仁者先難而後獲, 可謂仁矣.」⊖

【樊遲】樊須. 孔子의 弟子.
【知】智로도 본다. '지혜롭다'의 뜻이다.
【遠之】접근하지 않음. 매달리지 않음. '알맞은
거리를 두어 미혹되지 않도록 멀리하다'의 뜻.
* 顔淵篇 299(12-21)에 樊遲가『先事後得, 非崇
德與?』라 하여, 본장의 내용과 같은 뜻이다.

"先難而後獲"(石可)

 諺 解

 　樊遲(번디) ㅣ 知(디)를 묻ᄌ온대 子(ᄌ) ㅣ 글ᄋ샤ᄃᆡ 民(민)의
義(의)를 힘쓰고 鬼神(귀신)을 공경코 멀리ᄒ면 可(가)히 知(디)라
닐을 ᄯ니라 仁(신)을 묻ᄌ온대 글ᄋ샤ᄃᆡ 仁(신)혼 者(쟈) ㅣ 難(난)을
몬져ᄒ고 獲(획)홈을 後(후)ᄒ면 可(가)히 仁(신)이라 니를 ᄯ니라

　樊遲(번디) ㅣ 知(디)를 問(문)혼대 子(ᄌ) ㅣ ᄀᆞᄅ샤ᄃᆡ 民(민)의
義(의)를 務(무)ᄒ고 鬼神(귀신)을 敬(경)코 멀리ᄒ면 可(가)히
知(디)라 니를 디니라 仁(인)을 問(문)혼대 ᄀᆞᄅ샤ᄃᆡ 仁(인)홀 者(쟈) ㅣ
難(난)을 先(션)ᄒ고 獲(획)을 後(후)ᄒ면 可(가)히 仁(인)이라
니를 디니라

139-㉠

知·遠, 皆去聲.

○ 民, 亦人也. 獲, 謂得也. 專用力於人道之所宜, 而不惑於鬼神之不可知, 知者之事也; 先其事之所難, 而後其效之所得, 仁者之心也. 此必因樊遲之失而告之.

○ 程子曰:「人多信鬼神, 惑也. 而不信者又不能敬, 能敬能遠, 可謂知矣.」
又曰:「先難, 克己也. 以所難爲先, 而不計所獲, 仁也.」
呂氏曰:「當務爲急, 不求所難知; 力行所知, 不憚所難爲.」

知·遠은 모두 去聲이다.

○ 民은 역시 사람이요, 獲은 得(얻다)이라는 말이다. 오로지 人道의 마땅한 바에 힘을 쏟아, 알지 못할 鬼神에게 미혹하지 않는 것이 지혜로운 자의 일이다. 그 일에서는 어려운 부분을 먼저 하고, 그 實效의 所得을 뒤로 하는 것은 어진 자의 마음이다. 이는 틀림없이 樊遲가 무언가 과실이 있었기에 그것을 근거로 말한 것이리라.

○ 程子(程頤)는 이렇게 말하였다. "사람들이 흔히 鬼神을 믿고 있으니 이는 미혹된 것이다. 그러나 믿지 않는 자는 또한 능히 恭敬을 모른다. 능히 恭敬하면서 능히 멀리하는 것, 이를 가히 슬기롭다 이를 수 있는 것이다."

또 이렇게 말하였다. "어려운 일을 먼저 하는 것은 자신을 이기는 것이다. 어려운 바를 먼저 할 일로 삼으면서 그 얻을 바를 계산하지 않는 것, 이는 仁이다."

呂氏(呂大臨)는 이렇게 말하였다. "당장 힘써야 할 일을 급한 것으로 여겨 알기 어려운 바는 구하지 않으며, 아는 바를 실행하기에 힘써 그것이 하기 어려운 것이라 하여도 꺼리지 말아야 한다."

140(6-21)

知者樂水仁者樂山

공자가 말하였다.

"슬기로운 자는 물을 즐기고, 어진 자는 산을 즐긴다. 슬기로운 자는 움직임을 좋아하고, 어진 자는 고요함을 좋아한다. 슬기로운 자는 즐거움 속에 살고, 어진 자는 오래 산다."*

子曰:「知者樂水, 仁者樂山. 知者動, 仁者靜. 知者樂, 仁者壽.」㊀

"知者樂, 仁者壽"(石可)

【樂水】요(樂)는 '즐기다, 좋아하다'의 뜻. '요수'로 읽는다.

【知者樂】락(樂)은 '즐거움으로 산다'의 뜻. 그 다음 구절 「仁者壽」역시 '어진 자는 장수한다'의 뜻, 그러나 '즐거움을 염두에 두다, 長壽의 문제에 관심을 가지다'로 볼 수도 있다.

* 皇侃은 「樂山樂水, 爲智仁之性; 動靜爲智仁之用; 壽樂爲智仁之功」이라 하였다.

"仁者樂山." 丘堂 呂元九(韓, 현대) 《丘堂印存》

◉ 諺解

子(ᄌ)ㅣ 굴ᄋ샤딕 知(디)흔 者(쟈)는 水(슈)를 됴히 너기고 仁(신)흔 者(쟈)는 山(산)을 됴히 너기ᄂ니 知(디)흔 者(쟈)는 動(동)ᄒ고 仁(신)흔 者(쟈)는 靜(졍)ᄒ며 知(디)흔 者(쟈)는 樂(락)ᄒ고 仁(신)흔 者(쟈)는 壽(슈)ᄒᄂ니라

子(ᄌ)ㅣ ᄀᄅ샤딕 知者(디쟈)는 水(슈)를 樂(요)ᄒ고 仁者(인쟈)는 山(산)을 樂(요)ᄒᄂ니 知者(디쟈)는 動(동)ᄒ고 仁者(인쟈)는 靜(졍)ᄒ며 知者(디쟈)는 樂(락)ᄒ고 仁者(인쟈)는 壽(슈)ᄒᄂ니라

140-㊀

知, 去聲. 樂, 上二字並五教反, 下一字音洛.

○ 樂, 喜好也. 知者達於事理而周流無滯, 有似於水, 故樂水; 仁者安於義理而厚重不遷, 有似於山, 故樂山. 動靜以體言, 樂壽以效言也. 動而不括故樂; 靜而有常故壽.

○ 程子曰:「非禮仁知之深者, 不能如此形容之.」

知는 去聲(智)이다. 樂은(는) 위의 두 글자는 反切로 '五教反'(요)이며, 아래 한 글자는 음이 洛(락)이다.

○ 요(樂)는 '즐겨하다'의 뜻이다. 智者는 事理에 통달하여 두루 흐름에 막힘이 없어, 그 유사함이 물과 같다. 그 때문에 물을 즐기는 것이다. 仁者는 義理에 안주하여 重厚하면서 옮김이 없어, 산과 비슷함이 있다. 그 때문에 산을 즐기는 것이다. 動과 靜은 體로 말한 것이요, 樂과 壽는 그 효과로 말한 것이다. 움직이되 묶이지 않으니 그 때문에 즐거운 것이요, 고요하되 떳떳함이 있으니 그 때문에 장수하는 것이다.

○ 程子(程頤)가 말하였다. "禮와 仁에 대하여 깊이 알지 않은 자라면 이렇게 형용해 낼 수 없을 것이다."

141(6-22)

齊一變至於魯

공자가 말하였다.

"제齊나라가 한 번 변하면 노魯나라의 경지에 이를 것이요, 노나라가
한 번 변하면 도道의 경지에 이를 것이다."*

子曰:「齊一變, 至於魯; 魯一變, 至於道.」⊖

【齊】姜太公(呂尙)의 유훈과 桓公의 霸業이 남아 霸道政治를 꿈꾸었다.
【魯】周公(姬旦)의 유훈으로 禮樂을 중시하였다.
* 霸道政治를 禮樂政治로, 다시 이를 道義政治로 전이되는 과정을 상정하고
 말한 것이다.

◉ 諺解

陶山本 子(ᄌᆞ)ㅣ ᄀᆞᆯᄋᆞ샤ᄃᆡ 齊(졔)ㅣ ᄒᆞᆫ 번 變(변)ᄒᆞ면 魯(로)애 니르고 魯(로)ㅣ ᄒᆞᆫ 번 變(변)ᄒᆞ면 道(도)애 니를 ᄯᅵ니라

栗谷本 子(ᄌᆞ)ㅣ ᄀᆞᄅᆞ샤ᄃᆡ 齊(졔) ᄒᆞᆫ 번 變(변)ᄒᆞ면 魯(로)의 니ᄅᆞ고 魯(로)ㅣ ᄒᆞᆫ 번 變(변)ᄒᆞ면 道(도)의 니ᄅᆞ리니라

◈ 集註

141-㊀

孔子之時, 齊俗急功利, 喜夸詐, 乃霸政之餘習. 魯則重禮教, 崇信義, 猶有先王之遺風焉, 但人亡政息, 不能無廢墜耳. 道, 則先王之道也. 言二國之政俗有美惡, 故其變而之道有難易.

○ 程子曰:「夫子之時, 齊强魯弱, 孰不以爲齊勝魯也? 然魯猶存周公之法制, 齊由桓公之霸, 爲從簡尙功之治, 太公之遺法變易盡矣, 故一變乃能至魯. 魯則修擧廢墜而已, 一變則至於先王之道也.」

愚謂:「二國之俗, 惟夫子爲能變之而不得試. 然因其言以考之, 則其施爲緩急之序, 亦略可見矣.」

孔子 당시에는 齊나라 風俗이 급격히 功利에 빠졌으며, 과장과 속임을 즐겨하였으니, 이는 霸道政治의 餘習이다. 魯나라는 그래도 禮教를 중시하고 信義를 중시하였으니 오히려 先王의 遺風이 있었으나, 다만 사람이 사라지고 정치가 종식하여 廢墜되지 않을 수 없었을 따름이다. 道는 先王의 道를 말한다. 두 나라의 政治와 風俗에 美惡이 있어, 그 때문에 변화시켜 道 있는 데로 나아감에도 難易이 있음을 말한 것이다.

○ 程子(程頤)가 말하였다. "夫子 당시에 齊나라는 강하고 魯나라는 약하였으니, 그 누군들 齊나라가 魯나라보다 낫다고 여기지 않았겠는가? 그러나 魯나라는 그래도 周公의 法制가 남아 있었으나, 齊나라는 桓公의 霸業으로 말미암아 從簡尙功

(간략함을 좇고 功을 숭상함)의 정치가 행하여졌으니 太公의 遺法이 변하고 바뀌어 다한 것이다. 그 때문에 한 번 변하면 능히 魯나라의 경지에 이를 수 있는 것이다. 魯나라라면 폐지되고 실추된 것을 다듬고 거행하면 될 뿐이니 한 번만 변하면 先王의 道에 이를 수 있는 것이다."

내 생각은 이렇다. "두 나라의 風俗은 오직 夫子만이 능히 변화시킬 수 있는데 이를 시험해 볼 수 없었다. 그러나 그 말로 이를 고찰하여 보면 그 시행에서 緩急의 차례가 있어야 한다는 것을 역시 간략하나마 엿볼 수 있다."

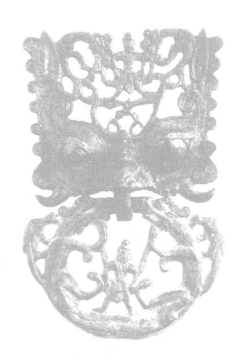

142(6-23)

觚不觚

공자가 말하였다.

"술그릇이 술그릇 노릇을 못하면 그것이 술그릇이리오! 그것이 술그릇이리오!"**

子曰:「觚不觚, 觚哉! 觚哉!」⊖

【觚】옛날 뿔로 만든 술잔. 腹部와 足部가 4개의 棱角으로 되어 있으며, 용량은 二升(혹 三升) 정도라 한다. 혹은 上圓下角의 모양이라고도 한다. 음은 '고'이다.
* 孔子가 이 말을 한 것에 대하여 여러 가지 추측이 있다. 첫째 孔子時代의 觚는 그 이름과 달리 棱角이 없어 名實이 맞지 않았다는 說. 둘째 觚는 孤와

同音으로 적다(寡少)의 뜻. 원래 觚는 술을 적게 마셔 취하는 지경에 이르지 않도록 한 것이었으나 당시 그 그릇이 너무 커져서 이에 탄식하였다는 설 등이다. 馬融은 「觚, 禮器. 一升曰爵, 三升曰觚」라 하였다.
* 何晏의 《論語集解》에 「觚哉觚哉, 言非觚也. 以喩爲政不得其道則不成」이라 하였다.

諺解

陶山本　　子(ᄌ) | 골ᄋ샤ᄃᆡ 觚(고) | 觚(고)티 아니면 觚(고) | 랴 觚(고) | 랴

栗谷本　　子(ᄌ) | ᄀᆞ르샤ᄃᆡ 觚(고) | 觚(고)티 아니면 觚(고) | 랴 觚(고) | 랴

集註

142-㉠

觚, 音孤.

○ 觚, 棱也, 或曰酒器, 或曰木簡, 皆器之有棱者也. 不觚者, 蓋當時失其制而不爲棱也. 觚哉觚哉, 言不得爲觚也.

○ 程子曰:「觚而失其形制, 則非觚也. 擧一器, 而天下之物莫不皆然. 故君而失其君之道, 則爲不君, 臣而失其臣之職, 則爲虛位.」

范氏曰:「人而不仁則非人, 國而不治則不國矣.」

觚는 음이 孤(고)이다.

○ 觚는 마름모꼴(棱)이다. 혹은 酒器라고도 하고, 혹은 木簡이라고도 하며, 모두가 그릇 중에 마름모꼴 형태인 것이다. 不觚라는 것은 아마 당시 그 制度가 사라져 棱으로 만들지 않았던 듯하다. '觚哉觚哉'라 한 것은 그 것이 觚가 될 수 없음을 말한 것이다.

○ 程子(程頤)는 이렇게 말하였다. "觚이면서 그 刑制를 잃었다면 이는 觚가 아니다. 그릇 하나를 예로 들어 天下의 물건이 그렇지 않은 것이 없음을 말한 것이다. 그 때문에 임금이면서 그 임금의 道를 잃는다면 임금 아닌 것이 되고, 臣下로서 그 臣下의 職責을 잃는다면 이는 헛된 職位일 뿐이다."

范氏(范祖禹)는 이렇게 말하였다. "사람으로서 어질지 못하면 사람이 아니요, 나라이면서 다스려지지 못하면 나라가 아니다."

143(6-24)

宰我問曰

재아宰我가 이렇게 여쭈었다.

"어떤 어진 이가 비록 '우물에 사람이 빠졌소'라고 거짓말을 한다 해도 어진 이의 말이라는 이유로 그의 지시를 따라야 합니까?"

그러자 공자가 이렇게 말하였다.

"어찌 그럴 수 있느냐? 군자에게 가히 가서 구하게 할 수는 있지만 빠뜨릴 수는 없다. 군자를 속일 수는 있으나 우롱할 수는 없다."*

> 宰我問曰:「仁者, 雖告之曰, 『井有仁焉.』其從之也?」
> 子曰:「何爲其然也? 君子可逝也, 不可陷也; 可欺
> 也, 不可罔也.」㊀

【宰我】宰予. 字는 子我.

【井有仁】여기서의 仁은 人으로 본다.

【欺】속임.

【罔】나쁜 일을 하도록 유도함. 이치에 맞지 않은 방법으로 속임.《孟子》萬章上에 「故君子可欺以其力; 難罔以非其道」라 하였다.

* 본장의 해석은 여러 가지의 說이 있다. 일부의 해석은 다음과 같다.

"어떤 仁人이 『우물에 사람이 빠졌소』라고 고하면, 그를 따라 우물 안으로 들어가야 합니까?"라고 묻자, 孔子가 "어찌 그럴 수 있는가? 君子는 가히 우물가 까지 가게 할 수는 있으나 우물 안에 빠져들게 할 수는 없다."

◉ 諺解

宰我(ᄌᆡ아)ㅣ 묻ᄌᆞ와 ᄀᆞᆯ오ᄃᆡ 仁者(인쟈)ᄂᆞᆫ 비록 告(고)ᄒᆞ야 ᄀᆞᆯ오ᄃᆡ 井(졍)에 사름이 잇다 ᄒᆞ야도 그 從(죵)ᄒᆞ리로소이다 子(ᄌᆞ)ㅣ ᄀᆞᆯ ᄋᆞ샤ᄃᆡ 엇디 그 그러ᄒᆞ리오 君子(군ᄌᆞ)ᄂᆞᆫ 可(가)히 가게 홀 ᄯᅵ언뎡 可(가)히 ᄲᅡ디게 몯ᄒᆞ며 可(가)히 欺(긔)홀 ᄯᅵ언뎡 可(가)히 罔(망)티 몯홀 ᄭᅥ시니라

宰我(ᄌᆡ아)ㅣ 問(문)ᄒᆞ야 ᄀᆞᆯ오ᄃᆡ 仁者(인쟈)ᄂᆞᆫ 비록 告(고)ᄒᆞ야 ᄀᆞᆯ오ᄃᆡ 井(졍)애 人(인)이 잇다 홀 지라도 그 從(죵)ᄒᆞ리잇가 子(ᄌᆞ)ㅣ ᄀᆞᄅᆞ샤ᄃᆡ 엇디 그 그러ᄒᆞ리오 君子(군ᄌᆞ)ᄂᆞᆫ 可(가)히 逝(셔)케 홀 디언뎡 可(가)히 陷(함)티 몯ᄒᆞ며 可(가)히 欺(긔)홀 디언뎡 可(가)히 罔(망)티 몯홀 디니라

◆ 集註

143-㊀

劉聘君曰:「有仁之仁當作人」, 今從之. 從, 謂隨之於井而救之也. 宰我信道不篤, 而憂爲仁之陷害, 故有此問. 逝, 謂使之往救. 陷, 謂陷之於井. 欺, 謂誑之以理之所有.

罔, 謂眛之以理之所無. 蓋身在井上, 乃可以救井中之人; 若從之於井, 則不復能救
之矣. 此理甚明, 人所易曉, 仁者雖切於救人而不私其身, 然不應如此之愚也.

劉聘君(劉勉之, 朱子의 장인. 聘君은 聘丈, 장인이라는 뜻)은 이렇게 말하였다. "有仁의
'仁'은 응당 '人' 자여야 한다." 지금은 이를 따른다. 從은 그를 따라 우물로 가서
구해낸다는 말이다. 宰我는 道를 믿음이 돈독하지 못하여 仁을 행하다가 害를
당할까 근심하여, 그 때문에 이러한 질문을 드린 것이다. 逝는 가서 구하도록
시키는 것이다. 陷은 우물에 빠짐을 말한다. 欺는 이치가 있는 바로써 속임을
뜻한다. 罔은 이치도 없이 속이는 것을 말한다. 아마 몸이 우물곁에 있으면 이에
우물 속에 빠진 사람을 구할 수 있으나, 만약 우물로 따라 간다면 다시는 능히
구할 수 없을 것이다. 이러한 이치는 심히 분명한 것으로 사람이면 쉽게 알
수 있다. 仁者는 비록 사람을 구하는 일이 절박할 때, 그 몸을 사사롭게 하지는
않는다 하여도 이러한 어리석음에는 응하지 않는 것이다.

144(6-25)

君子博學於文

공자가 말하였다.

"군자로서 문文에 박학하고 이를 예로써 묶으면, 역시 가히 도에 어긋나지 않게 될 것이다."*

子曰:「君子博學於文, 約之以禮, 亦可以弗畔矣夫!」㊀

【文】典籍. 文獻으로 풀이한다.

【畔】叛과 같다(동음성훈). 道에 어긋남, 잘못됨.

* 本章은 顔淵篇 293(12-15)과 중복된다.

子(ス)ㅣ 골ㅇ샤딕 君子(군ス)ㅣ 文(문)에 너비 學(혹)ㅎ고 約(약) 호딕 禮(례)로뻐 ㅎ면 ㅅ 可(가)히 뻐 畔(반)티 아니ㅎ린뎌

子(ス)ㅣ ㄱ르샤딕 君子(군ス)ㅣ 文(문)에 너비 學(혹)ㅎ고 禮(례)로뻐 約(약)ㅎ면 ㅅ흔 可(가)히 뻐 畔(반)티 아닐 딘뎌

◈ 集 註

144-㉠

夫, 音扶.

○ 約, 要也. 畔, 背也. 君子學欲其博, 故於文無不考; 守欲其要, 故其動必以禮. 如此, 則可以不背於道矣.

○ 程子曰:「博學於文而不約之以禮, 必至於汗漫. 博學矣, 又能守禮而由於規矩, 則亦可以不畔道矣.」

夫는 음이 扶(부)이다.

○ 約은 요약하다(要)이다. 畔은 등지다·위배되다(背)이다. 君子는 그 넓음을 배우고자 해야 한다. 그 때문에 文에 대하여 고찰하지 않음이 없다. 지킴에는 그 요체를 하고자 해야 한다. 그 때문에 움직이면 반드시 禮로써 하는 것이다. 이와 같다면 가히 道에 위배됨이 없을 것이다.

○ 程子(程頤)는 이렇게 말하였다. "文에는 널리 배우면서 禮로써 이를 묶지 않는다면, 틀림없이 汗漫(줏대 없이 벌여놓기만 함. 疊韻語)에 이르고 만다. 널리 배우되 또다시 능히 禮를 지켜 법도(規矩)를 말미암는다면, 역시 가히 道에 위배되지 않을 것이다."

"博學於文, 約之以禮"(石可)

145(6-26)

子見南子子路不說

공자가 남자南子를 만나자 자로子路가 불쾌히 여겼다. 이에 선생님(공자)은 이렇게 맹세하였다.

"내가 만약 옳지 않은 행동을 했다면, 하늘이 나를 버릴 것이다! 하늘이 나를 버릴 것이다!"

子見南子, 子路不說.
夫子矢之曰:「予所否者, 天厭之! 天厭之!」⊖

【南子】衛나라 靈公의 부인. 美色과 淫行으로 소문이 나 있었다. 孔子가 南子를 만난 사건은 《史記》 孔子世家에 자세히 실려 있다.
【矢】 '맹세하다'의 뜻이다.
【否】 禮에 맞지 않음.
【厭】 '버리다'의 뜻으로도 본다(朱子).

◉ 諺 解

子(ᄌ)ㅣ 南子(남ᄌ)를 보신대 子路(ᄌ로)ㅣ 깃거티 아니ᄒ거늘 夫子(부ᄌ)ㅣ 矢(시)ᄒ야 ᄀᆞᆯᄋᆞ샤ᄃᆡ 내 否(부)ᄒᆞᆫ 밴댄 하ᄂᆞᆯ히 厭(염)ᄒ시리라 하ᄂᆞᆯ히 厭(염)ᄒ시리라

子(ᄌ)ㅣ 南子(남ᄌ)를 보신대 子路(ᄌ로)ㅣ 說(열)티 아니커늘 夫子(부ᄌ)ㅣ 矢(시)ᄒ야 ᄀᆞᄅᆞ샤ᄃᆡ 내 否(부)ᄒᆞᆫ 배면 天(텬)이 厭(염)ᄒ시리라 天(텬)이 厭(염)ᄒ시리라

◈ 集 註

145-㊀

說, 音悅. 否, 方九反.

○ 南子, 衛靈公之夫人, 有淫行. 孔子至衛, 南子請見, 孔子辭謝, 不得已而見之. 蓋古者仕於其國, 有見其小君之禮. 而子路以夫子見此淫亂之人爲辱, 故不悅. 矢, 誓也. 所, 誓辭也, 如云「所不與崔·慶者」之類. 否, 謂不合於禮, 不由其道也. 厭, 棄絶也. 聖人道大德全, 無可不可. 其見惡人, 固謂在我有可見之禮, 則彼之不善, 我何與焉? 然此豈子路所能測哉? 故重言以誓之, 欲其姑信此而深思以得之也.

說은 음이 悅(열)이다. 否는 反切로 '方九反'(부)이다.

○ 南子는 衛나라 靈公의 부인으로 淫行이 있었다. 孔子가 衛나라에 이르자
南子가 만나보기를 청하여 孔子가 사절하였으나 부득이 만나게 된 것이다.
아마 옛날에 그 나라에 벼슬을 하게 되면, 그 小君(임금의 부인, 434(16-14) 및 《左傳》
莊公 24年 참조)을 만나는 禮가 있었으나 子路가 夫子께서 이렇게 淫亂한 여자를
보는 것을 辱이라 여겨, 그러한 까닭으로 불쾌히 여긴 듯하다. 矢는 맹세하다(誓)
의 뜻이고, 所는 맹세한 말이다. 이를테면 맹세코 '崔杼와 慶封과는 함께 하지
않겠다'(《左傳》襄公 25年에 晏子의 고사)에서의 所와 같은 것이다. 否는 禮에 맞지
않아 그 道로 말미암지 않음을 말한다. 厭은 버리고 끊음(棄絶)을 뜻한다. 聖人은
道가 크고 德이 온전하여 可함도 不可함도 없다(468(18-8)). 그 惡人을 만나는
것도 진실로 나에게 가히 만나 볼 禮가 있다면 상대의 不善이 나에게 무엇이
관여되리오라 여긴다. 그러나 이것이 子路가 어찌 능히 측량할 수 있는 바이겠는가?
따라서 거듭 두 번 말하여 맹세함으로써 잠시 이를 믿고 깊이 생각하여 터득하게
하고자 한 것이다.

146(6-27)

中庸之爲德也

공자가 말하였다.

"중용中庸의 덕스러움의 그 지극함이여! 그런데 백성들이 이에 오래 지켜내는 이가 적도다."*

> 子曰:「中庸之爲德也, 其至矣乎! 民鮮久矣.」㉠

【中庸】孔子가 상정한 최고의 도덕 표준. 치우침 없는 中道의 恒庸. 후대 儒家들이 이를 바탕으로 〈中庸〉을 찬술하였으며, 西漢 때 戴聖이 이를 《禮記》에 넣었고, 南宋의 朱熹는 《禮記》 속의 〈中庸〉과 〈大學〉을 뽑아 《孟子》와 함께 四書로 編定하였다.

【民】 여기서는 모든 사람을 뜻한다.

【民鮮久矣】 이를 「民은 鮮久矣」(百姓은 오래 지키지 못한다. 이를 소홀히 한
지가 오래되었도다. 혹은 이미 오랫동안 이에 결핍되었다(楊伯峻))로 해석한다.
그러나 朱子의 풀이대로라면 백성은 "이런 덕을 소유한 이가 적은 지 오래되었다"로
풀이된다.

*《中庸》에도 이 구절이 인용되어 있다.

⊙ 諺 解

 　　子(ㅈ)ㅣ 글ㅇ샤디 中庸(듕용)의 德(덕)이로옴이 그 至(지)ㅎ며
民(민)이 鮮(션)컨디 오라니라

 　　子(ㅈ)ㅣ ㄱ르샤디 中庸(듕용)의 德(덕)이론디 그 지극ㅎ며
民(민)이 져건디 오래니라

◆ 集 註

146-㊀

鮮, 上聲.

○ 中者, 無過不及之名也. 庸, 平常也. 至, 極也. 鮮, 少也. 言民少此德, 今已久矣.

○ 程子曰:「不偏之謂中, 不易之謂庸. 中者天下之正道, 庸者天下之定理. 自世敎衰,
民不興於行, 少有此德久矣.」

鮮(드물다)은 上聲이다.

○ 中이라는 것은 過不及이 없음을 이름한 것이다. 庸은 平常(떳떳함)이다.
至는 極과 같다. 鮮은 적다(少)의 뜻이다. 百姓들이 이러한 德을 적게 실행함이
지금은 이미 오래 되었음을 말한 것이다.

○ 程子(程頤)는 이렇게 말하였다. "치우치지 않는 것이 中이요, 변하지 않는
것을 庸이라 한다. 中이란 天下의 正道요, 庸이란 天下의 定理이다(《中庸章句》의
첫 구절). 세상의 敎化가 쇠퇴하면서부터 百姓이 실행에 興起하지 못하여 이러한
德이 적어진 지 오래이다."

子貢曰如有博施於民而能濟衆

자공子貢이 말하였다.

"만약 어떤 이가 백성에게 널리 베풀고 능히 백성을 구제한다면 이는 어떻습니까? 가히 어짊이라고 말할 수 있습니까?"

공자가 이렇게 말하였다.

"어찌 어짊에 일을 둔다 하리오! 반드시 성스러움이라 해야지! 요堯, 순舜도 오히려 어렵게 여겼던 일인데! 무릇 어짊이라고 하는 것은 자기가 서고자 하면 남을 세우고, 자신이 통달하고자 하면 남을 통달시키는 것이다. 능히 가까운 것에서 비유를 취하나니 이것이 가히 어짊의 실천 방법이라 할 수 있느니라."

"博施於民而能濟衆." "己欲立而立人, 己欲達而達人"(石可)

子貢曰:「如有博施於民而能濟衆, 何如? 可謂仁乎?」
子曰:「何事於仁! 必也聖乎! 堯舜其猶病諸!㊀ 夫仁者,
　　　己欲立而立人, 己欲達而達人.㊁ 能近取譬,
　　　可謂仁之方也已.」㊂

【子貢】端木賜.
【堯·舜】孔子가 흠모하였던 고대의 聖人. 堯는 고대 唐을 세웠고, 舜은 虞를
　세웠다.
【病】능치 못함. 어렵게 여김. 제대로 수행하지 못함을 자책함이다.

陶山本 子貢(ㅈ공)이 글오딕 만일에 民(민)의게 施(시)홈을 너비ㅎ고 能(능)히 濟(졔)홈이 衆(즁)혼딘 엇더ㅎ닝잇고 可(가)히 仁(신)이라 니ㄹ링잇가 子(ㅈ)ㅣ 글ㅇ샤딕 엇디 仁(신)에 事(ㅅ)ㅎ리오 반ㄷ시 聖(셩)인뎌 堯舜(요슌)도 그 오히려 病(병)도이 너기시ᄂ니라

仁(신)혼 者(쟈)는 몸이 立(립)고져 홈애 사ᄅᆷ을 立(립)게 ㅎ며 몸이 達(달)코져 홈애 사ᄅᆷ을 達(달)케 ㅎᄂ니라

能(능)히 갓가온 딕 取(취)ㅎ야 譬(비)ㅎ면 可(가)히 仁(신)의 方(방)이라 니를 ᄯ니라

栗谷本 子貢(ㅈ공)이 글오딕 만일 民(민)의게 너비 施(시)ㅎ고 能(능)히 衆(즁)을 濟(졔)호미 이실 딘댄 엇더ㅎ니잇고 可(가)히 仁(인)이라 니ㄹ리잇가 子(ㅈ)ㅣ ᄀᆞᄅ샤딕 엇디 仁(인)만 事(ㅅ)ㅎ리오 반ㄷ시 聖(셩)인뎌 堯舜(요슌)도 그 오히려 病(병)ㅎ시ᄂ니라

그 仁者(인쟈)는 己(긔) 立(립)고져 호매 人(인)을 立(립)ㅎ며 己(긔) 達(달)코져 호매 人(인)을 達(달)ㅎᄂ니라

能(능)히 갓가이 取(취)ㅎ야 譬(비)ㅎ면 可(가)히 仁(인)홀 方(방)이라 니를 ᄯ니라

147-㊀

施, 去聲.

○ 博, 廣也. 仁以理言, 通乎上下. 聖以地言, 則造其極之名也. 乎者, 疑而未定之辭. 病, 心有所不足也. 言:「此何止於仁, 必也聖人能之乎! 則雖堯舜之聖, 其心猶有所不足於此也.」以是求仁, 愈難而愈遠矣.

施는 去聲이다.

〈帝舜 有虞氏〉《三才圖會》

〈帝堯 陶唐氏〉《三才圖會》

○ 博은 넓다(廣)의 뜻이다. 仁은 理로써 말한다면, 上下에 통하는 것이다. 聖은 지위로 말한다면, 그 지극함에 이르는 명칭이다. 乎란 의심스러워 아직 확정짓지 못할 때 쓰는 말이다. 病은 마음에 부족하게 여김을 말한다. 이는 "어찌 仁에 그치겠는가, 반드시 聖人이라야 능히 그렇게 할 수 있다. 堯·舜 같은 聖人일지라도 그 마음에 이런 경지에 부족함을 느꼈다"라 말한 것이다. 이것으로써 仁을 구하면 더욱 어렵고 더욱 멀어질 것이다.

147-㊁

夫, 音扶.

○ 以己及人, 仁者之心也. 於此觀之, 可以見天理之周流而無間矣. 狀仁之體, 莫切於此.

夫는 음이 扶(부)이다.

○ 자신의 처지로 남을 미루어 생각하는 것은 어진 자의 마음이다. 여기에서 보건대 天理의 周流는 간격이 없음을 알 수 있다. 仁의 본체를 형상한 말로 이보다 적절한 것은 없다.

譬, 喩也. 方, 術也. 近取諸身, 以己所欲譬之他人, 知其所欲亦猶是也. 然後推其
所欲以及於人, 則恕之事而仁之術也. 於此勉焉, 則有以勝其人欲之私, 而全其天理
之公矣.

○ 程子曰:「醫書以手足痿痺爲不仁, 此言最善名狀. 仁者以天地萬物爲一體,
莫非己也. 認得爲己, 何所不至? 若不屬己, 自與己不相干. 如手足之不仁, 氣已不貫,
皆不屬己. 故博施濟衆, 乃聖人之功用. 仁至難言, 故止曰:『己欲立而立人, 己欲達
而達人, 能近取譬, 可謂仁之方也已.』欲令如是觀仁, 可以得仁之體.」

又曰:「論語言『堯舜其猶病諸』者二. 夫博施者, 豈非聖人之所欲? 然必五十乃衣帛,
七十乃食肉. 聖人之心, 非不欲少者亦衣帛食肉也, 顧其養有所不贍爾, 此病其施
之不博也. 濟衆者, 豈非聖人之所欲? 然治不過九州. 聖人非不欲四海之外亦兼濟也,
顧其治有所不及爾, 此病其濟之不衆也. 推此以求, 脩己以安百姓, 則爲病可知.
苟以吾治已足, 則便不是聖人.」

呂氏曰:「子貢有志於仁, 徒事高遠, 未知其方. 孔子敎以於己取之, 庶近而可入.
是乃爲仁之方, 雖博施濟衆, 亦由此進.」

譬는 비유하다(喩)의 뜻이다. 方은 術이다. 가까이 자기에게서 취하여 자기가
하고자 하는 바로써 타인에게 비유해 보면, 그 하고자 하는 바가 역시 나와
같음을 알게 된다. 그러한 연후에 하고자 하는 바를 미루어 살펴 남에게 미치도록
한다면, 이는 恕의 일이며 仁의 術이다. 여기에 힘쓴다면 사람 욕심의 사사로움을
이겨내어 그 天理의 공정함을 온전히 함이 있게 된다.

○ 程子(程頤)는 이렇게 말하였다. "醫書에서는 手足이 뒤틀려 마비되는 것을
不仁(한의에서 마비를 不仁이라 함)이라 한다. 이 말은 그 명칭과 상태를 가장 적절히
표현한 것이다. 仁者는 天地萬物을 一體로 보아 자기 자신이 아님이 없다고 여긴다.
인식하고 터득함을 자기 자신이라 여기니 그 어딘들 이르지 못하겠는가? 만약
자신에게 속하지 않는다면 저절로 자기와는 상관이 없게 된다. 이를테면 수족이
不仁하거나 氣가 끊어져 통하지 않는 것도 모두가 나에게 속한 것이 아니다.
그러므로 널리 베풀고 무리를 구제함이 바로 聖人의 功用이다. 지극한 仁을
말로 표현하기가 어렵다. 그 때문에 다만 '己欲立而立人, 己欲達而達人, 能近取譬,

可謂仁之方也己'라는 말에 그친 것이다 이와 같이 仁을 관찰하여 가히 仁의 본체를
터득시키고자 함이다."

또 이렇게 말하였다. "《論語》에 '堯舜도 오히려
이를 병으로 여겼다'라고 말한 곳이 두 군데이다
(377(14-45) 참조). 무릇 널리 베푸는 것이 어찌 聖人
이 하고자 하는 바가 아니겠는가? 그러나 반드시
50이 되어야 비단옷을 입을 수 있게 하고 70이
되어야 고기를 먹도록 한 것은(《孟子》梁惠王上
003. 007, 告子下 198 등에 내용이 자세히 실려 있음) 聖人의
마음에 젊은이에게도 역시 비단옷을 입히고 고기
를 먹이고 싶지 않아서가 아니라, 그 奉養을 돌아
보면 풍부하지 못함이 있어 이러한 병폐쯤은 베
풂이 넓지 않아도 된다고 여겼기 때문이다. 무리를
구제하는 것도 어찌 聖人으로서 하고 싶지 않던
것이겠는가? 그러나 다스림이 九州를 넘어서지
못하여 聖人이 四海 바깥까지 겸하여 구제해 주고
싶지 않아서가 아니라, 다스림이 그곳까지 미치
지 못한다고 여겼을 따름이니, 이는 그 구제가
많은 무리에까지 이르지 못함을 병폐로 여긴 것
이다. 이로 미루어, 구하되 자신을 잘 수양하여
百姓을 편안히 한다는 것에서 병폐로 삼는 것이
무엇인지 가히 알 수 있을 것이다. 진실로 나의
다스림으로 이미 족하다 한다면 곧 聖人이 아니다."

呂氏(呂大臨)는 이렇게 말하였다. "子貢은 仁에

〈堯임금〉

뜻을 두었으나 한갓 高遠함만을 일삼을 뿐 그 방법은 모르고 있었다. 공자가
자신에게서 이를 취하는 방법으로 가르쳐줌으로써 가까이 하여 가히 들어갈
수 있으리라 기대한 것이다. 이는 仁을 실행하는 방법으로 비록 博施濟衆 같은
큰 일일지라도 역시 이를 경유하여 진입하는 것이다."

《三體石經》(殘片) 魏 正始연간 大篆, 小篆, 隸書로 五經을 새김. 1922 河南 洛陽 출토

술이述而 第七

총37장(148-184)

◈ 集註

此篇多記聖人謙己誨人之辭及其容貌行事之實. 凡三十七章.

이 편은 주로 성인聖人(공자)이 스스로 겸손히 하고, 남을 깨우친
말과 그 용모·행사의 실제를 기록한 것으로 모두 37장이다.

148(7-1)

述而不作

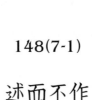

공자가 말하였다.

"전술傳述하되 창작하지는 않으며, 믿음 속에서 옛것을 좋아하는 것을, 몰래 나를 노팽老彭에게나 비유하리라."*

子曰:「述而不作, 信而好古, 竊比於我老彭.」㊀

【述而不作】 옛것을 傳述하되 孔子 자신이 創作해 내지는 않음. 文物·制度 등을 제작하는 것을 聖人(聖王)만이 할 수 있는 것이라 여겼음. 《禮記》樂記에 「作者之謂聖, 述者之謂明; 明聖者, 述作之謂也」라 하였으며, 《博物志》卷6 文籍考에 「聖人制作曰經, 賢者著述曰傳·曰章句·曰解·曰論·曰讀」이라 하였음.

【竊】 자신의 생각을 낮추어 표현할 때 쓰는 말. '슬며시, 몰래, 속으로 생각하다'
의 뜻.

【老彭】 세 가지 說이 있다. 첫째, 老子(李耳)와 彭祖(고대 商나라 때의 大夫)라는
주장. 둘째, 我老彭을 나의 老彭으로 풀이하여 孔子 외 同時代의 人物로 격의
없이 친하였던 어떤 人物이라는 說이다. 그 외에도 老彭을 한 사람으로 보아
옛날의 彭祖라는 주장도 있다. 朱子는 《大戴禮記》五帝德에 실려 있는 彭祖라
하였다.

*《漢書》儒林傳에는 「周道旣衰, 陵夷二百餘年而孔子興; 究觀古今之篇籍, 因近聖
之事以立先王之敎. 故曰: 述而不作, 信而好古」라 하였다.

　　子(ᄌ)ㅣ 골ᄋ샤ᄃᆡ 述(슐)ᄒ고 作(작)디 아니ᄒ며 信(신)ᄒ고
녜를 됴히 너김을 그ᅌᅳᆨ이 우리 老彭(로핑)의게 比(비)ᄒ노라

　　子(ᄌ)ㅣ ᄀᆞᄅᆞ샤ᄃᆡ 述(슐)ᄒ고 作(작)디 아니ᄒ며 信(신)ᄒ고
古(고)를 好(호)호ᄆᆞᆯ 그ᅌᅳᆨ이 우리 老彭(로핑)의게 比(비)ᄒ노라

◆ 集 註

148-㊀

好, 去聲.

○ 述, 傳舊而已. 作, 則創始也. 故作非聖人不能, 而述則賢者可及. 竊比, 尊之之辭.
我, 親之之辭. 老彭, 商賢大夫, 見大戴禮, 蓋信古而傳述者也. 孔子刪詩書, 定禮樂,
贊周易, 修春秋, 皆傳先王之舊, 而未嘗有所作也, 故其自言如此. 蓋不惟不敢當作
者之聖, 而亦不敢顯然自附於古之賢人; 蓋其德愈盛而心愈下, 不自知其辭之謙也.
然當是時, 作者略備, 夫子蓋集羣聖之大成而折衷之. 其事雖述, 而功則倍於作矣,
此又不可不知也.

好는 去聲이다.

○ 述은 옛것을 전할 뿐이라는 뜻이다. 作은 처음 창작한다는 뜻이다. 그러므로 作(創作)은 聖人이 아니면 할 수 없는 것이요, 述은 賢者라면 가히 할 수 있는 일이다. 竊比는 그를 존경한다는 말이요, 我는 이를 친하게 여길 때 쓰는 말이다. 老彭은 商나라 때의 어진 大夫로《大戴禮記》(五帝德에 '伯夷主禮, 龍夔敎舞, 擧舜·彭祖而任之'라 함)에 보인다. 아마 옛것을 믿고 傳述한 자인 듯하다. 孔子는《詩》·《書》를 刪하고,《禮》·《樂》을 定하였으며,《周易》을 贊하고《春秋》를 修하되 모두가 先王의 옛것을 전한 것이며, 일찍이 지은 바는 아니다. 그 때문에 스스로 이와 같이 말한 것이다. 대개 감히 作者로서의 聖人에 해당할 수 없을 뿐만 아니라, 또한 감히 드러내어 옛 賢人에 自附하지도 않겠다는 것이다. 아마 그 德이 풍성할수록 그 마음은 더욱 낮아져 스스로도 그 말의 겸손함을 알지 못한 듯하다. 그러나 그 당시에 지을 것은 대략 갖추어져 있어 夫子는 대체로 여러 聖人의 큰 성과를 모아 이를 折衷한 것이리라. 그 일을 비록 傳述이라 하였지만 그 공로는 創作의 倍가 되니 이 또한 알지 않으면 안 된다.

黙而識之

공자가 말하였다.

"묵묵히 이를 기억해두며, 배우면서 싫증을 내지 않으며, 남을 가르치되 게을리 하지 않는 것, 어느 것이 나에게 있으랴?"

子曰:「黙而識之, 學而不厭, 誨人不倦, 何有於我哉?」㊀

【黙而識之】識은 '기억하다, 마음에 담아두다'의 뜻. 識는 음이 '지'이다.
【何有】고대의 常用語로 '그 무엇이 ~에게 있으랴?'의 뜻. 그러나 劉寶楠은 '이 세 가지 외에는 없다(「何有於我, 言三者之外我無有也」)'로 보았다.

● 諺解

陶山本 　子(ᄌᆞ)ㅣ ᄀᆞᆯ°ᄋᆞ샤ᄃᆡ 黙(믁)ᄒᆞ야 識(지)ᄒᆞ며 學(흑)ᄒᆞ야 厭(염)티 아니ᄒᆞ며 사ᄅᆞᆷ ᄀᆞᄅᆞ침을 게을이 아니홈이 므서시 내게 인ᄂᆞ뇨

栗谷本 　子(ᄌᆞ)ㅣ ᄀᆞᄅᆞ샤ᄃᆡ 黙(믁)고 識(지)ᄒᆞ며 學(흑)고 厭(염)티 아니ᄒᆞ며 人(인) ᄀᆞᄅᆞ치기 倦(권)티 아니호미 므서시 내게 인ᄂᆞ뇨

◆ 集註

149-㊀

識, 音志, 又如字.

○ 識, 記也. 黙識, 謂不言而存諸心也. 一說: 識, 知也, 不言而心解也. 前說近是. 何有於我, 言何者能有於我也. 三者己非聖人之極至, 而猶不敢當, 則謙而又謙之 辭也.

識는 음이 志(지)이며, 또한 글자 그대로 읽을 수도 있다.

○ 識(지)는 기억하다(記)이다. 묵묵히 기억한 다는 것은 말없이 이를 마음에 담아둔다는 뜻이다. 일설에 識(식)으로 보아 알다(知)라 하여 말하지 않아도 마음으로 이를 이해한다는 뜻으로 보았다. 앞의 논리가 더 옳다. 何有於我는 '무엇이 능히 나에게 있겠는가?'라는 말이다. 세 가지는 聖人의 지극한 경지가 아닌데도 오히려 감당할 수 없다 하였으니, 겸손하고도 또한 겸손한 말씀이다.

"學而不厭, 誨人不倦"(石可)

150(7-3)

德之不修

공자가 말하였다.

"덕이 닦이지 못하고, 배움이 강습講習되지 못하며, 옳음을 듣고도 능히 그리고 옮겨가지 못하고, 옳지 못함을 능히 고치지도 못하는 것, 이것이 나의 근심이로다."

子曰:「德之不修, 學之不講, 聞義不能徙, 不善不能改, 是吾憂也.」㊀

【講】習과 같다. 배운 것을 실제로 익힘.
【徙】옮기다(遷)의 뜻. 그러나 從의 誤記로 보는 견해도 있다.

陶山本 子(즈)ㅣ 글으샤티 德(덕)의 脩(슈)티 몯홈과 學(흑)의 講(강)티 몯홈과 義(의)를 듣고 能(능)히 徙(스)티 몯ᄒ며 善(션)티 몯혼 거슬 能(능)히 고티디 몯홈이 이 내의 시름이니라

栗谷本 子(즈)ㅣ ᄀᆞ르샤티 德(덕)의 脩(슈)티 몯홈과 學(흑)의 講(강)티 몯홈과 義(의)를 듣고 能(능)히 徙(스)티 몯홈과 善(션)티 아닌 거슬 能(능)히 改(기)티 몯호미 이 내 시름이니라

◆ 集 註

150-㊀

尹氏曰：「德必脩而後成, 學必講而後明, 見善能徙, 改過不吝, 此四者日新之要也. 苟未能之, 聖人猶憂, 況學者乎?」

尹氏(尹焞)는 이렇게 말하였다. "德은 반드시 수양한 이후에 이루어지고, 學問은 반드시 講習한 후에 밝아지며, 善을 보고 능히 그리로 옮겨가고, 잘못을 고치기에 인색하지 않은 것, 이 네 가지는 날로 새로워지는 요체이다. 진실로 능히 이를 해내지 못함에 대해 聖人도 오히려 근심하였는데 하물며 배우는 자에게 있어서랴?"

151(7-4)

子之燕居

공자의 평소 삶은 모습이 신신申申하시며 얼굴빛이 요요夭夭하시더라.

子之燕居, 申申如也, 夭夭如也.㊀

【燕居】일 없고 한가한 때의 모습을 뜻한다.

【申申如】편안한 모습. 如는 副詞語를 만드는 助詞. 然과 같다.

【夭夭如】夭夭는 즐거워하는 모습. 그러나 朱駿聲의 《說文通訓定聲》에는 「申者,
腰之直; 夭者, 頭之曲. 論語申申如也·夭夭如也, 雖重言形況, 實本字本義」라
하였다.

子(ᄌᆞ)의 燕居(연거)ᄒᆞ심애 申申(신신)틋 ᄒᆞ시며 夭夭(요요)틋
ᄒᆞ더시다

子(ᄌᆞ)의 燕居(연거)ᄒᆞ실 제 申申(신신)히 ᄒᆞ시며 夭夭(요요)히
ᄒᆞ더시다

◆ 集註

151-㉠

燕居, 閒暇無事之時.

楊氏曰:「申申, 其容舒也. 夭夭, 其色愉也.」

○ 程子曰:「此弟子善形容聖人處也, 爲申申字說不盡, 故更著夭夭字. 今人燕居
之時, 不怠惰放肆, 必太嚴厲. 嚴厲時著此四字不得, 怠惰放肆時亦著此四字不得,
惟聖人便自有中和之氣.」

燕居는 한가하여 일이 없는 때이다.

楊氏(楊時)는 이렇게 말하였다. "申申은 그 표정이 편안한 모습이다. 夭夭는
그 낮빛이 유쾌한 모습이다."

○ 程子(程頤)는 이렇게 말하였다. "이는 弟子가 聖人을 잘 형용한 곳이다.
申申이라는 글자를 써서는 설명이 극진하지 않아 다시 夭夭라는 글자로
드러내었다. 지금 사람들은 燕居(한가히 있음)에 怠惰·放肆하게 굴지 않으면 반드시
너무 嚴厲(엄하고 지독히 함)하다. 嚴厲할 때에는 이 네 글자(申申, 夭夭)로 드러낼
수가 없고, 怠惰·放肆할 때도 역시 이 네 글자로 표현할 수가 없다. 오직 聖人만이
곧 저절로 中和之氣가 있게 마련이다."

152(7-5)

甚矣吾衰也

공자가 말하였다.

"심하도다. 나의 노쇠함이여! 오래 되었도다, 내 꿈속에서 주공周公을 더이상 뵙지 못함이여!"

子曰:「甚矣, 吾衰也! 久矣吾不復夢見周公!」㊀

【周公】 姬旦. 西周 초기 文王의 아들이며 武王의 아우. 成王이 어린 나이에 등극하자 이를 攝政하여 文物制度를 완비하였다. 儒家에서 聖人으로 추앙하며 孔子가 매우 흠모하였다. 魯나라의 始祖이기도 하다. 그 때문에 孔子가 꿈에라도 周公을 뵈었으면 하는 염원을 피력한 것이다.

子(주)] 글 ᄋ샤딕 甚(심)ᄒ다 내 衰(쇠)홈이여 오라다 내 다시 ᄭᅮ음에 周公(쥬공)을 보디 몯ᄒ리로다

 子(주)] ᄀᄅ샤딕 甚(심)ᄒ다 나의 衰(쇠)홈이여 오래 내 다시 ᄭᅮ음의 周公(쥬공)을 보옵디 몯ᄒ리로다

◆ 集 註

152-㊀

復, 扶又反.

○ 孔子盛時, 志欲行周公之道, 故夢寐之間, 如或見之. 至其老而不能行也, 則無復是心, 而亦無復是夢矣, 故因此而自歎其衰之甚也.

○ 程子曰:「孔子盛時, 寤寐常存行周公之道, 及其老也, 則志慮衰而不可以有爲矣. 蓋存道者心, 無老少之異; 而行道者身, 老則衰也.」

復는 反切로 '扶又反'(부)이다.

○ 孔子의 한창 때에는 周公의 道를 실행해 보고 싶은 뜻을 가졌었다. 그 때문에 夢寐에도 마치 周公을 혹 뵙는 듯이 하였다. 그가 늙음에 이르러서는 능히 이를 실행할 수 없게 되자, 이러한 마음조차 없고 역시 이런 꿈도 없었던 것이다. 따라서 이를 이유로 스스로 그 노쇠가 심함을 탄식한 것이다.

○ 程子(程顥)는 이렇게 말하였다. "孔子의 한창 때에는 寤寐에도 항상 周公의 道를 실행할 마음을 지니고 있었으나, 그가 老衰함에 이르러서는 志慮가 衰하여 할 수가 없었다. 대개 道를 지닌 자의 마음이란 老少의 차이가 없으나 道를 실행하는 자의 몸은 늙으면 衰하는가 보다."

〈周公〉(姬旦)

153(7-6)

志於道

공자가 말하였다.

"도道에 뜻을 두고, 덕德을 근거로 하며, 인仁에 의지하고, 예藝에 노닐어야 하느니라."

子曰:「志於道,㊀ 據於德,㊁ 依於仁,㊂ 游於藝.」㊃

【據】執守. 이에 의거하여 지킴.
【游】游習.
【藝】 고대에는 六藝(禮·樂·射·御·書·數)라는 學問 科目이 있었다.

鬧山本　결.

栗谷本　子(ᄌ)ㅣ ᄀᆞᄅ샤딕 道(도)애 志(지)ᄒ고
德(덕)의 據(거)ᄒ고
仁(인)의 依(의)ᄒ고
藝(예)예 游(유)홀 띠니라

◆ 集 註

153-㊀

志者, 心之所之之謂. 道, 則人倫日用之間所當行者是也. 知此而心必之焉,
則所適者正, 而無他岐之惑矣.

志란 마음가는 바를 말한다. 道는 人倫의 日用之間에 마땅히 행할 것이 있으니
바로 이것이다. 이를 알아, 마음이 반드시 그곳으로 가게 되면 그 가는 곳이
바르게 되어 다른 갈림길의 미혹함이 없다.

153-㊁

據者, 執守之意. 德, 則行道而有得於心者也. 得之於心而守之不失, 則終始惟一,
而有日新之功矣.

據란 이를 잡고 지킨다는 뜻이다. 德은 道를 행하여 마음에 터득함이 있는 것,
바로 이것이다. 마음에 이를 터득하여 지키되 잃지 않는다면, 끝과 처음이 오직
하나이며, 날로 새로워지는 功績이 있게 된다.

153-㊂

依者, 不違之謂. 仁, 則私欲盡去而心德之全也. 工夫至此而無終食之違, 則存養之熟, 無適而非天理之流行矣.

依란 위배되지 않음을 뜻한다. 仁은 사사로운 욕심이 모두 제거되어 心德이 온전함을 말한다. 工夫(노력)가 이에 이르러 終食之間(017(4-5))의 위배됨도 없으면, 存養의 익숙함이 가는 곳마다 天理의 流行이 아님이 없게 된다.

153-㊃

游者, 玩物適情之謂. 藝, 則禮樂之文, 射·御·書·數之法, 皆至理所寓, 而日用之不可闕者也. 朝夕游焉, 以博其義理之趣, 則應務有餘, 而心亦無所放矣.

○ 此章, 言人之爲學當如是也. 蓋學莫先於立志, 志道, 則心存於正而不他; 據德, 則道得於心而不失; 依仁, 則德性常用而物欲不行; 游藝, 則小物不遺而動息有養. 學者於此, 有以不失其先後之序·輕重之倫焉, 則本末兼該, 內外交養, 日用之間, 無少間隙, 而涵泳從容, 忽不自知其入於聖賢之域矣.

游란 물건을 즐기되 그 정서에 적당함을 말한다. 藝는 禮·樂의 文이며 射·御·書·數의 방법으로 모두가 지극한 이치가 곁들여 있어 일상생활에 없어서는 안될 것들이다. 朝夕으로 여기에 노닐어 그 義理의 趣向을 넓혀간다면 應務(응대하고 힘써야 할 일)에 여유가 있고, 마음 역시 방종한 바가 없어질 것이다.

○ 이 章은 사람의 學問 실행이 마땅히 이와 같아야 함을 말한 것이다. 대개 배움은 立志보다 우선해야 할 일이 없다. 道에 뜻을 두게 되면 마음은 正에 두어, 다른 것에 두지 않게 되며, 德에 거하면 道가 마음에 터득되어 잃지 않게 되며, 仁에 의거하면 德性이 늘 활용되어 物欲이 사라지게 되고, 藝에 노닐면 작은 事物도 놓치지 않아 動息(움직임과 쉼)에 수양이 있게 된다. 배우는 자가 여기에서 그 先後의 차례와 輕重의 倫理를 잃지 않으면, 本末이 아울러 해박해지고 內外가 交養(서로 수양됨)되어 日用之間에 작은 틈도 없어져서, 헤엄치고 조용한 속에 홀연히 자기도 모르는 사이에 聖賢의 구역으로 들어가게 될 것이다.

154(7-7)

自行束脩以上

공자가 말하였다.

"말려 다듬은 고기 한 속束 이상을 가지고 온 자에게 내 일찍이 가르쳐 주지 않은 적이 없었다."*

子曰:「自行束脩以上, 吾未嘗無誨焉.」㊀

【束脩】束은 묶음의 단위. 十脡을 一束이라 한다. 脩는 다듬어 말린 肉脯. 脩는 이 글자의 本義이다.
* 衛靈公篇 417(15-38)에 『有敎無類』라 하였다.

陶山本 결.

栗谷本 子(ᄌ) | ᄀᆞᄅᆞ샤ᄃᆡ 束脩(속슈) 行(ᄒᆡᆼ)홈브터 以上(이샹)은 내 일즉 誨(회)홈이 업디 아니호라

◆ 集 註

154-㉠

脩, 脯也. 十脡爲束. 古者相見, 必執贄以爲禮, 束脩其至薄者. 蓋人之有生, 同具此理, 故聖人之於人, 無不欲其入於善. 但不知來學, 則無往敎之禮, 故苟以禮來, 則無不有以敎之也.

脩는 脯이다. 十脡이 한 묶음(束)이 된다. 옛날 相見에는 반드시 執贄(예물, 선물)로써 禮를 삼았으며(《禮記》曲禮下를 볼 것), 束脩는 지극히 미약한 것이다. 대개 사람이 태어날 때에는 똑같이 이런 理性을 구비하였으므로 聖人이 사람에게 그들이 善으로 들어감을 바라지 않은 것은 아니지만, 다만 찾아와서 모르는 것은 배워야 하며, 모르는 자를 위해 찾아가 가르치는 禮는 없었다(《禮記》曲禮上에 '禮聞來學, 不聞往敎'라 함). 그 때문에 진실로 禮를 갖추어 찾아오면 가르쳐 주지 않음이 없었던 것이다.

155(7-8)

不憤不啓

공자가 말하였다.

"발분하지 못하면 열어줄 수 없고, 말로 표현해내지 못하면 펴 줄수가 없다. 한 귀퉁이를 들어 보여 세 귀퉁이를 반증하지 못하면 거듭하여 가르치지 않는다."

子曰:「不憤不啓, 不悱不發. 擧一隅不以三隅反, 則不復也.」⊖

【憤】마음에 통하고자 하나 이루지 못하여 發憤함을 뜻한다.

【悱】말로써 표현하고자 하나 이루지 못함이다.

◉ 諺解

 결.

 子(ᄌ)ㅣ ᄀᆞᄅᆞ샤ᄃᆡ 憤(분)티 아니커든 啓(계)티 말며 悱(비)티 아니커든 發(발)티 말며 ᄒᆞᆫ 모홀 擧(거)호매 세 모ᄒᆞ로ᄡᅥ 反(반)티 아니커든 復(부)티 마롤 ᄯᅵ니라

"不憤不啓, 不悱不發. 擧一隅不以三隅反, 則不復也"(石可)

◆ 集 註

155-㊀

憤, 房粉反. 悱, 芳匪反. 復, 扶又反.

○ 憤者, 心求通而未得之意. 悱者, 口欲言而未能之貌. 啓, 謂開其意. 發, 謂達其辭. 物之有四隅者, 擧一可知其三. 反者, 還以相證之義. 復, 再告也. 上章已言聖人誨人不倦之意, 因并記此, 欲學者勉於用力, 以爲受教之地也.

○ 程子曰「憤悱, 誠意之見於色辭者也. 待其誠至而後告之. 既告之, 又必待其自得, 乃復告爾.」

又曰「不待憤悱而發, 則知之不能堅固; 待其憤悱而後發, 則沛然矣.」

憤은 反切로 '房粉反'(분)이며, 悱는 '芳匪反'(비), 復는 '扶又反'(부)이다.

○ 憤이란 마음으로 通하고자 하나 아직 터득하지 못하였다는 뜻이다. 悱는 입으로 말하고자 하나 아직 능하지 못한 모습이다. 啓는 그 뜻을 열어 주는 것을 말하며, 發은 그 말을 達하게 해줌을 뜻한다. 물건에 네 귀퉁이가 있어 그 하나를 들어 보이면 나머지 셋을 알 수 있다. 反이란 되돌려 서로 증명한다는 뜻이다. 復는 두 번 일러줌을 뜻한다. 윗장(149)에서 이미 聖人은 남을 깨우쳐 줌에 싫증이 없었다고 말하였고, 이로 인하여 본장의 말을 함께 기록함으로써 배우는 자들이 用力에 힘써 受敎의 경지를 삼도록 하고자 한 것이다.

○ 程子(程頤)는 이렇게 말하였다. "憤悱는 배우는 자의 誠意가 顔色과 말속에 드러나는 것이다. 誠意가 지극하기를 기다린 후에 이를 알려 주며, 이미 알려 주고 나서는 다시 그가 自得하기를 기다려 이에 다시 알려 줄 따름이다."

또 이렇게 말하였다. "憤悱를 기다리지 않고 啓發해 주면 앎이 견고해지지 못하고, 憤悱를 기다린 후에 啓發해 주면 沛然(물 쏟아지듯)히 통하게 된다."

156(7-9)

子食於有喪者之側

공자는 상을 당한 자의 곁에서 식사를 할 때에는 일찍이 배불리 먹는 경우가 없었다. 공자는 이런 날에는 곡을 하면 노래는 부르지 않았다.*

> 子食於有喪者之側, 未嘗飽也.㊀
> 子於是日哭, 則不歌.㊁

【有喪者】喪中에 있는 사람

* 楊伯峻은『子於是日哭』이하를 별개의 章으로 나누었다. 한편《禮記》檀弓에 「食於有喪者之側, 未嘗飽也」라 하였고, 曲禮(上)에는 「哭日不歌」라 하였으며, 檀弓(下)에는 「弔於人, 是日不樂」이라 하였다.

子(ᄌ)ㅣ 喪(상)인ᄂᆞᆫ 者(쟈)의 겨틔셔 食(식)ᄒᆞ심애 일쯕 飽(포)티
아니터시다
子(ᄌ)ㅣ 이 날애 哭(곡)ᄒᆞ시면 歌(가)티 아니ᄒᆞ더시다

 子(ᄌ)ㅣ 喪(상)이 읻ᄂᆞᆫ 者(쟈)의 側(측)의셔 食(식)ᄒᆞ실 시 일즉
飽(포)티 몯ᄒᆞ더시다
子(ᄌ)ㅣ 이 날의 哭(곡)ᄒᆞ면 歌(가)티 아니터시다

◆ 集 註

156-㊀

臨喪哀, 不能甘也.

喪에 임해서는 애통하여 음식을 달게 여길 수가 없다.

156-㊁

哭, 謂弔哭. 一日之內, 餘哀未忘, 自不能歌也.
○ 謝氏曰:「學者於此二者, 可見聖人情性之正也. 能識聖人之情性, 然後可以學道.」

哭은 弔哭을 말한다. 하루 사이에는 남은 슬픔이 미처 잊혀지지 않아 자연히
능히 노래할 수 없는 것이다.
○ 謝氏(謝良佐)는 이렇게 말하였다. "배우는 자는 이 두 가지에서 聖人의
情性之正을 볼 수 있다. 능히 聖人의 情性을 알고 난 연후에야 가히 道를 배울
수 있는 것이다."

子謂顏淵曰

공자가 안연顏淵에게 이렇게 말하였다.

"등용해주면 실행하고, 버리면 그대로 숨어사는 일이란 오직 나와 너같은 이들이 할 수 있을진저!"

자로子路가 이렇게 여쭈었다.

"선생님께서 삼군三軍을 부리신다면 누구를 참여시키시겠습니까?"

이에 공자가 이렇게 말하였다.

"맨손으로 호랑이를 잡거나 강물을 맨발로 걸어서 건너다가, 죽어도 후회하지 않겠다는 자라면, 나는 그러한 자와는 함께 하지 않으리라. 반드시라면 일에 임해서는 두려워 조심하며 모책을 잘 짜내어 성공을 거둘 수 있는 자라야 하리라."

子謂顏淵曰:「用之則行, 舍之則藏, 惟我與爾有是夫!」㊀
子路曰:「子行三軍, 則誰與?」㊁
子曰:「暴虎馮河, 死而無悔者, 吾不與也. 必也臨
事而懼, 好謀而成者也.」㊂

【顏淵】顏回. 字는 子淵.
【子路】仲由. 용맹으로 이름이 났던 제자였다.
【三軍】고대 諸侯國의 軍隊.
【誰與】疑問詞에 의해 순서가 도치되었다.
【暴虎馮河】'호랑이를 맨손으로 잡는 것'을 暴虎(포호)라 하며, '맨발로 물을
건너는 것'을 馮河(《周易》泰卦 爻辭. 《詩經》小雅 小旻)라 한다. 馮은 빙, 河는
黃河(河水)라기보다는 汎稱으로 江河를 뜻한다.

 　子(ᄌ) ㅣ 顏淵(안연)ᄃ려 닐러 ᄀᆞᄅᆞ샤ᄃᆡ 用(용)ᄒᆞ면 行(ᄒᆡᆼ)ᄒᆞ고
舍(샤)ᄒᆞ면 藏(쟝)홈을 오직 나와 다ᄆᆞᆺ 네 이룰 둔ᄂᆞᆫ뎌
　　子路(ᄌ로) ㅣ ᄀᆞᆯ오ᄃᆡ 子(ᄌ) ㅣ 三軍(삼군)을 行(ᄒᆡᆼ)ᄒᆞ시면 누를
더브러 ᄒᆞ시리잇고
　　子(ᄌ) ㅣ ᄀᆞᄅᆞ샤ᄃᆡ 虎(호)를 暴(포)ᄒᆞ며 河(하)를 馮(빙)ᄒᆞ야 죽어
도 뉘웃츰이 업ᄂᆞᆫ 者(쟈)를 내 더브러 아니ᄒᆞ리니 반ᄃᆞ시 일에 臨(림)
ᄒᆞ야 저허ᄒᆞ며 謀(모)홈을 됴히 너기고 成(셩)ᄒᆞᄂᆞᆫ 者(쟈) ㅣ 니라

子(ᄌ)ㅣ 顏淵(안연)ᄃ려 닐러 ᄀᆞᆯᄋᆞ샤ᄃᆡ 用(용)ᄒ면 行(ᄒᆡᆼ)ᄒ고
舍(샤)ᄒ면 藏(쟝)호믈 오직 나와 다믓 네 이룰 둣ᄂᆞ뎌

　　子路(ᄌ로)ㅣ ᄀᆞᆯ오ᄃᆡ 子(ᄌ)ㅣ 三軍(삼군)을 行(ᄒᆡᆼ)ᄒ시면
눌과 與(여)ᄒ시리잇고

　　子(ᄌ)ㅣ ᄀᆞᄅᆞ샤ᄃᆡ 虎(호)룰 暴(포)ᄒ며 河(하)룰 馮(빙)ᄒ야
주거도 悔(회)호미 업슨 者(쟈)ᄂᆞᆫ 내 與(여)티 아니코 반ᄃᆞ시 事(ᄉ)룰
臨(림)ᄒ야 懼(구)ᄒ며 謀(모)룰 好(호)ᄒ고 成(셩)홀 者(쟈)ㅣ니라

◆ 集 註

157-㊀

舍, 上聲. 夫, 音扶.

○ 尹氏曰:「用舍無與於己, 行藏安於所遇, 命不足道也. 顏子幾於聖人, 故亦能之.」

舍는 去聲이며, 夫는 음이 扶(부)이다.

○ 尹氏(윤순)는 이렇게 말하였다. "用舍(용사, 쓰임과 버림)는 나와 관여됨이 없고
行藏(실행과 감춤, 실행과 은둔)은 그 경우에 따라 편안히 여기니 운명은 말할 거리도
되지 않는다. 顏子는 거의 聖人에 가깝기 때문에 역시 이에 능하였던 것이다."

157-㊁

萬二千五百人爲軍, 大國三軍. 子路見孔子獨美顏淵, 自負其勇, 意夫子若行三軍,
必與己同.

1만 2천 5백 명을 軍이라 하며, 大國은 三軍을 둔다. 子路는 孔子가 오직
顏淵만을 칭찬하는 것을 보고 자신은 용기에 자부심을 갖는 터라, 夫子가 만약
三軍을 行使한다면 반드시 자신을 함께 동참시킬 것이라 생각한 것이다.

157-㊂

馮, 皮冰反. 好, 去聲.

○ 暴虎, 徒搏. 馮河, 徒涉. 懼, 謂敬其事. 成, 謂成其謀. 言此皆以抑其勇而敎之, 然行師之要實不外此, 子路蓋不知也.

○ 謝氏曰:「聖人於行藏之間, 無意無必. 其行非貪位, 其藏非獨善也. 若有欲心, 則不用而求行, 舍之而不藏矣, 是以惟顔子爲可以與於此. 子路雖非有欲心者, 然未能無固必也, 至以行三軍爲問, 則其論益卑矣. 夫子之言, 蓋因其失而救之. 夫不謀無成, 不懼必敗, 小事尙然, 而況於行三軍乎?」

馮은 反切로 '皮冰反'(빙)이며, 好는 去聲이다.

○ 暴虎는 맨몸으로 잡는 것이다. 馮河는 맨발로 건너는 것이다. 懼는 그 일을 恭敬히 함이요, 成은 그 모책을 이룸이다. 이는 모두가 그 용맹을 억제토록 가르치고자 말한 것이다. 그러나 군사를 움직이는 요체는 이것 외의 것이 아니니, 子路가 아마 몰랐던 듯하다.

○ 謝氏(謝良佐)는 이렇게 말하였다. "聖人은 行藏之間(행하고, 숨음, 행동함과 은둔함)에 의도함도 없고 꼭 그렇게 함도 없다. 그 행함(行)에 있어서는 자리를 탐하는 것이 아니며 그 숨음(藏)도 獨善이 아니다. 만약 하고자 하는 마음이 있다면 쓰이지 않아도 行을 구하고, 버림을 받아도 藏하지 않는다. 이는 오직 顔回만이 가히 여기에 동참할 수 있는 것이다. 子路는 비록 그렇게 하고자 하는 마음을 가지지도 못하고 그렇다고 固必(꼭 그렇게 해야겠다는 뜻)이 없지도 않았으나, 三軍을 행사하는 것으로 질문을 삼기까지 하였으니 그 의론거리가 더욱 비천하다. 夫子의 말은 그가 실수함을 근거로 이를 구제한 것이리라. 무릇 모책을 세우지 않으면 이룸이 없고, 겁 없이 덤비면 반드시 패하게 된다. 작은 일도 오히려 그러하거늘 하물며 三軍을 부리는 일에 있어서랴?"

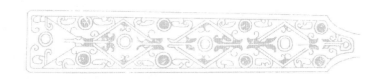

158(7-11)

富而可求也

공자가 말하였다.

"부유함을, 가히 구한다고 해서 되는 일이라면 비록 집편지사執鞭之士 같은 천한 일도 내 마다 않고 하겠다. 그러나 구해서 얻을 수 없는 일이라면 내 하고싶은 바를 좇으리라."

子曰:「富而可求也, 雖執鞭之士, 吾亦爲之. 如不可求, 從吾所好.」⊖

【而】 如・若과 같다. 假定形 文章에 쓰인다.

【執鞭之士】《周禮》胥篇과 條狼氏篇에 의하면 채찍을 잡는 신분은 두 가지로서, 하나는 天子나 諸侯의 출입 때 2~8人이 먼저 나서서 行人들을 통제하는 직책이고, 다른 하나는 市場의 守門者로서 역시 채찍으로 질서 유지를 담당하는 자이다. 여기서는 財物을 위해 낮은 일이라도 하겠다는 뜻이다. 《史記》晏子列傳 司馬遷의 「假令晏子而在, 余雖爲之執鞭, 所忻慕焉」은 이곳에서 취한 말이다.

諺解

南山本

子(ᄌ) ㅣ ᄀᆞᆯᄋᆞ샤ᄃᆡ 富(부)를 可(가)히 求(구)홀 꺼신댄 비록 채를 잡는 士(ᄉ) ㅣ라도 내 ᄯᅩ흔 ᄒᆞ려니와 만일에 可(가)히 求(구)티 몯홀 꺼신댄 내의 됴히 너기는 바를 조초리라

栗谷本

子(ᄌ) ㅣ ᄀᆞᄅᆞ샤ᄃᆡ 富(부)를 可(가)히 求(구)홀 딘댄 비록 鞭(편)을 執(집)ᄒᆞᄂᆞᆫ 士(ᄉ) ㅣ라도 내 ᄯᅩ흔 ᄒᆞ려니와 可(가)히 求(구)티 몯홀 딘댄 나의 好(호) ᄒᆞᄂᆞᆫ 바를 조초리라

集註

158-㊀

好, 去聲.

○ 執鞭, 賤者之事. 設言富若可求, 則雖身爲賤役以求之, 亦所不辭. 然有命焉, 非求之可得也, 則安於義理而已矣, 何必徒取辱哉?

○ 蘇氏曰:「聖人未嘗有意於求富也, 豈問其可不可哉? 爲此語者, 特以明其決不可求爾.」

楊氏曰:「君子非惡富貴而不求, 以其在天, 無可求之道也.」

好는 去聲이다.

○ 執鞭은 천한 자의 일이다. 이는 假設하여 말한 것으로 富가 만약 구해서될 일이라면 비록 몸소 賤한 役을 해서라도 이를 구하되 역시 사양하지 않겠으나,命이 있으니 구한다고 얻을 수 있는 일이 아니라면 義理에 안주할 따름이니하필 한갓 辱을 취하겠는가라고 한 것이다.

○ 蘇氏(蘇軾)는 이렇게 말하였다. "聖人은 일찍이 富를 구하는 데 뜻을 두어본 적이 없으니, 어찌 그 질문에 可·不可가 있겠는가? 이러한 말을 한 것은특별히 그것이 결코 구해서 될 일이 아님을 밝히기 위한 것일 뿐이다."

楊氏(楊時)는 이렇게 말하였다. "君子는 富貴를 싫어해서 구하지 않는 것이아니라 그것이 하늘에 달려 있는 것이므로 가히 구할 도리가 없기 때문이다."

159(7-12)

子之所愼齊戰疾

공자가 삼가시는 것은 재계(齊, 齋戒), 전쟁, 질병이었다.

子之所愼: 齊·戰·疾.⊖

【齊】齋와 같다. 齋戒를 뜻한다. 齋는 고대 제사 전에 心身을 깨끗이 하여 묵상하는 행동, 혹은 그러한 장소(집, 방)를 뜻한다. 齊는 '재'로 읽는다.

陶山本 子(주)의 삼가시는 바는 齊(지)와 戰(견)과 疾(질)이러시다

栗谷本 子(주)의 愼(신)ㅎ시는 바는 齊(지)와 戰(견)과 疾(질)이러시다

◆ 集 註

159-㊀

齊, 側皆反.

○ 齊之爲言齊也, 將祭而齊其思慮之不齊者, 以交於神明也. 誠之至與不至, 神之享與不享, 皆決於此. 戰則衆之死生・國之存亡繫焉, 疾又吾身之所以死生存亡者, 皆不可以不謹也.

○ 尹氏曰:「夫子無所不謹, 弟子記其大者耳.」

齊는 反切로 '側皆反'(제)이다.

○ 재(齊)는 말로 하면 제(齊, 나란히 하다. 모두)이다. 장차 제사를 지낼 때 그 思慮가 整齊되지 못한 것을 가지런히 하여 神明과 교통하는 것이다《禮記》 祭統篇에 '及時將祭, 君子乃齊. 齊之爲言齊也'라 함). 정성이 지극하거나 지극하지 못하거나, 혹은 鬼神이 歆饗하거나 歆饗하지 않는 것은 모두가 여기에서 결정이 난다. 戰爭은 많은 사람의 生死와 나라의 存亡이 달려 있고, 질병은 또한 내 몸의 死生存亡이 달려 있는 것으로 모두가 가히 삼가지 않을 수 없다.

○ 尹氏(尹焞)가 말하였다. "夫子는 삼가지 않는 바가 없으나, 弟子들이 그 중에 큰 것만 기록하였을 뿐이다."

160(7-13)

子在齊聞韶

　공자가 제齊나라에서 소韶라는 음악을 듣고 석 달이나 고기 맛을
알지 못하였다. 그리고는 이렇게 말하였다.

　"음악의 경지가 이토록 지극할 줄은 생각지도 못하였구나!"*

子在齊聞韶, 三月不知肉味,

　　曰:「不圖爲樂之至於斯也!」⊖

【韶】舜임금 때의 音樂.

【三月】《史記》에 의하면 '3개월 간 음악을 배우면서'의 뜻으로 되어 있다.

【爲樂】'음악을 만들다' 혹은 '음악을 배우다'의 뜻이다.

* 지금의 山東省 淄博市 臨淄鎭에「孔子聞韶處」라는 곳이 있다.

子(ᄌ)ㅣ 齊(제)예 겨샤 韶(쇼)를 드르시고 學(혹)ᄒ신 석 ᄃᆞ을
肉味(육미)를 아디 몯ᄒᆞ샤 ᄀᆞᆯᄋᆞ샤ᄃᆡ 樂(악)을 홈이 이예 니를 줄을
圖(도)티 아니호라

　　子(ᄌ)ㅣ 齊(제)예 겨셔 韶(쇼)ᄅᆞᆯ 드르시고 學(혹)ᄒ신 석 ᄃᆞᆯ을
肉味(육미)ᄅᆞᆯ 아디 몯ᄒᆞ샤 ᄀᆞᄅᆞ샤ᄃᆡ 樂(악)호미 이에 니를 주를
헤아리디 아니호라

◆ 集 註

160-㊀

史記三月上有「學之」二字. 不知肉味, 蓋心一於是而不及乎他也. 曰:「不意舜之
作樂至於如此之美」, 則有以極其情文之備, 而不覺其歎息之深也, 蓋非聖人不足
以及此.

　○ 范氏曰:「韶盡美又盡善, 樂之無以加此也. 故學之三月, 不知肉味, 而歎美之
如此. 誠之至, 感之深也.」

《史記》(孔子世家)에는 三月 위에 '學之'의 두 글자가 더 실려 있다.('學之三月,
不知肉味로 되어 있음) 고기 맛을 알지 못하였다는 것은 대개 마음이 여기에 하나로
되어 다른 것에는 미치지 못하였다는 뜻이다. 그래서 "舜임금이 지은 音樂이
이와 같이 아름다울 줄은 생각지도 못하였다"라고 한 것은, 그 音樂의 情文(실제
사정과 꾸밈)의 갖춤이 지극함이 있어 그 감탄의 깊음을 모를 정도였다. 아마
聖人이 아니면 여기까지 미치기에 부족하였을 것이다.

　○ 范氏(范祖禹)는 이렇게 말하였다. "韶는 盡美하고 또한 盡善하여 音樂으로서
여기에 더 보탤 것이 없다. 그 까닭으로 석 달 韶를 배우며 고기 맛도 느끼지
못한 채 아름다움에 감탄함이 이와 같았던 것이다. 이는 정성의 지극함이요,
감탄의 깊음이다."

161(7-14)

冉有曰夫子爲衛君乎

염유冉有가 말하였다.

"선생님께서 위衛나라 임금을 도우실까?"

그러자 자공子貢이 말하였다.

"좋아. 내 장차 여쭈어보리라."

그러고는 들어가 이렇게 여쭈어보았다.

"백이伯夷와 숙제叔齊는 어떤 인물입니까?"

공자가 대답하였다.

"옛날의 현인이지."

"원망(후회)을 지닌 사람입니까?"

이에 공자가 이렇게 말하였다.

"인을 얻고자 하여 인을 얻었는데 무슨 원망(후회)이 있겠느냐?"

자공이 나와서는 이렇게 말하였다.

"선생님께서는 위나라 임금을 돕지 않으실 것이다."*

冉有曰:「夫子爲衛君乎?」

子貢曰:「諾; 吾將問之.」㊀

入, 曰:「伯夷·叔齊何人也?」

　　曰:「古之賢人也.」

　　曰:「怨乎?」

　　曰:「求仁而得仁, 又何怨?」

出, 曰:「夫子不爲也.」㊁

【冉有】 冉求. 字는 子有.

【爲】 '위하다, 그를 위해 나서다, 일하다, 편들다'의 實詞.

【衛君】 衛나라 임금. 出公(B.C. 492~481년 재위). 이름은 輒. 衛 靈公의 孫子이며 太子 蒯聵의 아들로서, 蒯聵가 靈公의 부인 南子의 미움을 사서 晉으로 도망한 후, 靈公이 죽자 輒이 임금이 되었다. 晉나라에서는 趙簡子가 蒯聵를 보내어 임금으로 삼을 것을 요구, 결국 전쟁을 일으키게 된다.

【子貢】 端木賜.

【伯夷·叔齊】 고대 孤竹國의 두 王子로 王位를 서로 양보하였다. 《史記》 伯夷列傳에 자세히 실려 있다.

＊輒과 蒯聵 父子의 王位 쟁탈전이 벌어지자 그와 대조를 이룬 伯夷와 叔齊의 王位 양보 사실을 빗대어 子貢이 孔子에게 묻고, 그 대답으로써 孔子의 의중을 판단한 것이다.

〈伯夷〉《三才圖會》

陶山本　　冉有(염유)ㅣ 골오듸 夫子(부즈)ㅣ 衛君(위군)을 爲(위)ᄒ시랴
子貢(ᄌ공)이 골오듸 諾(락)다 내 쟝츳 문ᄌ오리라

들어가 골오듸 伯夷(ᄇᆡ이)와 叔齊(슉졔)ᄂᆞ 엇던 사룸이니잇고 골ᄋ샤듸
녯 賢人(현신)이니라 골오듸 怨(원)ᄒ더니잇가 골ᄋ샤듸 仁(신)을 求(구)ᄒ야
仁(신)을 得(득)ᄒ야니 ᄯᅩ 엇디 怨(원)ᄒ리오 나와 골오듸 夫子(부즈)ㅣ 爲(위)티
아니 ᄒ시리러라

栗谷本　　冉有(염유)ㅣ 골오듸 夫子(부즈)ㅣ 衛君(위군)을 爲(위)ᄒ실가
子貢(ᄌ공)이 골오듸 諾(락)다 내 쟝츳 믓ᄌ오리라

드러 골오듸 伯夷(ᄇᆡ이) 叔齊(슉졔)ᄂᆞ 엇던 사룸이니잇고 ᄀᆞ른샤듸 녜 어딘
사룸이니라 골오듸 怨(원)ᄒ더니잇가 ᄀᆞ른샤듸 仁(인)을 求(구)ᄒ야 仁(인)을
어더니 ᄯᅩ 엇디 怨(원)ᄒ리오 나와 골오듸 夫子(부즈)ㅣ 爲(위)티 아니시리러라

◆ 集 註

161-㊀

爲, 去聲.

○ 爲, 猶助也. 衛君, 出公輒也. 靈公逐其世子蒯聵. 公薨, 而國人立蒯聵之子輒.
於是晉納蒯聵而輒拒之. 時孔子居衛, 衛人以蒯聵得罪於父, 而輒嫡孫當立, 故冉
有疑而問之. 諾, 應辭也.

爲는 去聲이다.

○ 爲는 돕다(助)와 같은 뜻이다. 衛君은 衛나라 出公(B.C. 492~481 재위)인 輒이다.
衛나라 靈公(B.C. 534~493)이 그 세자 蒯聵를 축출하여 죽게 되자 백성들이 蒯聵의
아들인 輒을 옹립하였다. 이에 晉나라에서 蒯聵를 본국인 衛나라로 보내어
받아들일 것을 요구하자 輒이 이를 거절하였다. 당시 孔子는 衛나라에 있었고,
衛나라 사람들은 이에 대하여 蒯聵는 그 아버지 靈公에게 죄를 지었으며, 輒은
嫡孫이니만큼 輒이 마땅히 王이 되어야 한다고 여겼다. 그 때문에 冉有가 의아히
여겨 이를 물은 것이다. 諾은 응답하는 말이다.

伯夷·叔齊, 孤竹君之二子. 其父將死, 遺命立叔齊. 父卒, 叔齊遜伯夷. 伯夷曰:
「父命也」, 遂逃去. 叔齊亦不立而逃之, 國人立其中子. 其後武王伐紂, 夷·齊扣馬
而諫. 武王滅商, 夷·齊恥食周粟, 去隱于首陽山, 遂餓而死. 怨, 猶悔也. 君子居是邦,
不非其大夫, 況其君乎? 故子貢不斥衛君, 而以夷·齊爲問.

夫子告之如此, 則其不爲衛君可知矣. 蓋伯夷以父命爲尊, 叔齊以天倫爲重.
其遜國也, 皆求所以合乎天理之正, 而卽乎人心之安. 旣而各得其志焉, 則視棄其國猶
敝蹝爾, 何怨之有? 若衛輒之據國拒父而唯怨失之, 其不可同年而語明矣.

○ 程子曰:「伯夷·叔齊遜國而逃, 諫伐而餓, 終無怨悔, 夫子以爲賢, 故知其不與
輒也.」

伯夷·叔齊는 孤竹國의 두 아들이다. 그 아버지가 죽음에 이르러 叔齊를 세울
것을 유언으로 명하였다. 아버지가 죽자 叔齊는 이를 伯夷에게 양보하였다.
이에 伯夷는 "아버지의 명령이시다" 하고는 도망가 버렸다. 叔齊 역시 王位에
오르지 않고 도망하자 백성들이 그 둘째 아들을 세웠다. 그 뒤에 周 武王이
紂를 치자 伯夷·叔齊는 말고삐를 잡고 諫言하였다. 武王이 결국 商을 멸하자
伯夷와 叔齊는 周나라 곡식을 먹는 것조차 치욕이라 여겨 首陽山에 숨어들어
마침내 굶어죽었다(이상《史記》伯夷列傳을 볼 것). 怨은 悔와 같다. 君子가 그 나라에
거하면서 그 大夫조차 비난하지 않는 법인데 하물며 그 임금에게 있어서랴?
그 까닭으로 子貢이 衛나라 임금을 직접 指斥하지 못하고 伯夷·叔齊로서 질문을
빗댄 것이다.

夫子가 일러줌이 이와 같음으로 衛나라 임금을 돕지 않을 것임을 가히 알
수 있다. 대체로 伯夷는 아버지의 명령을 존중하였고, 叔齊는 天倫을 중히 여겼던
것이다. 그 나라를 양보한 것은 모두가 天理의 正에 부합하고 사람의 마음에
卽應함을 구한 것이다. 이미 그들은 각기 자신들의 뜻을 얻어 나라 보기를
마치 헌 신발 여기듯 하였으니 무슨 怨悔가 있겠는가? 衛나라의 輒이 나라를
차지하기 위해 아버지를 거부하고 도리어 잃을까 원망한 것과 같은 경우는,
같은 위치(同年은 같은 해, 동시에, 같은 기준으로 등의 뜻)에 두고 말할 수 없음이 명백하다.

○ 程子(程頤)는 이렇게 말하였다. "伯夷·叔齊는 나라를 양보하고 도망하여
정벌을 諫하다가 굶어 죽으면서도 끝내 원망이나 후회가 없어, 夫子가 어질다
여긴 것이다. 그러한 까닭으로 孔子가 輒에 동의하지 않음을 알 수 있는 것이다."

162(7-15)

飯疏食飮水

공자가 말하였다.

"거친 밥에 물 마시고 팔을 굽혀 베개 삼아도, 즐거움은 그 속에 있는 것이다. 의롭지 못하면서 부유하고 게다가 귀하기까지 한 것은, 나에게는 마치 뜬구름과 같은 것이로다."

子曰:「飯疏食飮水, 曲肱而枕之, 樂亦在其中矣. 不義而富且貴, 於我如浮雲.」㊀

【疏食】 거친 밥. '소사'로 읽는다.
【飮水】 여기서 水는 湯에 상대되는 말로 쓰인 것이다. 따뜻한 국이 없어 냉수를 마신다는 뜻이다.

子(ᄌ)ㅣ 굴ᄋ샤ᄃᆡ 疏食(소ᄉ)를 飯(반)ᄒᆞ며 水(슈)를 飮(음)ᄒᆞ고 肱(굉)을 曲(곡)ᄒᆞ야 枕(침)ᄒᆞ야도 樂(락)이 ᄯᅩᄒᆞᆫ 그 가온대 인ᄂᆞ니 義(의)아니오 富(부)코 ᄯᅩ 貴(귀)홈은 내게 浮雲(부운) ᄀᆞᄐᆞ니라

 子(ᄌ)ㅣ ᄀᆞᄅᆞ샤ᄃᆡ 疏食(소ᄉ)를 머그며 믈을 마시고 肱(굉)을 曲(곡)ᄒᆞ야 枕(침)홀 디라도 樂(락)이 ᄯᅩᄒᆞᆫ 그 中(듕)의 잇ᄂᆞ니 義(의)아니오 富(부)코 ᄯᅩ 貴(귀)호ᄆᆞᆫ 내게 浮雲(부운) ᄀᆞᄐᆞ니라

◆ 集註

162-㉠

飯, 符晚反. 食, 音嗣. 枕, 去聲. 樂, 音洛.

○ 飯, 食之也. 疏食, 麤飯也. 聖人之心, 渾然天理, 雖處困極, 而樂亦無不在焉. 其視不義之富貴, 如浮雲之無有, 漠然無所動於其中也.

○ 程子曰:「非樂疏食飲水也, 雖疏食飲水, 不能改其樂也. 不義之富貴, 視之輕如浮雲然.」

又曰:「須知所樂者何事.」

"不義而富且貴, 於我如浮雲"(石可)

飯은 反切로 '符晚反'(반)이다. 食는 음이 嗣(사)이다. 枕은 去聲으로 읽으며, 樂은 음이 洛(락)이다.

○ 飯은 먹는다(동사)이다. 疏食는 거친 밥이다. 聖人의 마음은 天理에 渾然하여 비록 삶이 困極하다 하여도 즐거움이 없는 경우가 없다. 그가 봄에 不義한 부귀는 마치 뜬구름의 有無와 같다. 아득히 그 中心을 동요시키는 바가 없다.

○ 程子(程頤)는 이렇게 말하였다. "疏食飮水가 즐거운 것이 아니라 비록 疏食飮水일지라도 그 즐거움을 바꿀 수 없는 것이다. 의롭지 못한 부귀는 이를 보기를 마치 뜬구름처럼 여겼던 것이다."

또 이렇게 말하였다. "모름지기 즐거워하는 바가 무슨 일인지 알아야 한다."

加我數年

공자가 말하였다.

"나에게 몇 년만 더 시간을 주어 쉰 살부터 역易을 배울 수 있게
해준다면 큰 허물은 없을 텐데."*

子曰:「加我數年, 五十以學易, 可以無大過矣.」⊖

【易】 고대에는 《連山易》·《歸藏易》·《周易》 등이 있었으며 오늘날의 《周易》은
孔子가 十翼을 덧붙인 것이다. 이 기록은 《史記》의 「韋編三絶」의 故事와 관련이
있다.
【加】 고대 板本에 假로 실려 있어, '몇 년의 시간을 나에게 빌려 주다'로 보기도
한다(朱熹集注 참조).

【五十】卒자의 판각이 잘못 되어 「五十」으로 읽어왔다는 설도 있다. 이 경우 '끝까지'로 해석된다. 그러나 五十을 '5년 혹 10년 정도 시간을 더 준다면'으로 보아야 한다는 견해도 있다. 龔元玠의 《十三經客難》에 「先儒句讀未明, 當「五」一讀, 「十」一讀, 言或五或十: 以所加年言」이라 하였다.

*《史記》孔子世家에는 「孔子晩而喜易, 序·象·繫·象·說卦·文言. 讀易, 韋編三絶. 曰: 假我數年, 若是, 我於易則彬彬矣」라 하였다.

 諺解

閩山本　子(ᄌ)ㅣ ᄀᆞᆯᄋᆞ샤ᄃᆡ 나를 두어 ᄒᆡ를 假(가)ᄒᆞ야 ᄆᆞᆺᄎᆞᆷ내 ᄡᅥ 易(역)을 學(혹)ᄒᆞ면 可(가)히 ᄡᅥ 큰 허믈이 업스리라

栗谷本　子(ᄌ)ㅣ ᄀᆞᄅᆞ샤ᄃᆡ 나를 數年(수년)을 빌려 ᄆᆞᆺᄎᆞᆷ내 ᄡᅥ 易(역)을 ᄇᆡ호면 可(가)히 ᄡᅥ 큰 허믈이 업스리라

◆ 集註

163-㉠

劉聘君見元城劉忠定公自言:「嘗讀他論, 『加』作『假』, 『五十』作『卒』. 蓋『加』·『假』聲相近而誤讀, 『卒』與『五十』字相似而誤分也.」

愚按:「此章之言, 史記作 『假我數年, 若是我於易則彬彬矣』. 『加』正作『假』, 而無『五十』字. 蓋是時, 孔子年已幾七十矣, 『五十』字誤無疑也. 學易, 則明乎吉凶消長之理·進退存亡之道, 故可以無大過. 蓋聖人深見易道之無窮, 而言此以教人, 使知其不可不學, 而又不可以易而學也.」

劉聘君(劉勉之. 字는 致仲. 朱熹의 장인)이 元城 劉忠定公(劉安世. 字는 器之. 諡號는 忠定. 大命府 元城人)을 만났는데 그가 이렇게 말하더라는 것이다. "일찍이 다른 《論語》를 읽던 중에 '加'는 '假'(빌려주다)로 되어 있고, '五十'은 '卒'로 되어 있었다. 아마 加와 假는 소리가 비슷하여 잘못 읽은 것이며, 卒과 五十은 글자가 비슷하여 잘못 나뉜 것인 듯하다."(卒을 세로로 쓸 경우 '五十'을 붙여 卒로 보았을 가능성이 있음)

내 생각으로는 이렇다. "이 章의 말은 《史記》(孔子世家)에는 '假我數年, 若是, 我於易則彬彬矣'로 실려 있다. 加는 假로 써야 바르다. 그러나 《史記》에 五十이란 글자는 없다. 이때 孔子의 나이가 거의 70이었다. 五十이란 글자는 잘못임에 의심의 여지가 없다. 易을 배우면 吉凶消長의 이치와 進退存亡의 道에 밝게 된다. 그 때문에 大過가 없을 수 있는 것이다. 대개 聖人은 易의 道가 무궁함을 깊이 살펴 이렇게 말함으로써 사람을 가르치고, 그들로 하여금 가히 배우지 않을 수 없도록 하며, 게다가 쉽게 배울 수 없음을 알리려 한 것이리라."

子所雅言

공자가 평소 아언雅言으로 하시는 말은 시詩, 서書, 그리고 예禮를
집전할 때이다. 이는 모두 아언으로 하였다.

子所雅言, 詩·書·執禮, 皆雅言也.㊀

【雅言】 당시의 통행어, 표준어. 春秋時代에는 각국의 언어가 달랐다. 魯語가
아닌 周語. 혹은 文字를 읽을 때의 讀音을 뜻한다고도 본다(楊伯峻). 그러나
朱子는 常言, 즉 평소 늘 하는 말로 보았다. 한편 《群經平議》에는 「此當以『詩書』
斷句; 言孔子誦詩讀書, 無不正言其音也. 『執禮』二字, 自爲句屬下讀. 孔子執禮時
苟有所言, 皆正言其音, 不雜以方言俗語; 故曰『執禮, 皆雅言也.』」라 하였다.
【詩】 《詩經》. 고대의 民謠·頌歌 등을 모은 것.

【書】《書經》. 夏・殷・周 三代의 政令을 모은 것.
【執禮】禮(儀式 등)를 執典하는 것.

子(ᄌ)의 샹해 言(언)ᄒ시ᄂ 바ᄂ 詩(시)와 書(셔)와 자받ᄂ 禮(례)ㅣ 다 샹해 言(언)이러시다

子(ᄌ)의 샹녜 言(언)ᄒ시ᄂ 바ᄂ 詩(시)와 書(셔)와 執(집)홀 禮(례) 다 샹녜 言(언)이러시다

◆ 集 註

164-㉠

雅, 常也. 執, 守也. 詩以理情性, 書以道政事, 禮以謹節文, 皆切於日用之實, 故常言之. 禮獨言執者, 以人所執守而言, 非徒誦說而已也.
○ 程子曰 「孔子雅素之言, 止於如此. 若性與天道, 則有不可得而聞者, 要在黙而識之也.」
謝氏曰 「此因學易之語而類記之.」

雅는 常이요, 執은 守이다. 詩는 情性을 다스리고, 書는 政事를 이끄는 것이며, 禮는 節文을 삼가는 것이니 모두가 日用의 실제에 절실한 것이다. 그 때문에 늘 말하곤 하는 것이다. 禮에 대해서만 오직 執이라는 말을 쓴 것은 사람이 잡고서 지켜야 할 바로서 한갓 외우고 말하는 것으로 끝날 수 있는 것이 아니기 때문이다.
○ 程子(程頤)는 이렇게 말하였다. "孔子의 雅素之言(平素의 말)은 이와 같은 데에 그칠 뿐이었다. 性과 天道 같은 것에 대해서는 가히 얻어들을 수가 없었다 (104, 5-12)라 한 것은 그 요체는 묵묵히 이를 알아내는 데 있었기 때문이다."
謝氏(謝良佐)는 이렇게 말하였다. "이는 易을 배운다는 말(앞장)에 근거하여 같은 類로 기록한 것이다."

165(7-18)

葉公問孔子於子路

섭공葉公이 자로子路에게 공자에 대하여 물어보았다. 자로는 대답을 하지 못하였다. 공자가 이를 알고 이렇게 말하였다.

"너는 어찌 이렇게 말하지 않았느냐? '그의 사람됨은 분발하여 밥 먹는 것도 잊으며, 즐거움에 빠지면 근심도 잊은 채 장차 늙음이 다가올 것도 알지 못한다'라고 말이다."

> 葉公問孔子於子路, 子路不對.㊀
> 子曰:「女奚不曰:『其爲人也, 發憤忘食, 樂以忘憂,
>   不知老之將至』云爾.」㊁

"發憤忘食, 樂以忘憂,
不知老之將至"(石可)

【葉公】섭(葉)은 地名. 당시 楚나라에 속하였으며, 지금의 河南省 葉縣. 葉公은 그곳의 縣長인 沈諸梁으로 字는 子高. 《左傳》定公·哀公에 이에 대한 기록들이 있다.

○ 諺解

陶山本
　　葉公(섭공)이 孔子(공ㅈ)를 子路(ㅈ로)의게 무러늘 子路(ㅈ로)ㅣ 對(디)티 아니ᄒᆞᆫ대
　　子(ㅈ)ㅣ 글ᄋᆞ샤디 네 엇디 글오디 그 사ᄅᆞᆷ이로옴이 憤(분)을 發(발)ᄒᆞ야 食(식)을 니즈며 樂(락)ᄒᆞ야 뻐 시름을 니저 늘금의 쟝ᄎᆞᆺ 니르롬을 아디 몯ᄒᆞᆫ다 아니ᄒᆞ뇨

栗谷本
　　葉公(섭공)이 孔子(공ㅈ)를 子路(ㅈ로)ᄃᆞ려 問(문)ᄒᆞ거늘 子路(ㅈ로)ㅣ 對(디)티 아니ᄒᆞᆫ대
　　子(ㅈ)ㅣ ᄀᆞᄅᆞ샤디 네 엇디 그 사ᄅᆞᆷ이론대 憤(분)을 發(발)ᄒᆞ면 食(식)을 닛고 樂(락)ᄒᆞ면 뻐 憂(우)를 忘(망)ᄒᆞ야 老(로)의 쟝ᄎᆞᆺ 니ᄅᆞᆯ 주를 아디 몯ᄒᆞᆫ다 니ᄅᆞ디 아니ᄒᆞ뇨

165-㊀

葉, 舒涉反.

○ 葉公, 楚葉縣尹沈諸梁, 字子高, 僭稱公也. 葉公不知孔子, 必有非所問而問者, 故子路不對. 抑亦以聖人之德, 實有未易名言者與!

葉은 反切로 '舒涉反'(섭)이다.

○ 葉公은 楚나라 葉縣의 尹(행정 책임자)인 沈諸梁으로 字는 子高이다. 公을 僭稱하였다. 葉公은 孔子를 몰랐으므로 틀림없이 묻지 말아야 할 질문을 물었을 것이다. 그 때문에 子路가 대답을 아니한 것이다. 그것도 아니라면 역시 聖人의 德은 실제로 쉽게 말로써 표현할 수 없는 것이 있어서일 것이리라!

165-㊁

未得, 則發憤而忘食; 已得, 則樂之而忘憂. 以是二者俛焉日有孶孶, 而不知年數之不足, 但自言其好學之篤爾. 然深味之, 則見其全體至極, 純亦不已之妙, 有非聖人不能及者. 蓋凡夫子之自言類如此, 學者宜致思焉.

아직 얻지 못하면 發憤하여 밥 먹는 것조차 잊고, 이미 얻었다면 즐거워하느라 근심을 잊는다. 이 두 가지로써 힘써서 날마다 孶孶(태만히 하지 않음)하여 年數가 부족함도 알지 못한다 하였으니, 이는 다만 스스로 그 好學의 독실함을 말한 것뿐이다(《禮記》 表記에 '子曰: 詩之好仁如此; 鄕道而行, 中道而廢, 忘身之老也, 不知年數之不足, 俛焉日有孶孶, 斃而后已'라 함). 그러나 깊이 맛을 헤아려 보면 그 전체가 지극하여 순수함 역시 그만둘 수 없는 妙함은, 聖人이 아니면 능히 미치지 못할 것임을 알게 된다. 대개 夫子가 스스로 말한 모든 類가 이와 같으니, 배우는 자는 의당 깊이 생각해야 한다.

166(7-19)

我非生而知之者

공자가 말하였다.

"나는 태어나면서부터 아는 것이 아니다. 옛것을 좋아하여 민첩하게 그것에서 구하는 자일 뿐이다."

> 子曰:「我非生而知之者, 好古, 敏以求之者也.」㊀

【生而知之】 태어나면서부터 事物의 이치를 통달하여 아는 것. 흔히 聖人의 경지를 말함.

子(ᄌᆞ)ㅣ ᄀᆞᆯᄋᆞ샤ᄃᆡ 내 生(ᄉᆡᆼ)ᄒᆞ야 아ᄂᆞᆫ 者(쟈)ㅣ 아니라 녜를
됴히 너겨 敏(민)히 ᄡᅥ 求(구)ᄒᆞᄂᆞᆫ 者(쟈)ㅣ로라

子(ᄌᆞ)ㅣ ᄀᆞᄅᆞ샤ᄃᆡ 내 나며 안 者(쟈)ㅣ 아니라 古(고)ᄅᆞᆯ 好(호)
ᄒᆞ야 敏(민)히 ᄡᅥ 求(구)ᄒᆞᄂᆞᆫ 者(쟈)ㅣ로라

◆ 集 註

166-㊀

好, 去聲.

○ 生而知之者, 氣質淸明, 義理昭著, 不待學而知也. 敏, 速也, 謂汲汲也.

○ 尹氏曰:「孔子以生知之聖, 每云好學者, 非惟勉人也, 蓋生而可知者義理爾,
若夫禮樂名物, 古今事變, 亦必待學而後有以驗其實也.」

好는 去聲이다.

○ 生而知之한 자는 기질이 淸明하고 의리가 밝게 드러나, 배움을 기다리지 않고도 안다. 敏은 빠르다(速)의 뜻이며 汲汲함을 말한다.

○ 尹氏(尹焞)은 이렇게 말하였다. "孔子는 태어나면서부터 알았던 聖人으로서 말끝마다 學問을 좋아한다라 한 것은 사람을 勉勵시키는 것뿐 아니라 대개 태어나면서부터 가히 알 수 있는 것은 義理일 뿐이요, 이를테면 禮樂이나 名物, 古今의 事變은 역시 반드시 배움을 거친 후라야 그 사실을 證驗할 수 있기 때문이다."

"我非生而知之者, 好古,
敏以求之者也"(石可)

167(7-20)

子不語怪力亂神

공자는 괴탄한 일, 힘센 것, 난亂스러운 것, 귀신에 관한 것은 말하지 아니하였다.

子不語怪·力·亂·神.㊀

【怪】怪誕한 것.
【力】힘센 것. 초능력 등을 뜻한다.

諺解

 陶山本　子(ㅈ)ㅣ 怪와 力(력)과 亂(란)과 神(신)을 니르디 아니ㅎ더시다

 栗谷本　子(ㅈ)ㅣ 怪와 力(력)과 亂(란)과 神(신)을 語(어)티 아니터시다

集註

167-㊀

怪異・用力・悖亂之事, 非理之正, 固聖人所不語. 鬼神, 造化之迹, 雖非不正,
然非窮理之至, 有未易明者, 故亦不輕以語人也.

○ 謝氏曰:「聖人語常而不語怪, 語德而不語力, 語治而不語亂, 語人而不語神.」

怪異・用力・悖亂의 일은 이치로 보아 바른 것이 아니어서, 진실로 聖人이
말할 바가 아니다. 鬼神은 造化의 자취로 비록 바르지 않은 것은 아니지만
궁리가 지극하지 않고는 쉽게 밝힐 수 없는 것이다. 그 까닭으로 역시 남에게
허투루 말해 줄 수 없는 것이다.

○ 謝氏(謝良佐)는 이렇게 말하였다. "聖人은 떳떳한 常理를 말하되 怪誕한
것은 말하지 아니하고, 德은 말하되 力은 말하지 아니하며, 治는 말하되 亂은
말하지 아니하고, 사람은 말하되, 鬼神은 화제로 삼지 않는다."

三人行必有我師焉

공자가 말하였다.

"세 사람이 동행하면 반드시 내가 스승으로 삼을 만한 것이 있게 마련이다. 그 중에 훌륭한 것을 택하여 이를 쫓으면 되고, 훌륭하지 못한 것은 내가 이를 고치면 되는 것이다."*

> 子曰:「三人行, 必有我師焉: 擇其善者而從之, 其不善
> 者而改之.」⊖

【三人行】三은 虛數. 行은 '길을 가다'로도 본다.

* 錢坫의 《論語後錄》에는「子産曰:『其所善者吾則行之; 其所惡者吾則改之: 是吾
師也.』此云善·不善, 當作是解; 非謂三人中有善不善也」라 하였다.

◉ 諺解

子(ᄌᆞ)ㅣ 글ᄋᆞ샤ᄃᆡ 세 사ᄅᆞᆷ이 行(ᄒᆡᆼ)홈애 반ᄃᆞ시 내 스승이 인ᄂᆞ니 그 어딘 者(쟈)를 굴ᄒᆡ여 좃고 그 어디디 아닌 者(쟈)를 고틸 ᄯᅵ니라

子(ᄌᆞ)ㅣ ᄀᆞᄅᆞ샤ᄃᆡ 三人(삼인)이 行(ᄒᆡᆼ)호매 반ᄃᆞ시 내 스승이 잇ᄂᆞ니 그 善(션)ᄒᆞᆫ 者(쟈)를 굴ᄒᆡ여 좃고 그 善(션)티 아닌 者(쟈)를 改(기)홀 ᄃᆡ니라

◈ 集註

168-㊀

三人同行, 其一我也. 彼二人者, 一善一惡, 則我從其善而改其惡焉, 是二人者皆我師也.

○ 尹氏曰:「見賢思齊, 見不賢而內自省, 則善惡皆我之師, 進善其有窮乎?」

세 사람이 同行한다면 그 중에 하나는 나이다. 저 두 사람 중에 하나는 善하고 하나는 惡하다면 나는 그 善을 따르고 惡은 고칠 수 있으니, 이 두 사람은 모두가 나의 스승인 것이다.

○ 尹氏(尹焞)는 이렇게 말하였다. "어진 점을 보고 그와 같아지기를 생각하고, 어질지 못함을 보고는 속으로 내 자신을 살핀다면 善惡이 모두 나의 스승이니 善으로 나아감에 궁함이 있겠는가?"

"三人行, 必有我師." "善者而
從之, 不善者而改之"(石可)

天生德於予

공자가 말하였다.

"하늘이 나에게 덕을 내려 주셨으니, 환퇴桓魋가 나 같은 이에게 어찌하겠는가?"**

子曰:「天生德於予, 桓魋其如予何?」⊖

【桓魋】宋나라의 사마환퇴(司馬桓魋). 本名은 向魋(상퇴). 宋 桓公의 後代이며 向을 桓으로 고쳤다.

*《史記》孔子世家에 의하면 孔子가 曹에서 宋으로 옮겨 큰 나무 아래에서 弟子들과 禮를 실습하고 있을 때, 桓魋가 孔子를 죽이고자 그 나무를 뽑았다. 이때 弟子들이 급히 자리를 피할 것을 권하자 孔子가 이 말을 하였다고 한다. 《史記》孔子世家에는 다음과 같이 실려 있다. 「定公十四年, 孔子年五十六. …… 孔子遂適衛. 居十月, 去衛. 將適陳; 過匡. 匡人止孔子; 孔子使從者爲甯武子臣於衛, 然後得去. 去卽過蒲; 月餘反乎衛. 居衛月餘, 去衛過曹. 是歲魯定公卒. 孔子去曹適宋; 與弟子習禮大樹下. 宋司馬桓魋欲殺孔子, 拔其樹. 孔子去. 弟子曰: 『可以速矣.』孔子曰: 『天生德於予, 桓魋其如予何!』……孔子遂至陳; 主於司城貞子家.」

* 한편 孔子가 이토록 "하늘이 덕을 나에게 내렸다"라고 自慢한 적이 없으며 제자들이 과장해서 기록한 것이라고도 한다. 崔述의 《洙泗考信錄》三에는 「子罕篇畏匡章其詞婉; 此章之詞誇. 蓋聖人言之, 聖人原未嘗自書之; 弟子以口相傳, 其意不失, 而詞氣之間, 不能不小有增減移易, 以失其眞者. 學者不可以詞害志也」라 하였고, 다시 앞 章와 관계를 들어 「二章語意正同, 亦似一時一事之言. 而記者各記所聞, 是以其詞小異. 未必孔子生平每遇患難卽爲是言也. 畏匡之與過宋, 絶似一事; 然於經傳皆無明文, 故今不敢遽合爲一. 姑兩存之, 以俟夫博古之士正之」라 하였다.

 諺 解

 子(주) ᅵ 글으샤되 하늘히 德(덕)을 내게 生(싱)ᄒ시니 桓魋(환퇴) ᅵ 그 내게 엇디리오

 子(주) ᅵ ᄀᆞᄅᆞ샤되 天(텬)이 德(덕)을 내게 내시니 桓魋(환퇴) ᅵ 그 내게 엇디ᄒ리오

169-㉠

魋, 徒雷反.

○ 桓魋, 宋司馬向魋也. 出於桓公, 故又稱桓氏. 魋欲害孔子, 孔子言:「天旣賦
我以如是之德, 則桓魋其奈我何?」言必不能違天害己.

魋는 反切로 '徒雷反'(퇴)이다.

○ 桓魋는 宋나라 司馬向魋이다. 桓公에서 나왔기(後系) 때문에 桓氏라 칭한다.
桓魋가 孔子를 害하려 하자, 孔子가 "하늘이 이미 나에게 이와 같은 德으로써
부여하였나면 桓魋가 나에게 어찌 하겠느냐?"라고 말한 것이다. 반드시 하늘의
뜻을 어기면서 나를 害하지 못할 것임을 말한 것이다.

170(7-23)

二三子以我爲隱乎

공자가 말하였다.

"너희들은 내가 무엇을 숨기고 있다고 여기느냐? 내 너희에게 숨기는 것이란 없다. 나는 실행하여 보여주지 않은 것이 없으니, 이것이 바로 나丘의 모습이다."

子曰:「二三子以我爲隱乎? 吾無隱乎爾. 吾無行而不
與二三子者, 是丘也.」㊀

【二三子】弟子들을 부르거나 지칭할 때 쓰는 말. '애들아, 너희들'의 뜻. 小子와 같다.

【隱】《禮記》 學記의 「教人不盡其材」의 注에 「謂師有所隱也」라 하였다.

 諺 解

 陶山本

子(즈)ㅣ 골ᄋ샤ᄃᆡ 二三子(시삼즈)는 날로뻐 隱(은)ᄒ다 ᄒᄂ냐 내 네게 隱(은)홈이 업소라 내 行(ᄒᆡᆼ)ᄒ고 二三子(시삼즈)에 與(여)티 아니홈이 업슨 者(쟈)ㅣ 이 丘(구)ㅣ니라

栗谷本

子(즈)ㅣ ᄀᆞᄅ샤ᄃᆡ 二三子(이삼즈)는 날로뻐 隱(은)ᄒ다 ᄒᄂ냐 내 네게 隱(은)호미 업소라 내 行(ᄒᆡᆼ)호매 二三子(이삼즈)를 與(여)티 아니미 업소믄 이 丘(구)ㅣ니라

◆ 集 註

170-㊀

諸弟子以夫子之道高深不可幾及, 故疑其有隱, 而不知聖人作·止·語·默無非教也, 故夫子以此言曉之. 與, 猶示也.

○ 程子曰: 「聖人之道猶天然, 門弟子親炙而冀及之, 然後知其高且遠也. 使誠以爲不可, 則趨向之心不幾於怠乎? 故聖人之教, 常俯而就之如此, 非獨使資質庸下者勉思企及, 而才氣高邁者亦不敢躐易而進也.」

呂氏曰: 「聖人體道無隱, 與天象昭然, 莫非至教. 常以示人, 而人自不察.」

여러 弟子들은 夫子의 道가 높고 깊어 거의 미칠 수 없다고 여겼다. 그 때문에 무언가를 숨기고 있다고 의심하였으나, 聖人의 동작·멈춤·말·침묵이 가르침이 아닌 것이 없음을 알지 못하였다. 그 때문에 夫子가 이 말로써 깨우쳐 준 것이다. 與는 示와 같다.

○ 程子(程頤)는 이렇게 말하였다. "聖人의 道는 天然스러워 門下의 弟子들은 직접 勳炙하고 그에 미치기를 바란 연후에야, 그가 높고도 원대함을 알게 된다. 진실로 가히 미칠 수 없도록 하였다면 趣向之心이 거의 태만하게 되지 않겠는가? 따라서 聖人의 가르침은 항상 굽혀 다가옴이 이와 같아서, 資質이 庸劣하고 낮은 자로 하여금 힘써 생각하고 미치기를 企圖하게 할 뿐만 아니라, 才氣가 고매한 자로 하여금 역시 감히 뛰어넘거나 쉽게 나가지 못하도록 한 것이다."

呂氏(呂大臨)는 이렇게 말하였다. "聖人의 體道는 숨김이 없으며 天象과 함께 환히 보여 지극한 가르침이 아닌 것이 없다. 항상 남에게 제시하지만 사람들이 스스로 살피지 못하는 것이다."

171(7-24)

子以四教

공자는 네 가지 가르침이 있었으니 바로 문文·행行·충忠·신信이었다.

子以四教: 文·行·忠·信.㉠

【文】 詩·書·禮·樂.
【行】 品德을 수행하고 실천함.
【忠】 마음에 忠厚함을 갖춤.
【信】 믿음을 독실하게 함.

子(ㅈ)ㅣ 네ㅎ로뻐 ㄱㄹ치시니 文(문)과 行(힝)과 忠(튱)과
信(신)이니라

　　子(ㅈ)ㅣ 四(ㅅ)로뻐 敎(교)ㅎ시니 文(문)과 行(힝)과 忠(튱)과
信(신)이러시다

◈ 集註

171-㊀

行, 去聲.

○ 程子曰「敎人以學文脩行而存忠信也. 忠信,
本也.」

行은 去聲이다.

○ 程子(程頤)는 이렇게 말하였다. "사람에게
文을 배우고 행동을 닦아 忠과 信을 간직하도록
가르치는 것이다. 忠과 信은 근본이다."

"文行忠信"(石可)

172(7-25)

聖人吾不得而見之矣

공자가 말하였다.

"성인을 내 만나볼 수 없도다. 군자 정도라도 만나보았으면 가하다 하리라."

공자가 말하였다.

"선인을 내 만나보지 못했구나. 그저 떳떳함을 가진 자 만이라도 만나보았으면 좋겠다. 없으면서도 있는 척하고, 비었으면서도 가득 찼다고 여기며, 묶였으면서도 태평한 체한다면 떳떳함을 갖기란 어려운 것이다."

子曰:「聖人, 吾不得而見之矣; 得見君子者, 斯可矣.」㊀
子曰:「善人, 吾不得而見之矣; 得見有恆者, 斯可矣.㊁
亡而爲有, 虛而爲盈, 約而爲泰, 難乎有恆矣.」㊂

【聖人】孔子가 상정한 至高至善한 人物型.
【恆】《孟子》梁惠王上의「恆心, 恆産」과 같은 뜻. 恆은 恒과 같음.

● 諺解

陶山本　子(ㅈ)ㅣ 글ㅇ샤듸 聖人(셩신)을 내 어더보디 몯ㅎ거든 君子
(군ㅈ)를 어더보면 이 可(가)ㅎ니라

子(ㅈ)ㅣ 글ㅇ샤듸 善人(션신)을 내 어더보디 몯ㅎ거든 恒(흥) 인ㄴ 者(쟈)를
어더보면 이 可(가)ㅎ니라

亡(무)호듸 有(유)호라 ㅎ며 虛(허)호듸 盈(영)호라 ㅎ며 約(약)호듸 泰(태)
호라 ㅎ면 恒(흥) 이심이 어려우니라

栗谷本　子(ㅈ)ㅣ ㄱ르샤듸 聖人(셩
인)을 내 어더보디 몯ㅎ거든 君
子(군ㅈ)ㄴ 者(쟈)를 어더보미
이 可(가)ㅎ니라

子(ㅈ)ㅣ ㄱ르샤듸 善人(션인)을 내 어더
보디 몯ㅎ거든 恒(흥)이 잇ㄴ 者(쟈)를 어더
보미 이 可(가)ㅎ니라

亡(무)ㅎ고 有(유)흔 양 ㅎ며 虛(허)ㅎ고
盈(영)흔 양 ㅎ며 約(약)ㅎ고 泰(태)흔 양
ㅎ면 恒(흥) 이쇼미 어려우니라

無而爲有 하며 虛而爲盈
으며 約而爲泰면 難乎有恒
이니라

없ㅇ면서 잇는 체하며 비엇
으면서 가득한 체하며 졸
서망은 체하면 恒心을두가
어려울 것이다

論語述而篇의
資末正金節海亭崔玖烈

"無以爲有"海亭 崔玖烈(韓, 현대)

술이 第七 605

◆ 集 註

172-㊀

聖人, 神明不測之號. 君子, 才德出衆之名.

聖人이란 神明하여 측량할 수 없는 이를 부르는 號이며, 君子란 才德이 훌륭한
이를 부르는 이름이다.

172-㊁

恆, 胡登反.
○ 「子曰」字疑衍文. 恆, 常久之意.
張子曰:「有恆者, 不二其心. 善人者, 志於仁而無惡.」

恆은 反切로 ‘胡登反’(항)이다.
○ 본문의 ‘子曰’은 衍文이 아닌가 한다. 恆은 떳떳이 오래 감을 뜻한다.
張子(張載)는 이렇게 말하였다. "떳떳함을 가진 자는 그 마음이 둘일 수 없다.
善人이란 仁에 뜻을 두어 악함이 없다."

172-㊂

亡, 讀爲無.
○ 三者皆虛夸之事, 凡若此者, 必不能守其常也.
○ 張敬夫曰:「聖人·君子以學言; 善人·有恆者以質言.」
愚謂:「有恆者之與聖人, 高下固懸絶矣, 然未有不自有恆而能至於聖者也. 故章末
申言有恆之義, 其示人入德之門, 可謂深切而著明矣.」

무(亡)는 無(무)로 읽는다.
○ 이 세 가지는 모두가 虛夸之事(허황되고 과장된 일)이나 무릇 이렇게 하는
자는 틀림없이 그 常(떳떳함, 常道)을 지켜낼 수가 없다.

○ 張敬夫(張栻)는 이렇게 말하였다. "聖人과 君子는 學問으로써 말한 것이며, 善人·有恆者란 자질을 두고 한 말이다."

내 생각은 이렇다. "떳떳함을 가진 자와 聖人과의 高下는 진실로 懸絶하다. 그러나 恆으로부터 시작하지 않은 채 능히 聖에 이른 자는 아직 없었다. 그러한 까닭으로 본장의 끝에 有恆之義를 펴서 말하여 사람들에게 入德之門을 제시하였으니, 가히 深切하고 著明(밝게 드러남)하다고 말할 만하다."

173(7-26)

子釣而不綱

공자는 낚시질은 하나 큰 그물질은 하지 아니하며, 새를 쏘되 잠자는 새는 쏘지 아니하였다.

子釣而不綱, 弋不射宿.㉠

【綱】그물의 벼리. 음은 '강'이다. 여기서는 '고기를 가리지 않고 물을 가로질러 그물질을 하여 한꺼번에 잡다'의 뜻.《太平御覽》834에 「綱, 謂爲大索橫流屬釣」라 하였다.
【弋】화살 끝에 끈을 매어 새를 잡는 기구. 음은 '익'이다.
【宿】'머물러 쉬다'의 뜻.

陶山本　　子(ᄌ)ᄂ 釣(됴)ᄒ시고 綱(강)티 아니ᄒ시며 弋(익)ᄒ샤디
宿(슉)을 射(셕)디 아니ᄒ더시다

 栗谷本　　子(ᄌ)ᄂ 釣(됴)ᄒ고 綱(강)티 아니ᄒ시며 弋(익)호디 宿(슉)을
射(셕)디 아니터시다

◆ 集 註

173-㊀

射, 食亦反.

○ 綱, 以大繩屬網, 絶流而漁者也. 弋, 以生絲繫矢而射也. 宿, 宿鳥.

○ 洪氏曰:「孔子少貧賤, 爲養與祭, 或不得已而釣弋, 如獵較是也. 然盡物取之,
出其不意, 亦不爲也. 此可見仁人之本心矣. 待物如此, 待人可知; 小者如此, 大者
可知.」

射(셕)은 反切로 '食亦反'(셕)이다.

○ 綱은 그물에 큰 줄을 묶어 흐름을 가로질러 고기를 잡는 것이다. 弋은
화살에 生絲(비단실)를 매어 쏘아 잡는 것이다. 宿은 宿鳥이다.

○ 洪氏(洪興祖)는 이렇게 말하였다. "孔子는 젊었을 때 貧賤하여 부모 奉養과
祭祀를 위하여 혹 어쩔 수 없이 釣弋을 하였을 것이며, 엽각(獵較, 《孟子》 萬章下에
보이는 사냥법) 같은 것이 그것이다. 그러나 물건을 다 훑어 이를 잡아 뜻밖의
사냥 소득이 나오게 하는 일은 하지 않았다. 여기에서 가히 仁人의 本心을
볼 수 있다. 물건을 대우함이 이와 같았으니 사람을 대우하는 일을 가히 알
수 있고, 작은 것에도 이와 같았으니 큰 것에 대해서는 어떠하였는지 가히
알 수 있다."

蓋有不知而作之者

공자가 말하였다.

"대개 잘 알지도 못하면서 지어내는 자가 있으나, 나에게는 이런 경우가 없다. 많이 듣고 그 중에 훌륭한 것을 골라 이를 따르고, 많이 보아 이를 기억해야 하느니 이러한 것은 앎의 다음이로다."

子曰:「蓋有不知而作之者, 我無是也. 多聞, 擇其善者 而從之; 多見而識之; 知之次也.」㉠

【不知而作】 이치를 자세히 모르면서 지어냄. 혹은 作을 행동으로 풀이하는 경우도 있다. 그런가 하면 製作(거짓으로 지식이 있는 체하다)의 뜻으로도 본다(毛子水).
【識之】 '기억하다'. 혹은 '기록하다'의 뜻. 識는 음이 '지'이다.

子(ᄌ)ㅣ 글ᄋᆞ샤ᄃᆡ 아디 몯ᄒᆞ고 作(작)ᄒᆞᆯ 이 인ᄂᆞ냐 내 이 업소라 해 들어 그 善(선)을 擇(ᄐᆡᆨ)ᄒᆞ야 존ᄎᆞ며 해 보와 識(지)홈이 知(디)의 次(ᄎᆞ)ㅣ니라

子(ᄌ)ㅣ ᄀᆞᄅᆞ샤ᄃᆡ 아디 몯ᄒᆞ고 作(작)ᄒᆞᆯ 者(쟈)ㅣ 잇ᄂᆞ냐 내 이 업소라 해 聞(문)ᄒᆞ야 그 善(선)ᄒᆞᆫ 者(쟈)를 글ᄒᆞ여 조ᄎᆞ며 해 견(견)ᄒᆞ야 識(지)호ᄆᆡ 知(디)의 次(ᄎᆞ)ㅣ니라

174-㊀

識, 音志.

○ 不知而作, 不知其理而妄作也. 孔子自言未嘗妄作, 蓋亦謙辭, 然亦可見其無所不知也. 識, 記也. 所從不可不擇, 記則善惡皆當存之, 以備參考. 如此者雖未能實知其理, 亦可以次於知之者也.

識는 음이 志(지)이다.

○ 不知而作이란 그 이치를 알지 못한 채 허투루 짓는다는 뜻이다. 孔子가 스스로 일찍이 妄作하지 않았다고 말한 것은 아마 謙辭인 것 같다. 그러나 역시 그는 無所不知하였음을 알 수 있다. 識는 記이다. 좇는 바는 가려 하지 않을 수 없으니, 기억한다면 善惡이 모두 기억으로 지니게 되어 참고의 備置가 된다. 이와 같이 하는 자는 비록 아직 그 이치를 실제로는 모른다 하여도 역시 가히 아는 자의 다음은 될 수 있다.

"多聞, 擇其善者而從之" 丘堂
呂元九(韓, 현대)《丘堂印存》

175(7-28)

互鄉難與言

호향互鄉이란 고을의 사람들과는 서로 말이 통하기 어렵다. 그런데 그 고을의 어린아이가 찾아와 공자를 뵙자 문인들이 의아하게 여겼다. 이를 안 공자가 이렇게 말하였다.

"나는 그들이 나아지기를 바랄지언정 그들이 퇴보하기를 원치 않는다. 그런데 어찌 심하다고 하느냐? 사람이 자신의 허물을 깨끗이 씻고 나아지면 되는 것이다. 차라리 깨끗하게 하였다면 되었지 그 지난날의 허물을 지키라고 해서는 안 되느니라."*

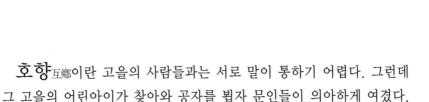

互鄉難與言, 童子見, 門人惑.㊀
子曰:「與其進也, 不與其退也, 唯何甚? 人潔己以進,
　　與其潔也, 不保其往也.」㊁

【互鄕】地名. 지금 어느 곳인지 알 수 없으나 風俗이 좋지 않았던 곳으로 보인다.
鄕은 행정단위이다.

【與其】 '오히려 ~하다'의 構文.「與其進也, 不與其退也」를 '그가 나아짐을 긍정
하고 퇴보함은 더불어 함께 해줄 수 없다'로 풀이하기도 한다.

* 本章은 내용과 의미가 상당히 축약되어 역대로 만족할 만한 해석이 없었으며,
지금도 의견이 분분하다.

⦿ 諺解

陶山本　　互鄕(호향)은 더브러 말홈이 어렵더니 童子(동ㅈ)ㅣ 뵈ᄋ와늘
門人(문신)이 惑(혹)ᄒ대

子(ㅈ)ㅣ ᄀᆞᆯ으샤ᄃᆡ 사ᄅᆞᆷ이 己(긔)를 潔(결)ᄒ야 뻐 進(진)ᄒ거든 그 潔(결)을
與(여)ᄒ고 그 往(왕)을 保(보)티 몯ᄒ며 그 進(진)홈을 與(여)ᄒ고 그 退(퇴)를
與(여)홈이 아니니 엇디 甚(심)히 ᄒ리오

栗谷本　　互鄕(호향)이 더브러 말ᄒ니 어렵더니 童子(동ㅈ)ㅣ 見(현)커늘
門人(문인)이 惑(혹)ᄒ대

子(ㅈ)ㅣ ᄀᆞ른샤ᄃᆡ 人(인)이 己(긔)를 潔(결)히 ᄒ고 뻐 進(진)커든 그
潔(결)을 與(여)ᄒ고 그 往(왕)을 保(보)티 몯ᄒ며 그 進(진)을 與(여)ᄒ고
그 退(퇴)를 與(여)호미 아니니 엇디 甚(심)히 ᄒ리오

◆ 集註

175-㊀

見, 賢遍反.

○ 互鄕, 鄕名. 其人習於不善, 難與言善. 惑者, 疑夫子不當見之也.

見은 反切로 '賢遍反'(현)이다.

○ 互鄕은 鄕의 이름이다. 그곳 사람들은 不善에 습관이 되어 더불어 善을 말하기 어렵다. 惑이란 夫子가 만나 보는 것이 부당하다고 의아히 여긴 것이다.

175-㈢

疑此章有錯簡. 「人潔」至「往也」十四字, 當在「與其進也」之前. 潔, 脩治也. 與, 許也. 往, 前日也. 言人潔己而來, 但許其能自潔耳, 固不能保其前日所爲之善惡也; 但許其進而來見耳, 非許其既退而爲不善也. 蓋不追其既往, 不逆其將來, 以是心至, 斯受之耳. 唯字上下, 疑又有闕文, 大抵亦不爲已甚之意.
○ 程子曰:「聖人待物之洪如此.」

이 章은 錯簡이 있는 것이 아닌가 의심된다. '人潔'부터 '往也'까지 14글자는 마땅히 '與其進也' 앞에 있어야 한다. 潔은 닦고 다스리는 것이요, 與는 許(肯許하다)의 뜻이며, 往은 지난날이라는 뜻이다.

사람이 자신을 깨끗이 하고 다가오면 다만 그가 능히 자신을 깨끗이 함을 肯許할 뿐, 진실로 지난날 행하였던 善惡에 대해서는 능히 계속 갖도록 할 수 없는 것이요, 다만 그가 나아져 찾아와 만나는 것을 許與할 뿐, 그가 이미 물러선 뒤 不善을 저지르는 일을 許與하는 것은 아님을 말한 것이다. 대체로 그의 지나간 일은 追論하지 않고 장래도 헤아리지 않되 뉘우치는 마음으로 다가오면 이는 수용할 뿐이라는 것이다. 唯자 上下에 또다시 闕文(빠진 문장)이 있지 않은가 의심된다. 아마 역시 不爲已甚(이미 너무 심하다고는 하지 않음)의 뜻이었을 것이다.

○ 程子(程頤)가 말하였다. "聖人의 待物之洪(사물, 사람을 우대함이 넓음)이 이와 같았다."

176(7-29)

仁遠乎哉

공자가 말하였다.

"인仁을 먼 것이라 여기는가? 내가 인을 실천하고자 하면 이러한
인이 다가오느니라."

子曰:「仁遠乎哉? 我欲仁, 斯仁至矣.」㊀

諺 解

 子(ᄌ)ㅣ ᄀᆞᆯ᠒샤ᄃᆡ 仁(신)이 머냐 내 仁(신)코쟈 ᄒᆞ면 이예 仁(신)이 니르ᄂᆞ니라

 子(ᄌ)ㅣ ᄀᆞᄅᆞ샤ᄃᆡ 仁(인)이 遠(원)ᄒᆞ냐 내 仁(인)코져 ᄒᆞ면 이에 仁(인)이 至(지)ᄒᆞ리라

 集 註

176-㉠

仁者, 心之德, 非在外也. 放而不求, 故有以爲遠者; 反而求之, 則卽此而在矣, 夫豈遠哉?

○ 程子曰:「爲仁由己, 欲之則至, 何遠之有?」

仁이란 마음의 德으로서 밖에 있는 것이 아니다. 풀어놓은 채 찾지 않으니(《孟子》 告子下 151(11–11)을 볼 것), 그 때문에 먼 것이라 여기는 자가 있으나, 돌이켜 이를 찾으면 곧 여기에 있는 것이니 무릇 어찌 먼 것이겠는가?

○ 程子(程頤)가 말하였다. "仁을 행하는 것은 자신으로부터 말미암는 것으로, 가고자 한다면 이르나니 어찌 멂이 있으리오?"

177(7-30)

陳司敗問

진陳나라 사패司敗가 물었다.

"소공昭公은 예를 압니까?"

공자가 이렇게 대답하였다.

"예를 알지요."

공자가 물러나자 사패는 무마기巫馬期에게 읍揖을 하고는 다가오도록 하면서 이렇게 말하였다.

"내 들으니 군자는 당黨을 짓지 않는다고 했는데, 군자도 역시 당을 짓습니까? 노魯나라 임금은 오吳나라에서 부인을 맞아왔으며 오나라와 노나라는 동성同姓이지요. 그 때문에 오맹자吳孟子라고 부르고 있습니다. 그러한 임금이 예를 안다면 그 누구를 두고 예를 모르는 자라 하리오?"

무마기가 이 말을 공자에게 일러주자 공자가 이렇게 말하였다.

"나丘는 참으로 행운이 있는 자로다, 진실로 과실이 있으면 남이 반드시 알아차리니 말이다."

陳司敗問:「昭公知禮乎?」

孔子曰:「知禮.」㊀

孔子退, 揖巫馬期而進之,

曰:「吾聞君子不黨, 君子亦黨乎? 君取於吳, 爲
同姓, 謂之吳孟子. 君而知禮, 孰不知禮?」㊁

巫馬期以告.

子曰:「丘也幸, 苟有過, 人必知之.」㊂

【司敗】 官名(司寇)이다.《左傳》文公 10年 傳의 杜預 注에「陳楚, 名司寇爲司敗」라
하여 陳・楚에서는 司寇를 司敗라 하였다.

【昭公】 魯 昭公. 이름은 裯(內閣本에는 稠(音疇)로 되어 있음)로 襄公의 庶子. 襄公을
이어 王位에 올랐다. 재위는 B.C. 541~510.

【巫馬期】 孔子의 弟子. 姓은 巫馬이며, 이름은 施, 字는 子期이다. 孔子보다 30세
아래였다.

【進之】 巫馬期를 다가오도록 한 것임. 劉寶楠의《論語正義》疏에「夫子見陳司敗,
期爲介, 入俟於庭. 及夫子退, 期當隨行; 而司敗仍欲與語, 故揖而進之也」라 하였다.

【吳】 春秋末期 浙江 일대에 흥성하였던 나라. 哀公 당시 越에게 망하였다.

【同姓】 魯나라는 周公 旦(姬旦)의 後孫이며, 吳나라는 古公亶父의 아들인 泰伯의
後孫으로 같은 姬姓이다.

【吳孟子】 魯나라 임금의 부인으로 吳나라 出身. 원래 周나라 제도인 同姓不婚으로
인하여 吳나라 出身의 姬氏, 즉 吳姬라 부르지 못하고 吳孟子라 부른 것에 대해
비판한 것이다.

陳(딘)ㅅ 司敗(亽패)ㅣ 묻亽오딕 昭公(쇼공)이 禮(례)를 아르시더니잇가 孔子(공亽)ㅣ 굴ᄋ샤딕 禮(례)를 아르시더니라

孔子(공亽)ㅣ 退(퇴)ᄒ야시늘 巫馬期(무마긔)를 揖(읍)ᄒ야 나오와 굴오딕 나는 들오니 君子(군亽)는 黨(당)티 아니ᄒ다 ᄒ니 君子(군亽)도 坯흔 黨(당)ᄒᄂ냐 君(군)이 吳(오)애 取(취)ᄒ니 同姓(동셩)인 디라 닐오딕 吳孟子(오밍亽)ㅣ라 ᄒ니 君(군)이오 禮(례)를 알면 뉘 禮(례)를 아디 몯ᄒ리오

巫馬期(무마긔)ㅣ 써 告(고)흔대 子(亽)ㅣ 굴ᄋ샤딕 丘(구)ㅣ 幸(힝)이로다 진실로 허믈이 잇거든 사름이 반드시 알고녀

陳(딘) 司敗(亽패)ㅣ 問(문)호딕 昭公(쇼공)이 禮(례)를 아르시더니잇가 孔子(공亽)ㅣ ᄀᄅ샤딕 禮(례)를 아르시니라

孔子(공亽)ㅣ 退(퇴)케시늘 巫馬期(무마긔)를 揖(읍)ᄒ야 進(진)ᄒ야 굴오딕 나는 드로니 君子(군亽)는 黨(당)티 아니ᄒ다 ᄒ니 君子(군亽)도 坯흔 黨(당)ᄒᄂ냐 君(군)이 吳(오)에 取(취)ᄒ니 同姓(동셩)인 디라 吳孟子(오밍亽)ㅣ라 니ᄅ니 君(군)이 禮(례)를 알면 뉘 禮(례)를 아디 몯ᄒ리오

巫馬期(무마긔)ㅣ 써 告(고)흔대 子(亽)ㅣ ᄀᄅ샤딕 丘(구)ㅣ 幸(힝)이로다 過(과)ㅣ 이시면 人(인)이 반드시 알고녀

◆ 集註

177-㊀

陳, 國名. 司敗, 官名, 卽司寇也. 昭公, 魯君, 名裯. 習於威儀之節, 當時以爲知禮. 故司敗以爲問, 而孔子答之如此.

陳은 나라 이름이다. 司敗는 官職 이름으로 司寇이다. 昭公(B.C. 541~510 재위)은 魯나라 임금으로 이름은 裯(內閣本에는 稠로 되어 있음)이다. 그는 威儀之節에 익숙하여 당시 사람들이 禮를 잘 아는 이라 여겼다. 그 때문에 司敗가 질문한 것이며 孔子의 대답이 이와 같았던 것이다.

177-㊁

取, 七住反.

○ 巫馬姓, 期字, 孔子弟子, 名施. 司敗揖而進之也. 相助匿非曰黨. 禮不取同姓, 而魯與吳皆姬姓. 謂之吳孟子者, 諱之使若宋女子姓者然.

取는 反切로 '七住反'(취, 娶)이다.

○ 巫馬는 姓, 期는 字로서 孔子의 弟子이며 이름은 施이다. 司敗가 揖하고 나오도록 한 것이다. 서로 도와 非理를 숨겨 주는 것을 黨이라 한다. 禮에는 同姓을 아내로 취하지 못하도록 되어 있는데(《禮記》 曲禮上에 '取妻不取同姓, 故買妾不知其姓, 則卜之'라 함), 魯나라와 吳나라는 모두가 같은 姬姓이다. 吳孟子라 부른 것(《禮記》 坊記에는 '子云: 取妻不取同姓, 以厚別也. 故買妾不知其姓, 則卜之. 以此坊民, 魯春秋猶去夫人之姓曰吳, 其死曰 孟子卒'이라 함)은 이를 꺼려 宋나라 여자인 子姓인 것처럼 하기 위한 것이다(宋은 殷의 후손으로 子姓임).

177-㊂

孔子不可自謂諱君之惡, 又不可以取同姓爲知禮, 故受以爲過而不辭.

○ 吳氏曰:「魯蓋夫子父母之國, 昭公, 魯之先君也. 司敗又未嘗顯言其事, 而遽以 知禮爲問, 其對之宜如此也. 及司敗以爲有黨, 而夫子受以爲過, 蓋夫子之盛德, 無所 不可也. 然其受以爲過也, 亦不正言其所以過, 初若不知孟子之事者, 可以爲萬世之 法矣.」

孔子는 스스로 임금의 惡을 避諱해 준다고도 말할 수 없었고, 게다가 同姓을 아내로 맞은 것을 두고 禮를 안다고도 할 수 없었다. 그 때문에 허물로 여김을 수용하여 사양하지 않은 것이다.

○ 吳氏(吳棫)는 이렇게 말하였다. "魯나라는 대체로 孔子의 부모 나라요, 昭公은 魯나라의 先代 임금이다. 司敗 또한 그 사건을 드러내어 말한 적은 없으나 갑자기 禮를 아느냐(知禮)는 것으로 질문을 해오자 그 대답이 의당 이와 같았던 것이다. 그러나 司敗가 偏黨이라고 여기게 되자 夫子가 그것이 허물이라고 수용한 것이니, 대개 夫子의 盛德은 可하지 못한 바가 없다. 그러나 그것을 허물이라고 수용하기는 하였으나, 역시 그 허물의 所以(까닭)를 곧바로 말하지 않고 처음에는 吳孟子의 사건은 알지 못하였던 듯이 하였으니, 가히 萬世의 法으로 삼을 만하다."

178(7-31)

子與人歌而善

공자는 다른 사람들과 노래를 할 때에 상대가 잘하면, 반드시 한 번
더 반복하게 한 후에야 자신이 화답하였다.

子與人歌而善, 必使反之, 而後和之.㊀

【和】和答. 和唱.

子(ᄌᆞ)ㅣ 사름으로 더브러 歌(가)ᄒᆞ심애 善(션)ᄒᆞ거든 반ᄃᆞ시 ᄒᆞ여곰 反(반)ᄒᆞ라 ᄒᆞ시고 後(후)에 和(화)ᄒᆞ더시다

子(ᄌᆞ)ㅣ 人(인)과 더브러 歌(가)호매 善(션)커든 반ᄃᆞ시 ᄒᆞ여곰 反(반)ᄒᆞ라 ᄒᆞ시고 後(후)에 和(화)ᄒᆞ더시다

◆ 集 註

178-㊀

和, 去聲.

○ 反, 復也. 必使復歌者, 欲得其詳而取其善也. 而後和之者, 喜得其詳而與其善也. 此見聖人氣象從容, 誠意懇至, 而其謙遜審密, 不俺人善又如此. 蓋一事之微, 而衆善之集, 有不可勝旣者焉, 讀者宜詳味之.

和는 去聲이다.

○ 反은 復이다. 반드시 거듭 한 번 더 노래하게 시켰다는 것은, 그 상세함을 얻어 그 잘하는 점을 취하고자 한 것이다. 그런 뒤에 이에 화답한 것은, 그 자상함을 알고 그 잘하는 바와 함께 함을 즐거워하였기 때문이다. 여기서 聖人의 氣象의 조용(從容. 첩운어)함과 誠意의 간절함을 알 수 있으니, 그 겸손과 審密에다 남의 잘함을 가리지 않음이 또한 이와 같았던 것이다. 대개 한 가지 일에서의 미세한 것에 온갖 잘함이 모여드니 不可勝旣(가히 더 이상 어쩔 수 없음)가 그 속에 있다. 읽는 자는 의당 상세히 이를 음미하여야 한다.

179(7-32)

文莫吾猶人也

공자가 말하였다.

"문文에 대하여는 나도 남과 큰 차이가 없지만, 군자의 도리를 몸소 실천하는 면에서는 내 아직 성취함을 얻지 못하고 있다."

子曰:「文, 莫吾猶人也. 躬行君子, 則吾未之有得.」㊀

【莫】 古代에는 앞 글자인 文과 묶어 '文莫'을 하나의 어휘로 보았다. 雙聲連綿語로 여겨 燕·齊 지역의 특수한 方言으로 '노력하다'·'억지로라도'(勉强)의 뜻이라 하였다(劉寶楠,《論語正義》에 引用된 欒肇의 《論語駁》). 한편 《論語騈枝》에는 이를 근거로 「楊愼丹鉛錄引晉欒肇論語駁曰: 燕齊謂勉强爲文莫. 又方言曰, 侔莫, 强也; 北燕之北郊凡勞而相勉若言努力者謂之侔莫. 案說文: 忞, 强也; 慔, 勉也. 文莫, 卽忞慔叚借字也. 黽勉·密勿·蠠沒·文莫, 皆一聲之轉」이라 하였다. 그러나 楊伯峻의 의견을 따라 여기서는 莫을 '큰 차이가 없다'로 잠정 처리한다.

子(ᄌ)ㅣ 굴ᄋ샤ᄃᆡ 文(문)은 아니 내 사름 ᄀᆞᆮᄐᆞ냐 君子(군ᄌ)를
몸소 行(ᄒᆡᆼ)홈은 곧 내 得(득)홈이 잇디 몯호라

子(ᄌ)ㅣ ᄀᆞᄅᆞ샤ᄃᆡ 文(문)은 아니 내 人(인) ᄀᆞᆮᄐᆞ냐 모ᄆᆞ로 君子
(군ᄌ)를 行(ᄒᆡᆼ)호ᄆᆞᆫ 곧 내 得(득)호미 잇디 몯호라

◆ 集 註

179-㊀

莫, 疑辭. 猶人, 言不能過人, 而尙可以及人. 未之有得, 則全未有得, 皆自謙之辭.
而足以見言行之難易緩急, 欲人之勉其實也.

○ 謝氏曰:「文雖聖人, 無不與人同, 故不遜; 能躬行君子, 斯可以入聖, 故不居,
猶言君子道者三我無能焉.」

莫은 疑辭(확정짓지 못하는 의미를 가진 말)이다. 猶人은 남보다 앞서지는 못하나
오히려 남에게 미칠 수는 있음을 말한다. 未之有得이란 전혀 아직 얻지 못하였다는
뜻으로 모두가 스스로 謙讓을 나타낸 말이다. 그러나 言行의 難易緩急을 족히
볼 수 있으니, 사람들이 그 실질에 힘쓰게 하고자 함이다.

○ 謝氏(謝良佐)는 이렇게 말하였다. "文은 비록 聖人이라 할지라도 남과 같이
하지 않음이 없다. 그 때문에 겸손히 하지 않은 것이요, 君子의 道를 능히 몸소
하는 것, 이는 聖人의 경지로 들어갈 수 있는 것이기에 그 까닭으로 자처하지
않는 것이다. 이는 '君子의 道가 세 가지인데 나는 이에 능한 것이 없다'(《中庸》
20章을 볼 것)라는 말과 같다."

180(7-33)

若聖與仁

공자가 말하였다.

"성聖과 인仁에 관한 것이라면 내 어찌 감히 말할 수 있겠는가? 그러나 실천하면서 싫증내지 아니하고, 남을 깨우치되 게으르게 하지 않은 것이라면 가히 입에 올릴 수 있지."

이에 공서화公西華가 이렇게 말하였다.

"바로 그것이 제자들이 따라 배울 수 없는 경지입니다."*

子曰:「若聖與仁, 則吾豈敢? 抑爲之不厭, 誨人
不倦, 則可謂云爾已矣.」
公西華曰:「正唯弟子不能學也.」㊀

【抑】或. '생각하건대'의 뜻인 轉
接之詞.
【公西華】公西赤. 字는 子華.
【誨人不倦】149(7-2)에도 실려
있다.
【云爾】'이것은 있다'로도 본다.
胡紹勳의《論語拾義》에「云爾,
即有此」라 하였고,《廣雅》釋詁
에「云, 有也」라 하였다.

〈司馬光〉(君實, 溫公)《三才圖會》

* 한편《孟子》公孫丑(上) 025(3-2)에는「昔者, 子貢問於孔子曰:『夫子聖矣乎?』
孔子曰:『聖, 則吾不能; 我學不厭而敎不倦也.』子貢曰:『學不厭, 智也; 敎不倦,
仁也: 仁且智, 夫子旣聖矣!』」라 하였다.

● 諺解

子(ᄌ)ㅣ ᄀᆞᄅᆞ샤ᄃᆡ 만일 聖(셩)과 다못 仁(신)은 내 엇디 敢(감)
ᄒᆞ리오 爲(위)홈을 厭(염)티 아니ᄒᆞ며 사ᄅᆞᆷ ᄀᆞᄅᆞ침을 게을리 아니홈은
곧 可(가)히 니를 ᄯᆞ름이니라 公西華(공셔화)ㅣ ᄀᆞᆯ오ᄃᆡ 正(졍)히
弟子(뎨ᄌ)ㅣ 能(능)히 學(혹)디 몯홈이로소이다

子(ᄌ)ㅣ ᄀᆞᄅᆞ샤ᄃᆡ 만일 聖(셩)과 다못 仁(인)은 내 엇디 敢(감)
ᄒᆞ리오 ᄯᅩ흔 호믈 厭(염)티 아니ᄒᆞ며 人(인) ᄀᆞᄅᆞ치미 게으르디
아니호ᄆᆞᆫ 可(가)히 그러타 니를 디니라 公西華(공셔화)ㅣ ᄀᆞᆯ오ᄃᆡ
正(졍)히 弟子(뎨ᄌ)의 能(능)히 學(혹)디 몯홀 디로소이다

180-㊀

此亦夫子之謙辭也. 聖者, 大而化之. 仁, 則心德之全而人道之備也. 爲之, 謂爲仁聖之道. 誨人, 亦謂以此敎人也. 然不厭不倦, 非己有之則不能, 所以弟子不能學也.

○ 晁氏曰:「當時有稱夫子聖且仁者, 以故夫子辭之. 苟辭之而已焉, 則無以進天下之材, 率天下之善, 將使聖與仁爲虛器, 而人終莫能至矣. 故夫子雖不居仁聖, 而必以爲之不厭·誨人不倦自處也.」

可謂云爾已矣者, 無他之辭也. 公西華仰而歎之, 其亦深知夫子之意矣.

이 역시 夫子의 謙讓의 말이다. 聖이란 크면서 化育시키는 것이다. 仁은 心德이 온전하면서 人道가 구비된 것이다. 爲之는 仁聖의 道를 실행함을 말한 것이다. 誨人은 역시 이로써 사람을 가르침을 일컫는 말이다. 그러나 싫증도 권태도 없는 것은 자기 자신이 이(聖과 仁)를 가지고 있지 않으면 능히 해낼 수 없는 것이다. 弟子들로서는 능히 배울 수 없는 바이다.

○ 晁氏(晁說之: 1059~1129. 北宋의 經學者. 字는 以道. 景迂先生이라 불리며 司馬光이 아끼던 弟子)는 이렇게 말하였다. "당시에 夫子를 성스럽고 또한 어질다고 칭하는 자가 있어, 이 까닭으로 夫子가 사양한 것이다. 그러나 구차스럽게 사양하면서 그만둔다면 天下의 人材를 나가게 하고, 天下의 善을 인솔할 수 없게 되며, 聖과 仁을 빈 그릇으로 만들어 사람들이 끝내 능히 이르지 못하게 된다. 그 때문에 夫子가 비록 仁과 聖에 자처하지는 않을지라도 반드시 실행하기를 싫어하지 않고, 가르치기를 게을리 하지 않는다는 것으로 자처한 것이다."

可謂云爾矣란 '달리 할 말이 없다'는 뜻이다. 公西華가 우러러 감탄한 것은 그 역시 夫子의 뜻을 깊이 알았음이다.

181(7-34)

子疾病

공자가 병이 나자 자로子路가 청하여 기도하겠다고 나섰다. 이에
공자가 말하였다.

"그러한 방법이 있느냐?"

자로가 이렇게 대답하였다.

"있습니다. 뇌誄에 '그대를 위하여 상하 신지神祇에게 기도하옵니다'
라고 하였습니다."

그러자 공자가 이렇게 말하였다.

"그러한 것이라면 나丘도 기도해온 지 오래되었다."

子疾病, 子路請禱.
　子曰:「有諸?」
子路對曰:「有之; 誄曰:『禱爾于上下神祇.』」
　子曰:「丘之禱久矣.」㊀

【子路】仲由.
【有諸】有之乎의 줄인 말. 諸는 음이 '저'이다.
【誄】원래는 讄로 표기해야 한다. 誄는 음이 '뢰'이다. 《說文解字》에 「讄, 禱也;
　累功德以求福也. 論語云, 讄曰, 禱爾于上下神祇」라 하였다. 기도문 즉. 죽은
　자를 애도하는 誄와는 다르다(楊伯峻).

● 諺解

 　子(ᄌ)ㅣ 疾(질)이 病(병)ᄒ거시ᄂᆞᆯ 子路(ᄌ로)ㅣ 禱(도)홈을 請(청)
ᄒ대 子(ᄌ)ㅣ ᄀᆞᆯᄋᆞ샤ᄃᆡ 인ᄂᆞ냐 子路(ᄌ로)ㅣ 對(ᄃᆡ)ᄒ야 ᄀᆞᆯ오ᄃᆡ
인ᄂᆞ니 誄(뢰)예 ᄀᆞᆯ오ᄃᆡ 너를 上下(샹하)ㅅ 神祇(신기)예 비다 ᄒ도
소이다 子(ᄌ)ㅣ ᄀᆞᆯᄋᆞ샤ᄃᆡ 丘(구)의 禱(도)홈이 오라니라

 　子(ᄌ)ㅣ 疾病(질병)ᄒ얏거시ᄂᆞᆯ 子路(ᄌ로)ㅣ 禱(도)호ᄆᆞᆯ 請(청)
ᄒ대 子(ᄌ)ㅣ ᄀᆞᄅᆞ샤ᄃᆡ 잇ᄂᆞ냐 子路(ᄌ로)ㅣ 對(ᄃᆡ)ᄒ야 ᄀᆞᆯ오ᄃᆡ
잇ᄂᆞ니 誄(뢰)예 ᄀᆞᆯ오ᄃᆡ 너를 上下(샹하) 神祇(신기)예 禱(도)ᄒ다
ᄒ니이다 子(ᄌ)ㅣ ᄀᆞᄅᆞ샤ᄃᆡ 丘(구)의 禱(도)ᄒ얀디 오라니라

181-㊀

誄, 力軌反.

○ 禱, 謂禱於鬼神. 有諸, 問有此理否. 誄者, 哀死而述其行之辭也. 上下, 謂天地. 天曰神, 地曰祇. 禱者, 悔過遷善, 以祈神之佑也. 無其理則不必禱, 旣曰有之, 則聖人未嘗有過, 無善可遷, 其素行固已合於神明, 故曰「丘之禱久矣.」又士喪禮:「疾病行禱五祀」, 蓋臣子迫切之至情, 有不能自已者, 初不請於病者而後禱也. 故孔子之於子路, 不直拒之, 而但告以無所事禱之意.

誄는 反切로 '力軌反'(뢰)이다.

○ 禱는 귀신에게 기도함을 일컫는다. 有諸는 이러한 이치가 있는가의 여부를 물은 것이다. 誄란 죽음을 애통히 여겨 그의 행적을 서술한 말이다. 上下는 天地를 말한다. 하늘의 鬼神을 神이라 하고, 땅의 신령을 祇라 한다. 禱란 잘못을 뉘우치고 善한 쪽으로 옮겨 神의 도움을 기원하는 것이다. 이치에 맞지 않으면 기도할 필요가 없으며, 이미 그러한 기도라는 방법이 있다 하여도 聖人으로서는 허물을 지은 적이 없으며, 善으로 옮길 것도 없었고, 평소의 행동도 이미 神明과 합치되어 있었으므로 '丘之禱久矣'라 말한 것이다. 또 士喪禮(《禮記》)에 "질병이 나면 五祀의 신에게 기도한다"라 하였으니 아마 臣下나 아들이 된 자로서 절박한 至情이 능히 스스로 그대로 있을 수 없어서일 것이며, 처음부터 병든 자에게 기도해 줄 것인지를 청한 다음에 기도하는 것은 아니었다. 그 때문에 孔子가 子路에게 곧바로 거절하지는 않고 다만 기도를 일삼을 바가 없다는 뜻으로 말한 것이다.

182(7-35)

奢則不孫

공자가 말하였다.

"사치를 부리게 되면 공손할 수 없고, 검약하기만 하면 고루하게 된다. 공손하지 못함보다는 차라리 고루한 편이 낫다."

子曰:「奢則不孫, 儉則固. 與其不孫也, 寧固.」㊀

【孫】遜의 通假字.
【固】固陋함.

諺 解

 缺(落張)

子(ᄌ)ㅣ ᄀᆞᆯᆞ샤ᄃᆡ 奢(샤)ᄒᆞ면 孫(손)티 아니ᄒᆞ고 儉(검)ᄒᆞ면 固(고)ᄒᆞᄂᆞ니 다믓 그 孫(손)티 아니호ᄆᆞ론 출히 固(고)홀 디니라

◆ 集 註

182-㊀

孫, 去聲.
○ 孫, 順也. 固, 陋也. 奢儉俱失中, 而奢之害大.
○ 晁氏曰:「不得已而救時之弊也.」

孫은 去聲(遜과 같음)이다.
○ 孫은 順이다. 固는 陋이다. 사치나 검소함은 모두 中을 잃은 것이지만 사치의 害惡이 더 크다.
○ 晁氏(晁說之)는 이렇게 말하였다. "어쩔 수 없어서 당시의 폐단을 구제하려 한 것이다."

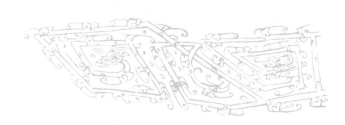

183(7-36)

君子坦蕩蕩

공자가 말하였다.

"군자의 태도는 평탄하여 탕탕蕩蕩하고, 소인은 항상 근심 속에 척척戚戚
하도다."

子曰:「君子坦蕩蕩, 小人長戚戚.」㊀

【蕩蕩】넓고 시원하여 탁 트인 모습.
【戚戚】근심에 싸여 괴로워하는 모습.

陶山本   缺(落張)

栗谷本   子(ᄌᆞ)] ᄀᆞᄅᆞ샤ᄃᆡ 君子(군ᄌᆞ)ᄂᆞᆫ 坦(탄)ᄒᆞ야 蕩蕩(탕탕)ᄒᆞ고 小人(쇼인)은 댱샹 戚戚(쳑쳑)ᄒᆞᄂᆞ니라

◈ 集 註

183-㊀

坦, 平也. 蕩蕩, 寬廣貌.
程子曰:「君子循理, 故常舒泰; 小人役於物, 故多憂戚.」
○ 程子曰:「君子坦蕩蕩, 心廣體胖.」

坦은 平이다. 蕩蕩은 관대하고 넓은 모습이다.
程子(程頤)는 이렇게 말하였다. "君子는 이치를 따른다. 따라서 항상 편안하고 태연하다. 그러나 小人은 外物에 使役을 받는다. 따라서 근심과 걱정이 많다."
○ 程子(程頤)가 말하였다. "君子坦蕩蕩은 마음이 넓고 몸이 살찐 상태이다."

"君子坦蕩蕩, 小人長戚戚"(石可)

184(7-37)

子溫而厲

공자는 온화하면서도 날카롭고, 위엄이 있으면서도 사납지는 않으며, 공손하면서도 편안한 모습이었다.

子溫而厲, 威而不猛, 恭而安.㊀

【厲】 날카로움. 혹은 엄숙하다로도 풀이한다.
【猛】 뭐猛. 사나움

陶山本　缺(落張)

栗谷本　子(주)는 溫(온)호되 厲(려)호시며 威(위)호딕 猛(밍)티 아니시며 恭(공)코 安(안)호더시다

◆ 集註

184-㊀

厲, 嚴肅也. 人之德性本無不備, 而氣質所賦, 鮮有不偏, 惟聖人全體渾然, 陰陽合德. 故其中和之氣見於容貌之間者如此. 門人熟察而詳記之, 亦可見其用心之密矣. 抑非知足以知聖人而善言德行者不能也. 故程子以爲曾子之言. 學者所宜反復而玩心也.

厲는 엄숙함이다. 사람의 德性은 본래 갖추어지지 않음이 없으나 氣質이 稟賦된 바는 치우치지 않은 자가 드물다. 오직 聖人만이 그 본체를 온전히 하여 渾然하며, 陰陽이 德에 합치된다. 따라서 그 中和之氣가 容貌之間에 드러나 보임이 이와 같은 것이다. 門人이 익숙히 관찰하여 상세히 기록하였으니, 역시 그 마음씀의 치밀함을 가히 알 수 있다. 생각건대 그 지혜가 족히 聖人을 알아, 德行을 말로써 잘 표현해 낼 수 있는 자가 아니라면 능히 이렇게 쓸 수 없을 것이다. 그 때문에 程子(程顥: 1032~1085. 字는 伯淳, 程頤의 형이며 宋代 理學 중 洛學의 영수)는 이를 曾子의 말이라 여겼던 것이다. 배우는 자가 마땅히 할 바는 반복해서 마음에 즐겨야 할 것이다.

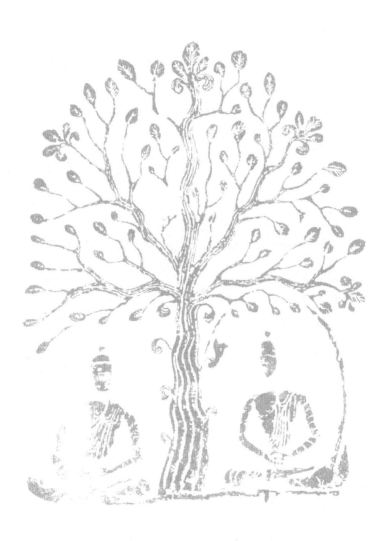

논어

〈大盂鼎〉(西周) 陝西 郿縣 출토

태백泰伯 第八

총21장(18ㅊ-20ㅊ)

◈ 集註

凡二十一章.

모두 21장이다.

185(8-1)

泰伯其可謂至德也已矣

공자가 말하였다.

"태백泰伯은 가히 그 덕이 지극하다고 이를 만하다. 세 번이나 천하를
양보하였으니 백성이 그를 칭송할 말조차 없게 하였도다."*

子曰:「泰伯, 其可謂至德也已矣. 三以天下讓, 民無得
而稱焉.」㉠

【泰伯】太伯으로도 쓰며 周나라 先朝
인 古公亶父(太王)의 큰아들. 古公亶
父에게는 泰伯·虞仲(仲雍)·季歷
의 세 아들이 있었으며, 그 중 막내
季歷의 아들 姬昌(뒤에 文王이 됨)이
어짊을 보고, 古公亶父는 자신의 君
位가 季歷으로 이어져 昌에게 이르기
를 바랐다. 이를 알아차린 泰伯과
虞仲은 吳나라로 도망하여 周室이

〈吳泰伯〉《三才圖會》

흥성하도록 하였다.《史記》周本紀 및 吳泰伯世家 참조. 太伯·大伯으로도 쓴다.
【天下】여기서는 周室을 뜻한다. 王位 繼承을 양보하였음을 말한다.
*《史記》吳太伯世家에 「吳太伯, 太伯弟仲雍, 皆周太王之子, 而王季歷之兄也.
季歷賢而有聖子昌; 太王欲立季歷以及昌. 於是太伯·仲雍二人乃奔荊蠻, 文身
斷髮·示不可用, 以避季歷. 季歷果立, 是爲王季; 而昌爲文王」이라 하였다.

 諺 解

 陶山本 　(앞 부분 落帳)

栗谷本　　子(ᄌᆞ) ㅣ ᄀᆞᄅᆞ샤ᄃᆡ 泰伯(태ᄇᆡᆨ)은 그 可(가)히 지극ᄒᆞᆫ 德(덕)이라
니ᄅᆞ리로다 세 번 天下(텬하)로ᄡᅥ 讓(양)호ᄃᆡ 民(민)이 시러곰 稱(칭)
홈이 업고녀

185-㊀

泰伯, 周大王之長子. 至德, 謂德之至極, 無以復加者也. 三讓, 謂固遜也. 無得而稱, 其遜隱微, 無迹可見也. 蓋大王三子: 長泰伯, 次仲雍, 次季歷. 大王之時, 商道浸衰, 而周日彊大. 季歷又生子昌, 有聖德. 大王因有翦商之志, 而泰伯不從, 大王遂欲傳位季歷以及昌. 泰伯知之, 卽與仲雍逃之荊蠻. 於是大王乃立季歷, 傳國至昌, 而三分天下有其二, 是爲文王. 文王崩, 子發立, 遂克商而有天下, 是爲武王. 夫以泰伯之德, 當商周之際, 固足以朝諸侯有天下矣, 乃棄不取而又泯其迹焉, 則其德之至極爲如何哉! 蓋其心卽夷齊扣馬之心, 而事之難處有甚焉者, 宜夫子之歎息而讚美之也. 泰伯不從, 事見春秋傳.

泰伯은 周나라 태왕(大王, 古公亶父)의 맏아들이다. 至德은 德이 지극하여 더 이상 더하여 줄 수 없음을 일컫는다. 三讓은 진실로 겸손(양보)함을 말한다. 無得而稱이란 그 겸손함이 隱微하여 볼 만한 흔적조차 없다는 뜻이다. 대체로 태왕(大王)의 세 아들은 맏이가 泰伯, 둘째가 仲雍(虞仲), 그 다음이 季歷이었다. 태왕 때에 商나라의 道가 浸衰하고 周나라는 날로 강대해졌다. 季歷이 다시 아들 昌을 낳았는데 성스러운 德이 있었다. 태왕이 이로 인하여 商나라를 칠 뜻을 가지고 있었지만 泰伯이 따라주지 않자 태왕은 끝내 그 왕위가 季歷을 거쳐 昌에게 미칠 수 있기를 바랐다. 泰伯이 이를 알고 즉시 仲雍과 함께 荊蠻으로 도망가 버렸다(이 이야기는 《史記》 周本紀와 《吳越春秋》 卷1 吳太伯傳에 자세히 실려 있음). 이에 태왕은 季歷을 王으로 세웠고, 그 나라를 昌에 이르도록 전해 주었으며, 결국 天下를 셋으로 나누어 그 중 둘을 갖게 되었으니, 이가 文王이다. 文王이 죽고 그 아들 發이 들어서자 드디어 商나라를 이기고 天下를 차지하였으니, 이가 武王이다. 무릇 泰伯의 德에다 商周의 정세로 하였다면 진실로 족히 諸侯의 朝見을 받아 天下를 가질 수 있었음에도 이에 포기하여 취하지 않았으며, 게다가 그 事迹조차 泯滅되고 말았으니 그 德의 지극함이 어떻다 하겠는가! 대체로 그의 마음은 伯夷·叔齊가 말고삐를 잡고 막아섰던 그러한 마음과 같으나 그런 일의 처리가 어려움은 더욱 심한 경우였으니, 夫子의 탄식과 찬미가 마땅하다 하겠다. 泰伯이 태왕의 뜻을 따르지 않은 사건은 《春秋》(《左傳》僖公 5年)에 보인다.

186(8-2)

恭而無禮則勞

공자가 말하였다.

"공손하기만 하고 예禮가 없으면 노고롭고, 삼가기만 하면서 예가 없으면 두려움을 느끼게 된다. 또 용맹하기만 하고 예가 없으면 혼란스럽고, 곧기만 하고 예가 없으면 각박해진다. 군자가 친족에게 독실히 하면 백성이 인仁을 바탕으로 하여 흥하게 되고, 친구를 버리지 아니하면 백성들도 야박하게 굴지 않게 된다."*

子曰:「恭而無禮則勞, 愼而無禮則葸, 勇而無禮則亂, 直而無禮則絞.㊀ 君子篤於親, 則民興於仁; 故舊不遺, 則民不偸.」㊁

【葸】두려워 함. 겁을 먹음. 음은 '시'이다.
【絞】'남에게 각박하게 굴다'의 뜻.
【偸】감정이 야박해짐.
*《禮記》仲尼燕居에「敬而不中禮謂之野; 恭而不中禮謂之給; 勇而不中禮謂之逆」
  이라 하였다. 한편 일부 판본에는 吳棫(集註 참조)의 설에 의해 本章에서 『君子』
  이하를 별개의 章으로 분리한 것도 있다(毛子水).

● 諺 解

子(ᄌᆞ)ㅣ ᄀᆞᄅᆞ샤ᄃᆡ 恭(공)ᄒᆞ고 禮(례)ㅣ 업스면 勞(로)ᄒᆞ고
愼(신)ᄒᆞ고 禮(례)ㅣ 업스면 葸(싀)ᄒᆞ고 勇(용)ᄒᆞ고 禮(례)ㅣ 업스면
亂(란)ᄒᆞ고 直(딕)ᄒᆞ고 禮(례)ㅣ 업스면 絞(교)ᄒᆞᄂᆞ니라
君子(군ᄌᆞ)ㅣ 親(친)애 篤(독)ᄒᆞ면 民(민)이 仁(신)애 興(흥)ᄒᆞ고 故舊
(고구)를 遺(유)티 아니ᄒᆞ면 民(민)이 偸(투)티 아니ᄒᆞᄂᆞ니라

子(ᄌᆞ)ㅣ ᄀᆞᄅᆞ샤ᄃᆡ 恭(공)코 禮(례)ㅣ 업스면 勞(로)ᄒᆞ고 愼(신)코
禮(례)ㅣ 업스면 葸(싀)ᄒᆞ고 勇(용)코 禮(례)ㅣ 업스면 亂(란)ᄒᆞ고
直(딕)고 禮(례)ㅣ 업스면 絞(교)ᄒᆞᄂᆞ니라
君子(군ᄌᆞ)ㅣ 親(친)의 篤(독)ᄒᆞ면 民(민)이 仁(인)의 興(흥)ᄒᆞ며 故舊
(고구)를 遺(유)티 아니ᄒᆞ면 民(민)이 偸(투)티 아니ᄒᆞᄂᆞ니라

186-㊀

蔥, 絲里反. 絞, 古卯反.

○ 蔥, 畏懼貌. 絞, 急切也. 無禮則無節文, 故有四者之弊.

蔥는 反切로 '蔥里反'(시)이며, 絞는 '古卯反'(교)이다.

○ 蔥는 두려워하는 모습이다. 絞는 急하고 절박하다의 뜻이다. 禮가 없으면 節文(절도와 꾸밈)이 없다. 그러므로 이러한 네 가지 폐단이 있는 것이다.

186-㊁

君子, 謂在上之人也. 興, 起也. 偸, 薄也.

○ 張子曰:「人道知所先後, 則恭不勞·愼不蔥·勇不亂·直不絞, 民化而德厚矣.」

○ 吳氏曰:「君子以下, 當自爲一章, 乃曾子之言也.」

愚按:「此一節與上文不相蒙, 而與首篇謹終追遠之意相類, 吳說近是.」

君子는 남의 윗자리에 있는 사람을 말한다. 興은 起이며 偸는 薄(각박, 야박)의 뜻이다.

○ 張子(張載)는 이렇게 말하였다. "사람의 도리 중 先後되는 바를 알면 공경해도 노고롭지 않고 삼가도 두렵지 않으며, 용기를 내어도 혼란하지 않고, 곧아도 각박함이 없어 百姓이 교화되어 德이 후해진다."

○ 吳氏(吳棫)는 이렇게 말하였다. "君子 이하는 마땅히 따로 한 章이어야 하며, 이는 曾子의 말이다."

내 생각으로는 이렇다. "이 한 절과 위의 문장은 서로 연관(蒙 덮어 줌)이 없으며, 首篇(學而篇)의 謹終追遠(009(1-9))과 서로 유사하여 吳氏의 말이 옳을 듯하다."

187(8-3)

曾子有疾召門弟子曰

증자曾子는 병이 들자 문하의 제자들을 불러 이렇게 말하였다.

"나의 발을 펴보아라. 나의 손을 펴보아라. 시詩에 '두려워하고 경계하기를 마치 깊은 못에 임한 듯이 하고, 살얼음 걷듯이 하라'라 하였다. 나는 이제야 이후로는 책임을 면하게 되었음을 알았노라! 제자들아!"*

曾子有疾, 召門弟子曰:「啓予足! 啓予手! 詩云,『戰戰兢兢,

如臨深淵, 如履薄冰.』而今而後,

吾知免夫! 小子!」⊖

【曾子】曾參. 효성으로 이름이 났던 공자의 제자이며, 《孝經》을 찬술하였다고
한다.

【啓】열어보다. 펼쳐보다.

【詩】《詩經》小雅 小旻篇의 구절.

【小子】弟子들을 지칭하는 말.

* 이는 身體를 훼상함이 없이 온전히 하여 살아왔음을 뜻한다. 《孝經》제1장에
「身體髮膚, 受之父母, 不敢毁傷, 孝之始也; 立身行道, 揚名於後世, 以顯父母,
孝之終也」라 하였다.

● 諺解

陶山本　曾子(증ᄌ)ㅣ 疾(질)이 겨샤 門弟子(문뎨ᄌ)를 블러 글ᄋ샤ᄃᆡ
내 발을 啓(계)ᄒ며 내 손을 啓(계)ᄒ라 詩(시)예 닐오ᄃᆡ 戰戰(젼젼)
ᄒ며 兢兢(긍긍)ᄒ야 기픈 모ᄉᆞᆯ 디ᄂᆞᆺ ᄒ며 여론 어름을 넓ᄃᆞᆺ ᄒ다 ᄒ니
이젠 後(후)에ᅀᅡ 내 免(면)홈을 알와라 小子(쇼ᄌ)아

栗谷本　曾子(증ᄌ)ㅣ 疾(질)이 겨샤 門弟子(문뎨ᄌ)를 블러 ᄀᆞᄅᆞ샤ᄃᆡ
내 足(족)을 啓(계)ᄒ며 내 手(슈)를 啓(계)ᄒ라 詩(시)예 닐오ᄃᆡ
戰戰(젼젼)ᄒ며 兢兢(긍긍)ᄒ야 기픈 소ᄒᆞᆯ 臨(림)ᄐᆺ ᄒ며 여론 어름을 넓ᄃᆞᆺ
ᄒ다 ᄒ니 이젠 後(후)에ᅀᅡ 내 免(면)호ᄆᆞᆯ 알와라 小子(쇼ᄌ)아

◆ 集註

187-㊀

夫, 音扶.

○ 啓, 開也. 曾子平日以爲身體受於父母, 不敢毁傷, 故於此使弟子開其衾而視之.
詩小旻之篇. 戰戰, 恐懼. 兢兢, 戒謹. 臨淵, 恐墜; 履氷, 恐陷也. 曾子以其所保之全
示門人, 而言其所以保之之難如此; 至於將死而後, 知其得免於毁傷也. 小子, 門人也.
語畢而又呼之, 以致反復丁寧之意, 其警之也深矣.

○ 程子曰:「君子曰終, 小人曰死. 君子保其身以沒, 爲終其事也, 故曾子以全歸爲免矣.」

尹氏曰:「父母全而生之, 子全而歸之. 曾子臨終而啓手足, 爲是故也. 非有得於道, 能如是乎?」

范氏曰:「身體猶不可虧也, 況虧其行以辱其親乎?」

夫는 음이 扶(부)이다.

○ 啓는 開이다. 曾子는 평소 신체는 부모로부터 받은 것으로 감히 毀傷해서는 안 되는 것(《孝經》 제1장)으로 여겼다. 그 때문에 여기서 弟子들로 하여금 이불을 걷고 살펴보도록 한 것이다. 《詩》는 小旻篇이다. 戰戰은 두려워함이요, 兢兢은 경계하고 삼가는 것이다. 깊은 못에 임하면 추락할까 겁이 나고, 얼음을 밟으면 빠져들까 두려워하는 깃이다. 曾子는 온전히 보존된 그 모습을 門人에게 보여 주어 그 보존의 어려움이 이와 같으며, 장차 죽음에 이른 이후에야 그 훼상의 염려에서 벗어날 수 있음을 알았다고 말한 것이다. 小子은 門人이다. 말을 마치고 나서 다시 부른 것은 丁寧之意(丁寧은 叮嚀, 간곡히 당부함, 첩운어)를 반복한 것이니 그 경계함이 깊다.

○ 程子(程頤)는 이렇게 말하였다. "君子의 죽음은 終이라 하고, 小人의 죽음을 死라 한다(《禮記》 檀弓(上)의 구절). 君子는 그 몸을 보전한 채 죽음으로써 그 일(자신의 임무)을 마치는 것으로 여긴 것이다. 그 때문에 曾子는 온전한 몸으로 돌아가는 것으로써 (책임을) 면하는 것으로 삼은 것이다."

尹氏(尹焞)는 이렇게 말하였다. "부모가 온전한 몸을 낳아 주셨으니, 자식도 온전한 몸으로 돌아가야 한다. 曾子가 임종에 그 수족을 열어 보게 한 것은 이런 이유 때문이다. 道를 터득함이 있지 않다면 능히 이와 같을 수 있겠는가?"

范氏(范祖禹)는 이렇게 말하였다. "身體도 도리어 훼손할 수 없거늘 하물며 그 행동이 부모를 욕되게 할 수 있으랴?"

188(8-4)

曾子有疾孟敬子問之

증자曾子가 병이 들어 맹경자孟敬子가 문병을 오자, 증자가 이렇게 말하였다.

"새는 장차 죽음에 이르면 그 울음이 슬프고, 사람은 장차 죽음에 이르면 그 말이 선한 법입니다. 군자가 도에 있어서 귀히 여기는 바가 세 가지가 있으니, 자신의 용모를 예에 맞도록 하여 포만暴慢을 멀리 하며, 안색을 바르게 하여 믿음에 가까이 하고, 말을 바르게 하여 비루함과 어긋남을 멀리 해야 합니다. 변두籩豆같은 사소한 일은 유사 有司가 있으면 될 것입니다."*

曾子有疾, 孟敬子問之.㊀
曾子言曰:「鳥之將死, 其鳴也哀; 人之將死, 其言也善.㊁
　　君子所貴乎道者三: 動容貌, 斯遠暴慢矣;
　　正顏色, 斯近信矣; 出辭氣, 斯遠鄙倍矣.
　　籩豆之事, 則有司存.」㊂

【孟敬子】魯나라 大夫인 仲孫捷.
【暴慢】포악하고 거만함. '포만'으로 읽는다.
【鄙倍】쌍성연면어. 비루하고 거침. 鄙背로도 쓴다. 倍는 '패'로 읽는다.
【籩豆】籩은 고대의 竹器. 豆는 받침대가 있는 그릇·기구의 일종으로 祭祀에
쓰인다. 여기서 『籩豆之事』란 禮를 실행할 때의 절차를 뜻한다.
【有司】맡은 일을 처리하는 小吏. 執事者와 같다. 그러나 《經傳釋詞》三에는
有司의 '有'자는 의미가 없는 語助詞라고 하였다. 「有, 語助也. 一字不成詞, 則加有
字以配之. 若虞·夏·殷·周皆國名, 而曰有虞·有夏·有殷·有周, 是也. 推之他類,
亦多有此; 故邦曰有邦, 家曰有家, 帝曰有帝, 王曰有王, 司曰有司, 正曰有正, 民曰
有民, 衆曰有衆. 說經者往往訓爲有無之『有』, 失之!」
*《禮記》樂記에「鋪筵席, 陳尊俎, 列籩豆, 以升降爲禮者, 禮之末節也. 故有司掌之」
라 하였다.

● 諺解

（闔山本）曾子(증ᄌ) ㅣ 疾(질)이 잇거시ᄂᆞᆯ 孟敬子(밍경ᄌ) ㅣ 묻ᄌᆞ옵더니
曾子(증ᄌ) ㅣ 닐러 ᄀᆞᆯᄋᆞ샤ᄃᆡ 새 쟝ᄎᆞᆺ 죽음애 그 우롬이 슬프고
사름이 쟝ᄎᆞᆺ 죽음애 그 마리 어디ᄂᆞ니라
　君子(군ᄌ) ㅣ 道(도)애 貴(귀)히 너기는 배 세히니 容貌(용모)를 動(동)ᄒᆞ욤애
이에 暴慢(포만)을 멀리 ᄒᆞ며 ᄂᆞᆺ비츨 正(정)ᄒᆞ욤애 이에 信(신)에 갓가오며
辭氣(ᄉ긔)를 내욤애 이에 鄙倍(비패)를 멀리 홀 ᄯᅵ니 籩豆(변두)ㅅ 일은
有司(유ᄉ) ㅣ 인ᄂᆞ니라

栗谷本 曾子(증ᄌ)ㅣ 疾(질)이 잇거시늘 孟敬子(밍경ᄌ)ㅣ 問(문)ᄒᆞ대 曾子(증ᄌ)ㅣ 言(언)ᄒᆞ야 ᄀᆞᄅᆞ샤ᄃᆡ 鳥(됴)의 쟝ᄎᆞᆺ 死(ᄉᆞ)홀 제 그 鳴(명)이 哀(이)ᄒᆞ고 人(인)의 쟝ᄎᆞᆺ 死(ᄉᆞ)홀 제 그 言(언)이 善(션)ᄒᆞᄂᆞ니라 君子(군ᄌ)ㅣ 道(도)의 貴(귀)히 녀기는 배 三(삼)이니 容貌(용모)를 動(동)호매 이에 暴慢(포만)을 멀리 ᄒᆞ며 顔色(안식)을 正(졍)호매 이에 信(신)의 近(근)ᄒᆞ며 辭氣(ᄉᆞ긔)를 出(츌)호매 이에 鄙倍(비패)를 멀리 ᄒᆞ미니 籩豆(변두)의 일은 有司(유ᄉᆞ)ㅣ 잇ᄂᆞ니라

◆ 集 註

188-㊀

孟敬子, 魯大夫仲孫氏, 名捷. 問之者, 問其疾也.

孟敬子는 魯나라 大夫 仲孫氏로 이름은 捷이다. 問之는 그 병을 물은 것이다.

188-㊁

言, 自言也. 鳥畏死, 故鳴哀. 人窮反本, 故言善. 此曾子謙辭, 欲敬子知其所言之善而識之也.

言은 스스로 말한 것이다. 새는 죽음이 두렵기 때문에 우는 소리가 애처로운 것이며, 사람은 窮하면 근본으로 돌아가기 때문에 그 말이 善한 것이다. 이는 曾子의 謙辭이며 孟敬子로 하여금 그 말한 것이 善한 것임을 알고 이를 기억하도록 하려 함이다.

188-㊂

遠·近, 並去聲.
○ 貴, 猶重也. 容貌, 舉一身而言. 暴, 粗厲也. 慢, 放肆也. 信, 實也. 正顏色而近信, 則非色莊也. 辭, 言語. 氣, 聲氣也. 鄙, 凡陋也. 倍, 與背同, 謂背理也. 籩, 竹豆.

豆, 木豆. 言道雖無所不在, 然君子所重者, 在此三事而已. 是皆修身之要・爲政之本, 學者所當操存省察, 而不可有造次顛沛之違者也. 若夫籩豆之事, 器數之末, 道之全體固無不該, 然其分則有司之守, 而非君子之所重矣.

程子曰:「動容貌, 舉一身而言也. 周旋中禮, 暴慢斯遠矣; 正顏色則不妄, 斯近信矣; 出辭氣, 正由中出, 斯遠鄙倍. 三者正身而不外求, 故曰籩豆之事則有司存.」

尹氏曰:「養於中則見於外, 曾子蓋以脩己爲爲政之本. 若乃器用事物之細, 則有司存焉.」

遠・近은 모두 去聲이다.

○ 貴는 重과 같다. 容貌는 온몸 전체를 들어 말한 것이다. 暴는 거칠고 독하게 구는 것이다. 慢은 제멋대로 함이다. 信은 신실함이다. 안색을 바르게 하여 믿음에 가깝다면 얼굴빛만 장엄하지는 않다. 辭는 言語이다. 氣는 소리와 호흡이다. 鄙는 범상하여 비루함이다. 倍는 背와 같으며 이치에 違背됨을 말한다. 籩은 竹豆이며 豆는 木豆이다. 道가 비록 없는 곳이 없으나 君子가 중히 여기는 바의 것은, 이 세 가지에 있을 따름임을 말한 것이다. 이는 모두가 修身의 요체이며 爲政의 근본이다. 배우는 자가 마땅히 操存하고 省察하여야 할 바이며, 造次・顛沛 (071(4-5) 참조)의 상황이라도 떠남(違)이 있어서는 안 된다. 무릇 籩豆之事 같은 경우는 器數之末(그릇이나 관리하는 말단직이며 하찮은 일)로써 道의 전체에 진실로 해당하지 않음은 아니지만, 그 직분은 有司가 지킬 일이요 君子의 重任은 아니다.

程子(程頤)는 이렇게 말하였다. "動容貌란 온몸을 다 들어 말한 것이다. 일의 周旋이 禮에 맞으면 暴慢은 이에서 멀어질 것이요, 안색을 바르게 하면 망녕됨이 없어져 이는 믿음에 가깝게 된다. 辭氣를 내뱉음에 곧게 中心에서 나오도록 한다면 鄙倍함에서 멀어지게 될 것이다. 세 가지는 자신을 바르게 하는 것으로 밖에서 구할 것이 못 된다. 그러한 까닭으로 籩豆之事라면 有司가 있으면 된다고 말한 것이다."

尹氏(尹焞)는 이렇게 말하였다. "心中에 수양이 되었다면 밖으로 나타나게 된다. 曾子는 아마 修己를 爲政의 근본으로 여긴 듯하다. 器用事物 등의 세세한 일 같은 것이라면 有司가 따로 있으면 된다."

189(8-5)

曾子曰以能問於不能

증자曾子가 말하였다.

"능하면서 능하지 못한 이에게 묻고, 많으면서 적은 이에게 물으며, 가졌으면서도 없는 듯이 하고, 가득하면서도 빈 듯이 하고, 침범을 당하여도 계교計校를 부리지 아니하여야 한다. 옛날 내 친구 중에 이러한 일을 좇아서 실천한 사람이 있었다."

> 曾子曰:「以能問於不能, 以多問於寡; 有若無, 實若虛,
> 犯而不校. 昔者吾友嘗從事於斯矣.」⊖

【不校】計較를 부리지 않음. 校는 較와 같다. 비교하다·계산하여 맞추어 보다·
따지다의 뜻. 劉寶楠은 「韓詩外傳引顏子曰:『人不善我, 我亦善之.』卽不校之德」
이라 하였다.

【吾友】역대 주석가들은 구체적인 人物로 顔回라 하였다. 《大戴禮記》曾子疾病篇에「曾子謂曾元・曾華曰: 『吾無夫顔氏之言, 吾何以語女哉!』」라 하였다.

南山本 曾子(증ᄌᆞ)ㅣ 굴ᄋᆞ샤되 能(능)으로써 不能(블능)애 무르며 多(다)로써 寡(과)애 무르며 이슈되 업슨듯 ᄒᆞ며 實(실)호되 虛(허)ᄒᆞᆫ듯 ᄒᆞ며 犯(범)ᄒᆞ야도 校(교)티 아니홈을 녜 내 버디 일쯕 이에 從事(죵ᄉᆞ)ᄒᆞ더니라

栗谷本 曾子(증ᄌᆞ)ㅣ ᄀᆞᄅᆞ샤되 能(능)으로써 不能(블능)의게 問(문)ᄒᆞ며 多(다)로써 寡(과)의게 問(문)ᄒᆞ고 有(유)ᄒᆞ고 無(무)ᄒᆞᆫ듯 ᄒᆞ며 實(실)ᄒᆞ고 虛(허)ᄒᆞᆫ듯 ᄒᆞ며 犯(범)ᄒᆞ야도 校(교)티 아니호믈 녜 내 버디 일즉 이에 從事(죵ᄉᆞ)ᄒᆞ더니라

◆ 集 註

189-㊀

校, 計校也. 友, 馬氏以爲顔淵是也. 顔子之心, 惟知義理之無窮, 不見物我之有間, 故能如此.
○ 謝氏曰: 「不知有餘在己, 不足在人; 不必得爲在己, 失爲在人, 非幾於無我者不能也.」

校는 計校(계산하고 비교함)이다. 友는, 馬氏(馬融: A.D. 79~166. 東漢의 經學者)는 顔淵이라 여겼는데 맞는 말이다. 顔子의 마음은 오직 의리의 무궁함만을 알아 物我 사이에 간격이 있음은 보이지 않았다. 그 때문에 능히 이와 같을 수 있었던 것이다.
○ 謝氏(謝良佐)는 이렇게 말하였다. "남음은 자신에게 있고 부족함은 남에게 있어야 한다고 생각하지 않는 것과, 얻는 것은 자신에게 있어야 하고 잃는 것은 남에게 있어야 한다고 期必하지 않는 것, 이러한 것은 거의 無我에 가까이 간 사람이 아니라면 불가능한 일이다."

190(8-6)

曾子曰可以託六尺之孤

증자曾子가 말하였다.

"육척六尺의 어린 왕을 맡아 도울 수 있고, 백리百里의 명령을 위임받아 다스릴 수 있으며, 대절大節에 임하였을 때는 누구도 그의 뜻을 빼앗을 수 없는 인물이라면 군자 같은 사람이라 할 수 있는가? 당연히 군자다운 사람이리라."

> 曾子曰:「可以託六尺之孤, 可以寄百里之命, 臨大節
> 而不可奪也. 君子人與? 君子人也.」㊀

【六尺】 고대의 길이의 단위로 6척은 대략 138㎝ 정도라 한다. 여기서는 어린아이의 뜻으로 15세 이하의 나이로 임금자리를 잇는 어린 왕을 뜻한다.
【大節】 국가의 대사를 맡았을 때의 節義.

曾子(증즈)ㅣ ᄀᆞᄅ오샤ᄃᆡ 可(가)히 뻐 六尺(륙쳑)ㅅ 孤(고)를 託(탁)ᄒ얌즉 ᄒ며 可(가)히 뻐 百里(ᄇᆡ리)ㅅ 命(명)을 寄(긔)ᄒ얌즉 ᄒ고 大節(대졀)애 臨(림)ᄒ야 可(가)히 奪(탈)티 몯ᄒ리면 君子(군즈)앳 사름가 君子(군즈)앳 사름이니라

曾子(증즈)ㅣ ᄀᆞᄅ샤ᄃᆡ 可(가)히 뻐 六尺(륙쳑)의 孤(고)를 託(탁)ᄒ며 可(가)히 뻐 百里(ᄇᆡ리)의 命(명)을 寄(긔)코 大節(대졀)을 臨(림)ᄒ야 可(가)히 奪(탈)티 몯ᄒ면 君子(군즈)읫 人(인)가 君子(군즈)읫 人(인)이니라

◆ 集 註

190-㊀

與, 平聲.

○ 其才可以輔幼君·攝國政, 其節至於死生之際而不可奪, 可謂君子矣. 與, 疑辭. 也, 決辭. 設爲問答, 所以深著其必然也.

○ 程子曰:「節操如是, 可謂君子矣.」

與는 平聲이다.

○ 그의 재능은 가히 어린 임금을 보필할 수 있고, 國政을 攝政할 수 있으며, 그 節操는 死生之間에 이르러서도 빼앗을 수 없는 경우라면 가히 君子라 이를 수 있다. 與는 疑辭(확정하지 못할 때의 의미로 씀)이며 也는 決辭이다. 問答을 설정한 것은 그 必然을 확실히 드러내기 위함이다.

○ 程子(程頤)는 이렇게 말하였다. "節操가 이와 같다면 가히 君子라 할 수 있다."

191(8-7)

曾子曰士不可以不弘毅

증자曾子가 말하였다.

"선비는 의력毅力을 넓히지 않을 수 없으니, 짐은 무겁고 갈 길은 멀기 때문이다. 인仁을 자신의 짐으로 삼으니 역시 무겁지 않겠는가? 죽어서야 그치는 일이니 또한 먼 길이 아니겠는가?"

曾子曰:「士不可以不弘毅, 任重而道遠.㊀ 仁以爲己任, 不亦重乎? 死而後已, 不亦遠乎?」㊁

【弘毅】毅를 넓힘. 毅는 떳떳하고 굳센 태도와
능력을 말한다.
【死而後已】已는 動詞. '그치다·끝내다'의 뜻.
'죽은 이후에야 끝이 남'.

"死而後已"河丁 全相摹(韓, 현대)

◉ 諺 解

陶山本 曾子(증즈) 글으샤딕 士(亽) 可(가)히 뼈 弘(홍)ᄒ며 毅(의)티
아니티 몯홀 꺼시니 任(심)이 重(듕)ᄒ고 道(도) 遠(원)ᄒ니라
仁(신)으로써 몸의 任(심)을 삼ᄂ니 ᄯ혼 重(듕)티 아니ᄒ냐 죽은 後(후)에
마ᄂ니 ᄯ혼 遠(원)티 아니ᄒ냐

栗谷本 曾子(증즈) ᄀ른샤딕 士(亽) 可(가)히 뼈 弘毅(홍의)티
아니티 몯홀 디니 任(임)이 重(듕)ᄒ고 道(도) 遠(원)ᄒ니라
仁(인)으로써 己(긔) 任(임)을 사믈 디니 ᄯ혼 重(듕)티 아니ᄒ냐 死(亽)ᄒᆫ
後(후)에 말 디니 ᄯ혼 遠(원)티 아니ᄒ냐

◆ 集 註

191-㊀

弘, 寬廣也. 毅, 强忍也. 非弘不能勝其重, 非毅無以致其遠.

弘은 관대하고 넓음이다. 毅는 强忍하다는 뜻이다. 넓지(弘) 않으면 그 중한
임무를 이겨낼 수 없고, 강인(毅)하지 않으면 그 먼 데까지 이르지 못한다.

658 **논어**

191-㊂

仁者. 人心之全德, 而必欲以身體而力行之, 可謂
重矣. 一息尙存, 此志不容少懈, 可謂遠矣.

○ 程子曰:「弘而不毅, 則無規矩而難立; 毅而不弘,
則隘陋而無以居之.」

又曰:「弘大剛毅, 然後能勝重任而遠到.」

"任重道遠"(石可)

仁이란 사람이 가진 마음의 全德이다. 반드시 그 온 몸으로 힘써 행하여
하는 것이니, 가히 重하다 할 수 있다. 하나의 호흡조차 아직 남아 있는 한,
이 뜻은 조그만 게으름도 용납되지 않으니 가히 멀고 아득하다 할 것이다.

○ 程子(程頤)는 이렇게 말하였다. "넓기만 하고 毅力이 없으면 법도(規矩)가
없어 서기(立)가 어렵다. 毅力만 있고 넓지 못하면 막히고 비루하여 거기에
거할 수가 없다."

또 이렇게 말하였다. "弘大剛毅한 연후에야 능히 重任을 이겨내어, 먼 데까지
이를 수 있다."

192(8-8)

興於詩

공자가 말하였다.

"시詩에서 흥을 얻고, 예禮에서 세움을 얻으며, 악樂에서 이룸을 얻느니라."

子曰: 「興於詩,㉠ 立於禮,㉡ 成於樂.」㉢

【興】 '好善惡惡之心을 興發시키다'의 뜻이다.
【立】 依禮之人으로 떳떳이 행동함을 뜻한다.

子(ᄌ)ㅣ ᄀᆞᆯᄋᆞ샤ᄃᆡ 詩(시)예 興(흥)ᄒᆞ며
禮(례)예 立(립)ᄒᆞ며
樂(악)애 成(셩)ᄒᆞᄂᆞ니라

 子(ᄌ)ㅣ ᄀᆞᄅᆞ샤ᄃᆡ 詩(시)예 興(흥)ᄒᆞ고
禮(례)예 立(립)ᄒᆞ고
樂(악)의 成(셩)ᄒᆞᄂᆞ니라

◆ 集 註

192-㊀

興, 起也. 詩本性情, 有邪有正, 其爲言旣易知, 而吟詠之間, 抑揚反覆, 其感人又易入. 故學者之初, 所以興起其好善惡惡之心, 而不能自已者, 必於此而得之.

興은 起이다. 詩는 性情에 그 근본을 두고 있으며, 邪도 있고 正도 있어, 그 말로써 표현된 것이 이미 쉽게 알 수 있고, 읊는 중에 抑揚이 반복되어 사람을 감동시키고 게다가 쉽게 몰입하게 한다. 그 때문에 배우는 자의 처음 단계에는 그 好善惡惡(호선오악)하는 마음을 興起시켜 능히 스스로도 끊을 수 없게 함은, 반드시 여기에서 이를 터득하게 된다.

192-㊁

禮以恭敬辭遜爲本, 而有節文度數之詳, 可以固人肌膚之會, 筋骸之束. 故學者之中, 所以能卓然自立, 而不爲事物之所搖奪者, 必於此而得之.

禮는 恭敬·辭遜을 근본으로 하며, 節文과 度數의 상세함이 있어 가히 肌膚의 체험과 筋骸의 묶음에 직접 견고함이 있다(《禮記》 禮運篇). 그 때문에 배우는 자는 중간에 능히 탁연히 자립하여 事物로부터 搖奪(동요와 빼앗김)당함이 없도록 함은, 반드시 여기에서 터득하도록 하여야 한다.

192-㊂

樂有五聲十二律, 更唱迭和, 以爲歌舞八音之節, 可以養人之性情, 而蕩滌其邪穢, 消融其查滓. 故學者之終, 所以至於義精仁熟, 而自和順於道德者, 必於此而得之, 是學之成也.

○ 按內則:「十歲學幼儀, 十三學樂誦詩, 二十而後學禮.」則此三者, 非小學傳授之次, 乃大學終身所得之難易・先後・淺深也.

程子曰:「天下之英才不爲少矣, 特以道學不明, 故不得有所成就. 夫古人之詩, 如今之歌曲, 雖閭里童稚, 皆習聞之而知其說, 故能興起. 今雖老師宿儒, 尚不能曉其義, 況學者乎? 是不得興於詩也. 古人自灑掃應對, 以至冠・婚・喪・祭, 莫不有禮. 今皆廢壞, 是以人倫不明, 治家無法, 是不得立於禮也. 古人之樂: 聲音所以養其耳, 采色所以養其目, 歌詠所以養其性情, 舞蹈所以養其血脈. 今皆無之, 是不得成於樂也. 是以古之成材也易, 今之成材也難.」

音樂에는 五聲(宮・商・角・徵・羽)과 十二律(六律・六呂)이 있어(《漢書》樂志) 번갈아 노래하고 차례로 화답하여 歌舞와 八音의 절도를 삼아, 가히 사람의 性情을 함양하고 邪惡한 더러움을 蕩滌(깨끗이 씻어냄)하고, 그 찌꺼기(査滓・渣滓와 같음)를 소멸하여 융화시킬 수 있다. 그 때문에 배우는 자의 마지막 단계에서는 義가 정밀해지고 仁이 익숙함에 이르러 스스로 道德에 和順하도록 함에는 반드시 여기에서 이를 터득하게 되는 것이다. 이렇게 하여 學問이 완성된다.

○ 〈內則〉(《禮記》의 篇名)에 의하면 "열 살에는 어린이로서의 儀範을 배우고, 열세 살에는 音樂을 배우고 詩를 외우며, 스무 살 이후에야 禮를 배운다" 하였다. 그렇다면 여기(본장)의 세 가지는 小學에서 전수하는 차례가 아니라 大學에서 종신토록 터득하여야 할 바의 難易・先後・淺深이다

程子(程頤)는 이렇게 말하였다. "天下의 英才가 적지 않으나, 특별히 道學이 밝혀지지 않음으로써 그 성취를 얻을 수가 없는 것이다. 무릇 옛사람들은 詩를 지금 사람들의 歌曲처럼 읊었다. 비록 마을의 어린아이들일지라도 모두가 이를 익숙히 들어 그 내용을 알게 되었다. 그 때문에 능히 감흥이 일게 되는 것이다. 지금은 비록 老師나 宿儒일지라도 오히려 그 뜻을 밝히 알지 못하니, 하물며 배우는 이들임에랴? 이 때문에 詩에서 감흥이 일어나지 못하는 것이다. 古人은 灑掃・應對로부터 冠・婚・喪・祭에 이르기까지 禮 없이는 할 수가 없었다.

그러나 지금은 모두가 폐기되고 허물어짐으로써 人倫이 밝혀지지 못하고, 집안을 다스림에도 법이 없으니, 이 때문에 禮에 설 수가 없는 것이다. 옛사람의 音樂은 그 聲音은 귀를 함양하기 위한 것이요, 彩色은 눈을 위한 것이며, 歌詠은 그 性情을 함양하기 위한 것이요, 舞蹈는 그 血脈을 함양하기 위한 것이었다. 그런데 지금은 모두 사라졌으니 이로써 音樂에서 성취를 맺을 수 없는 것이다. 이 때문에 옛날에는 人才를 성취시키기 쉬웠으나 지금은 人才를 성취시키기 어려운 것이다."

193(8-9)

民可使由之

공자가 말하였다.

"백성은 경유하는 길을 통하여 부릴 수는 있지만, 왜 그러한지를 알 수 있도록 할 수는 없다."**

> 子曰:「民可使由之, 不可使知之.」㊀

* '일을 쉽게 하는 법을 일러줄 수는 있지만, 왜 그러한지 알 수 있도록 하기는 어렵다'는 뜻으로 해석된다.

* 《呂氏春秋》樂成에 「民不可與慮化擧始, 而可以樂成功」이라 하였다.

子(ᄌ)ㅣ ᄀᆞᆯᄋᆞ샤ᄃᆡ 民(민)은 可(가)히 ᄒᆞ여곰 由(유)케 ᄒᆞ고 可(가)히 ᄒᆞ여곰 알게 몯ᄒᆞᄂᆞ니라

 子(ᄌ)ㅣ ᄀᆞᄅᆞ샤ᄃᆡ 民(민)을 可(가)히 ᄒᆞ여곰 由(유)케 ᄒᆞ려니와 可(가)히 ᄒᆞ여곰 知(디)케 몯ᄒᆞᄂᆞ니라

◆ 集 註

193-㊀

民可使之由於是理之當然, 而不能使之知其所以然也.
○ 程子曰:「聖人設教, 非不欲人家喩而戶曉也, 然不能使之知, 但能使之由之爾. 若曰聖人不使民知, 則是後世朝四暮三之術也, 豈聖人之心乎?」

百姓은 가히 이러한 이치의 당연함에 말미암도록 할 수는 있으나, 그렇게 할 수밖에 없는 이유를 알도록 하는 것은 불가능하다.
○ 程子(程頤)는 이렇게 말하였다. "聖人이 가르침을 설정한 것은 사람이 사는 집마다 알아듣고 깨우치기를 원하지 않은 것이 없다. 그러나 능히 그들에게 그 사실을 알려줄 수가 없어 그저 그러한 방법을 경유하도록 하였을 따름이다. 만약 聖人이 백성으로 하여금 알지 못하게 하려 하였다면, 이는 後世의 朝三暮四 (《列子》黃帝篇 朝三暮四의 고사)의 술책일 터이니, 어찌 聖人의 마음이라 하겠는가?"

194(8-10)

好勇疾貧

공자가 말하였다.

"용맹을 좋아하면서 가난을 미워하는 자는 난亂을 일으킬 자요, 사람으로서 어질지 못한 이를 미워함이 너무 심한 경우도 난을 일으킬 수가 있다."

子曰:「好勇疾貧, 亂也. 人而不仁, 疾之已甚, 亂也.」㊀

【疾貧】 가난을 싫어함. 疾은 惡(오)와 같다.

陶山本   子(ᄌ)ㅣ 글ᄋ샤ᄃᆡ 勇(용)을 됴히 너기고 貧(빈)을 疾(질)홈이
亂(란)홈이오 사ᄅᆞᆷ이오 仁(신)티 아니ᄒᆞ니ᄅᆞᆯ 疾(질)홈을 너모
甚(심)히 홈이 亂(란)홈이니라

栗谷本   子(ᄌ)ㅣ ᄀᆞᄅᆞ샤ᄃᆡ 勇(용)을 好(호)ᄒᆞ고 貧(빈)을 疾(질)호미
亂(란)홀 디며 人(인)이 仁(인)티 아니커든 疾(질)호ᄆᆞᆯ 己甚(이심)
호미 亂(란)케 호미니라

◆ 集註

194-㊀

好, 去聲.

○ 好勇而不安分, 則必作亂. 惡不仁之人而使之無所容, 則必致亂. 二者之心,
善惡雖殊, 然其生亂則一也.

好는 去聲이다.
○ 勇猛은 좋아하면서 安分하지 못하면, 틀림없이 혼란을 짓게 된다. 不仁之人을
미워하되 그들로 하여금 받아들일 곳이 없게 하면, 반드시 혼란에 이르게 된다.
이 두 가지 사람의 마음은 善과 惡이 비록 다르기는 하지만 혼란을 발생시킨다는
점에서는 한 가지이다.

195(8-11)

如有周公之才之美

공자가 말하였다.

"만약 주공周公의 재주와 같은 아름다움을 가진 자라 해도, 남을 부림에 교만하고 게다가 인색하기까지 하다면, 그 외의 것은 더 볼 것도 없다."

> 子曰:「如有周公之才之美, 使驕且吝, 其餘不足觀
> 也已.」○

【周公】 姬旦, 周初의 聖人. 文王(昌)의 아들이며, 武王(發)의 아우. 文物制度를
완비하고 成王을 攝政하여 中原을 文明國으로 깨우쳤다고 여겨 儒家에서 극히
추앙한다.
【使】 設使(毛子水), 但只, 只要(楊伯峻)로 보았다.

子(ᄌᆞ)ㅣ 굴ᄋᆞ샤ᄃᆡ 만일에 周公(쥬공)의 才(ᄌᆡ)의 美(미)홈을 두고도 ᄒᆞ여곰 驕(교)ᄒᆞ고 ᄯᅩ 吝(린)ᄒᆞ면 그 나ᄆᆞᆫ 거슨 足(죡)히 보디 몯홀 꺼시니라

子(ᄌᆞ)ㅣ ᄀᆞ르샤ᄃᆡ 만일 周公(쥬공)의 才(ᄌᆡ)의 美(미)호ᄆᆞᆯ 두고도 ᄒᆞ여곰 驕(교)코 ᄯᅩᄒᆞᆫ 吝(린)ᄒᆞ면 그 나ᄆᆞ니ᄂᆞᆫ 足(죡)히 觀(관)티 몯홀 디니라

◆ 集註

195-㉠

才美, 謂智能技藝之美. 驕, 矜夸. 吝, 鄙嗇也.

○ 程子曰:「此甚言驕吝之不可也. 蓋有周公之德, 則自無驕吝; 若但有周公之才而驕吝焉, 亦不足觀矣.」

又曰:「驕, 氣盈. 吝, 氣歉.」

愚謂:「驕吝雖有盈歉之殊, 然其勢常相因. 蓋驕者吝之枝葉, 吝者驕之本根. 故嘗驗之天下之人, 未有驕而不吝, 吝而不驕者也.」

재주가 아름답다(才美)라 한 것은 智能과 技藝의 아름다움을 일컬은 것이다. 驕는 자랑하고 과시하는 것이며, 吝은 비루하고 인색함이다.

○ 程子(程頤)는 이렇게 말하였다. "이는 교만하거나 인색해서는 안 된다는 것을 심하게 말한 것이다. 대개 周公과 같은 德이 있다면 저절로 교만과 인색함이 없어질 것이나, 만약 단지 周公 같은 재주만 있고 교만과 인색함을 부린다면 역시 족히 볼 만한 것이 없다."

또 이렇게 말하였다. "驕는 氣가 가득 찬 것이며, 吝은 氣가 부족한 것이다."

내 생각으로는 이렇다. "교만과 吝嗇함은 비록 氣의 차고 모자람의 차이는 있지만, 그 추세는 늘 서로 원인이 되는 것이다. 대체로 교만이란 인색함의 枝葉이요, 인색함이란 교만의 근본이다. 그 때문에 일찍이 천하 사람에게 證驗해 보면 교만하면서 인색하지 않거나, 인색하면서 교만하지 않은 경우는 있지 않았다."

196(8-12)

三年學不至於穀

공자가 말하였다.
"삼 년을 공부하고 벼슬길에 뜻을 두지 않는 자는 쉽게 얻을 수 없다."

子曰:「三年學, 不至於穀, 不易得也.」⊖

【至】朱子는 志로 보아 '뜻을 두다'로 풀이하였다.
【穀】祿. 俸祿. 벼슬길.

諺解

子(조)ㅣ 골 ♀샤티 三年(삼년)을 學(흑)홈애 穀(곡)애 뜯ᄒ디
아니ᄒᆞ니를 수이 얻디 몯ᄒ리니라

子(조)ㅣ ᄀᆞᄅ샤티 三年(삼년)을 學(흑)ᄒ고 穀(곡)의 至(지)티
아니리를 쉬이 엇디 몯홀 디니라

集註

196-㊀

易, 去聲.

○ 穀, 祿也. 至, 疑當作志. 爲學之久, 而不求祿, 如此之人, 不易得也.

○ 楊氏曰:「雖子張之賢, 猶以干祿爲問, 況其下者乎? 然則三年學而不至於穀,
宜不易得也.」

易은 去聲(이)이다.

○ 穀은 俸祿이다. 至는 마땅히 志로 써야 할 것이라 의심된다. 學問을 오래
하면서 祿을 바라지 않음이니, 이와 같은 사람은 얻기가 쉽지 않다.

○ 楊氏(楊時)는 이렇게 말하였다. "비록 子張같이 어진 이도 오히려 俸祿
구하는 일을 질문으로 삼았는데, 하물며 그 아랫사람들이랴? 그러한즉 3년을
배우고도 俸祿에 뜻을 두지 않은 이를 쉽게 얻을 수 없는 것은 당연하다."

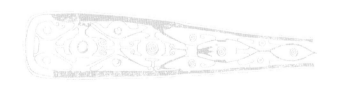

197(8-13)

篤信好學

공자가 말하였다.

"믿음에 독실하고 배움을 좋아하며, 죽음을 무릅쓰고 도를 훌륭히 해야 한다. 위험한 나라에는 들어가지 않으며, 혼란한 나라에는 거하지 않아야 한다. 천하가 도가 있으면 드러내되, 도가 없으면 숨어 지내야 한다. 나라에 도가 있는데도 가난하고 게다가 천하기조차 하다면 이는 치욕이며, 나라에 도가 없는데도 부유하고 게다가 귀하기까지 하다면 이것도 치욕이다."*

子曰:「篤信好學, 守死善道.㉠ 危邦不入, 亂邦不居.
天下有道則見, 無道則隱.㉡ 邦有道, 貧且賤焉,
恥也; 邦無道, 富且貴焉, 恥也.」㉢

【見】現과 같다. '드러내다'의 뜻이며 '현'으로 읽는다.
＊『邦有道』이하 18글자는 별개의 章으로 나누어야 한다고 보기도 한다(毛子水).

● 諺解

南山本
子(즈)ㅣ ᄀᆞᄅᆞ샤디 篤(독)히 信(신)ᄒᆞ고도 學(ᄒᆞᆨ)을 好(호)ᄒᆞ며
死(ᄉᆞ)를 守(슈)ᄒᆞ고도 道(도)를 善(션)히 홀 ᄯᅵ니라
危(위)ᄒᆞᆫ 邦(방)애 入(십)디 아니ᄒᆞ고 亂(란)ᄒᆞᆫ 邦(방)에 居(거)티 아니ᄒᆞ며
天下(텬하)ㅣ 道(도)ㅣ 이시면 見(현)ᄒᆞ고 道(도)ㅣ 업스면 隱(은)홀 ᄯᅵ니라
邦(방)이 道(도)ㅣ 이숌애 貧(빈)ᄒᆞ고 ᄯᅩ 賤(천)홈이 붓그러우며 邦(방)이
道(도)ㅣ 업슴애 富(부)ᄒᆞ고 ᄯᅩ 貴(귀)홈이 붓그러우니라

栗谷本
子(즈)ㅣ ᄀᆞᄅᆞ샤디 篤(독)히 信(신)ᄒᆞ고 學(ᄒᆞᆨ)을 好(호)ᄒᆞ며
死(ᄉᆞ)로 지킈며 道(도)를 善(션)히 홀 디니라
危(위)ᄒᆞᆫ 邦(방)의 入(입)디 아니ᄒᆞ고 亂(란)ᄒᆞᆫ 邦(방)의 居(거)티 아니ᄒᆞ며
天下(텬하)ㅣ 道(도)ㅣ 잇거든 見(현)ᄒᆞ고 道(도)ㅣ 업거든 隱(은)홀 디니라
邦(방)이 道(도)ㅣ 이쇼매ᄂᆞᆫ 貧(빈)코 ᄯᅩ 賤(천)호미 恥(티)ㅣ오 邦(방)이
道(도)ㅣ 업스매ᄂᆞᆫ 富(부)코 ᄯᅩ 貴(귀)호미 恥(티)ㅣ니라

197-㊀

好, 去聲.

○ 篤, 厚而力也. 不篤信, 則不能好學. 然篤信而不好學, 則所信或非其正; 不守死, 則不能以善其道. 然守死而不足以善其道, 則亦徒死而已. 蓋守死者篤信之效, 善道者好學之功.

好는 去聲이다.

○ 篤은 두터우면서 힘쓰는 것이다. 믿음을 독실히 하지 않으면 능히 學問을 좋아할 수가 없다. 그러나 믿음을 독실히 하되, 배움을 좋아하지 않으면 믿는 바가 혹 正이 아닐 수도 있다. 죽음으로써 지키지 않으면 그 道를 잘 해낼 수가 없다. 그러나 죽음으로써 지키되 그 道를 잘 해내지 못한다면 역시 한갓 헛되이 죽을 뿐이다. 대체로 守死란 篤信의 效用이요, 善道란 好學의 功用이다.

197-㊁

見, 賢遍反.

○ 君子見危授命, 則仕危邦者無可去之義, 在外則不入可也. 亂邦, 未危而刑政紀綱紊矣, 故潔其身而去之. 天下, 擧一世而言. 無道, 則隱其身而不見也. 此惟篤信好學, 守死善道者能之.

見은 反切로 '賢遍反'(현)이다.

○ 君子로서 위험을 보고 목숨을 내놓는다면, 위험한 나라에서 벼슬하고 있는 자는 버리고 떠날 만한 義란 없게 된다. 그리고 밖에 있는 자 또한 가히 들어갈 명분이 없다. 혼란한 나라란 아직 위험하지는 않으나 刑政과 紀綱이 문란한 것이다. 따라서 그 몸을 깨끗이 하여, 버리고 떠나는 것이다. 天下란 한 세대를 두고 하는 말이다. 道가 없으면 그 몸을 숨겨 나타나지 않는 것이다. 이는 篤信好學하고 守死善道하는 자라야 가능한 것이다.

197-㊂

世治而無可行之道, 世亂而無能守之節, 碌碌庸人, 不足以爲士矣, 可恥之甚也.
○ 晁氏曰:「有學有守, 而去就之義潔, 出處之分明, 然後爲君子之全德也.」

세상이 다스려지는데도 행할 만한 道가 없고, 세상이 어지러운데도 능히 지켜낼 만한 절조가 없다면, 碌碌하고 庸劣한 사람으로 선비라 여기기에 족하지 못하며, 심히 부끄러워해야 할 경우이다.

○ 晁氏(晁說之)는 이렇게 말하였다. "배움이 있고 지킴이 있으면서 去就之義가 고결하고, 出處之分이 분명한 연후에야 君子로서 德을 온전히 하였다고 할 수 있다."

"篤信好學, 守死善道"(石可)

198(8-14)

不在其位不謀其政

공자가 말하였다.

"그 직위에 있지 않거든 그 정치가 어떠니 하고 모책하지 말 것이니라."*

子曰:「不在其位, 不謀其政.」㊀

---

* 본장은 憲問篇 359(14-27)와 같다.

子(᷈)ㅣ 골ᄋ샤티 그 位(위)예 잇디 아니ᄒᆞ얀 그 政(졍)을 謀(모)티
아니홀 ᄯᅵ니라

 子(᷈)ㅣ ᄀᆞᄅᆞ샤티 그 位(위)예 잇디 아니ᄒᆞ얀 그 政(졍)을 謀(모)티
아닐 디니라

◆ 集 註

198-㉠

程子曰：「不在其位, 則不任其事也, 若君大夫問而告者則有矣.」

程子(程頤)가 말하였다. "그 지위에 있지 않다면 그 일을 맡은 것이 아니다.
그러나 만약 임금이나 大夫가 물어 왔을 때 일러주는 일이라면 있을 수 있다."

199(8-15)

師摯之始

공자가 말하였다.

"사지師摯의 연주 첫 부분과 그 관저關雎 장 끝 부분의 음악이 양양洋洋하게
귀에 가득하구나!"*

子曰:「師摯之始, 關雎之亂, 洋洋乎盈耳哉!」⊖

【師摯】魯나라의 樂師로서 師는 樂師를 지칭할 때 이름 앞에 붙인다. 대개 장님이었다.
　摯는 이름이다. 063(3-23)을 볼 것.
【始】음악 연주의 첫 부분을 始라 한다.
【關雎】《詩經》의 첫 부분으로 國風 周南의 첫 장. 060(3-21) 참조.《韓詩外傳》
　卷5에「子夏問曰: 關雎何以爲國風之始也? 孔子曰: 關雎至矣乎! 夫關雎之人, 仰則天,
　府則地」라 하였다.

【亂】音樂의 시작은 始, 끝은 亂이라 하며, 한 樂曲의 연주를 一成이라 한다. 亂은 合樂, 즉 합창으로 끝을 맺는 경우를 뜻한다.

* 劉台拱의 《論語騈枝》에는 본장에 대하여 이렇게 말하였다. 「始者, 樂之始; 亂者, 樂之終. 樂記曰: 始奏以文, 復亂以武. 又曰: 再始以著往, 復亂以飭歸. 皆以『始』・『亂』對擧, 其義可見. 凡樂之大節, 有歌; 有笙; 有閒; 有合: 是謂一成. 始於升歌, 終於合樂. 是故, 升歌謂之始; 合樂謂之亂. 周禮太師職: 大祭祀, 帥瞽登歌. 儀禮燕及大射皆太師升歌. 摯爲太師, 是以云『師摯之始』也. 合樂, 周南關雎・葛覃・卷耳, 召南鵲巢・采繁・采蘋, 凡六篇; 而謂之『關雎之亂』者, 擧上以該下, 猶之言 『文王之三』・『鹿鳴之三』云爾. 升歌言人; 合樂言詩: 互相備也. 『洋洋盈耳』, 總歎 之也. 自始至終咸得其條理, 而後聲之美盛可見. 言始・亂, 則笙・閒在其中矣.」

子(ᄌ)ㅣ ᄀᆞᆯᄋᆞ샤ᄃᆡ 師摯(ᄉ지)의 始(시)예 關雎(관져)ㅅ 亂(란)이 洋洋(양양)히 귀예 盈(영)ᄒ다

子(ᄌ)ㅣ ᄀᆞᄅᆞ샤ᄃᆡ 師摯(ᄉ지)의 처음의 關雎(관져)의 亂(란)이 洋洋(양양)히 귀예 ᄌᆞ옥ᄒ더니라

◆ 集註

199-㊀

摯, 音至. 雎, 七余反.

○ 師摯, 魯樂師, 名摯也. 亂, 樂之卒章也. 史記曰:「關雎之亂以爲風始.」洋洋, 美盛意. 孔子自衛反魯而正樂, 適師摯在官之初, 故樂之美盛如此.

摯는 음이 至(지)이다. 雎는 反切로 '七余反'(처, 지금은 '저'로 읽음)이다.

○ 師摯는 魯나라의 樂師로 이름이 摯이다. 亂은 音樂이 끝나는 章이다. 《史記》에 "關雎의 끝장을 風의 시작으로 삼는다"(《史記》 樂書, 詩의 四始說에 대한 이론임)라 하였다. 洋洋은 아름답고 풍성한 모습이다. 孔子가 衛나라에서 魯나라로 돌아온 후, 音樂을 바로잡았다(219(9-14)). 마침 師摯가 樂官에 오른 후 처음이었다. 그 때문에 音樂의 美盛함이 이와 같았던 것이다.

200(8-16)

狂而不直

공자가 말하였다.

"광간狂簡하되 곧지는 못하고, 무지하면서 중후하지 못하며, 능력도 없으면서 미덥지도 못한 사람은, 나는 왜 그러한지 전혀 알지 못하겠다."

子曰:「狂而不直, 侗而不愿, 悾悾而不信, 吾不知之矣.」㊀

【狂】 狂簡. 굳세고 거칠며 뜻이 커서 언행이 대범한 행동양태.

【侗】 미련하고 어리석음. 음은 '통'이다.

【愿】 謹厚함. 重厚함. 음은 '원'이다.

【悾悾】 무능함. 悾의 음은 '공'이다.

子(ᄌ)ㅣ ᄀᆞᄅᆞ샤ᄃᆡ 狂(광)호ᄃᆡ 直(딕)디 아니ᄒᆞ며 侗(통)호ᄃᆡ 愿(원)티 아니ᄒᆞ며 悾悾(공공)호ᄃᆡ 信(신)티 아닌 이를 내 아디 몯ᄒᆞ노라

 子(ᄌ)ㅣ ᄀᆞᄅᆞ샤ᄃᆡ 狂(광)코 直(딕)디 아니ᄒᆞ며 侗(통)코 愿(원)티 아니ᄒᆞ며 悾悾(공공)코 信(신)티 아니ᄒᆞ면 내 아디 몯ᄒᆞ리로라

◆ 集 註

200-㊀

侗, 音通. 悾, 音空.

○ 侗, 無知貌. 愿, 謹厚也. 悾悾, 無能貌. 吾不知之者, 甚絶之之辭, 亦不屑之敎誨也.

○ 蘇氏曰:「天之生物, 氣質不齊. 其中材以下, 有是德則有是病. 有是病必有是德, 故馬之蹄齧者必善走, 其不善者必馴. 有是病而無是德, 則天下之棄才也.」

侗은 음이 通(통)이며, 悾은 음이 空(공)이다.

○ 侗은 무지한 모습이다. 愿은 삼가고 후덕함이다. 悾悾은 무능한 모습이다, 吾不知라 한 것은 심하게 끊어서 하는 말이며, 역시 不屑之敎誨(가르치지 않음이 오히려 그에게 좋은 교훈이 될 수 있다는 뜻. 《孟子》 176(12-16) 참조)의 뜻이다.

○ 蘇氏(蘇軾)는 이렇게 말하였다. "하늘이 萬物을 낳음에 각각의 氣質이 똑같지 않다. 그 중간 재질 이하는 이러한 德이 있으면 이러한 병폐가 있고, 이러한 병폐가 있으면 반드시 이러한 德이 있다. 그러므로 말처럼 발굽과 이빨을 가진 자는 잘 내닫고, 잘 달리지 못하는 말은 반드시 길들여진다. 이러한 병폐가 있으면서 이러한 德이 없다면 天下에서 버림받은 才能이다."

201(8-17)

學如不及

공자가 말하였다.

"배움에는 마치 미치지 못할 듯이 하며, 오히려 잃을까 두려워하라."

子曰:「學如不及, 猶恐失之.」㊀

【不及】 배운 것을 실천에 옮기지 못함을 말한다.
【失之】 '배운 바를 잃는다'(毛子水), '때를 놓친다'(朱子) 등의 구분이 있음.

◉ 諺解

陶山本

子(ᄌᆞ)ㅣ ᄀᆞᆯᄋᆞ샤ᄃᆡ 學(ᄒᆞᆨ)홈을 밋디 몯ᄒᆞᆯᄃᆞᆺ ᄒᆞ고 오히려 일흘가 저허ᄒᆞᆯ 띠니라

栗谷本

子(ᄌᆞ)ㅣ ᄀᆞᄅᆞ샤ᄃᆡ 學(ᄒᆞᆨ)호ᄆᆞᆯ 及(급)디 몯ᄒᆞᆯᄃᆞᆺ ᄒᆞ고 오히려 失(실)ᄒᆞᆯ가 저ᄒᆞᆯ 디니라

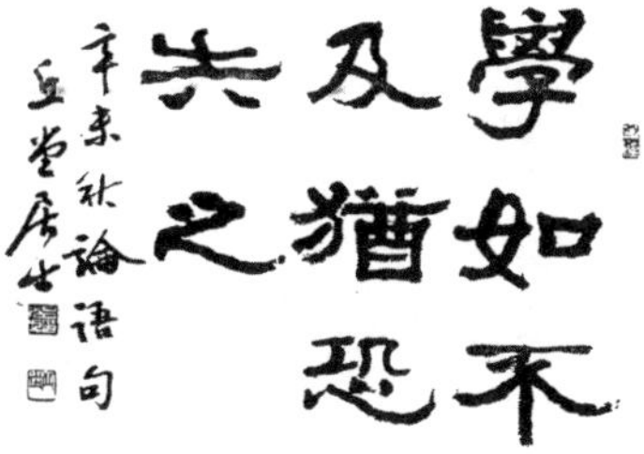

"學如不及, 猶恐失之"(丘堂 呂元九)

◈ 集註

201-㊀

言人之爲學, 旣如有所不及矣, 而其心猶竦然, 惟恐其或失之, 警學者當如是也. ○ 程子曰:「學如不及, 猶恐失之, 不得放過. 才說姑待明日, 便不可也.」

사람이 공부를 함에는 아직 미치지 못한 바가 있는 듯이 하며, 그 마음은 오히려 竦然(두려워함)히 여겨 오직 혹 놓치면 어쩌나 걱정해야 함을 말한 것으로, 배우는 자가 의당 이와 같아야 함을 경계한 것이다.

○ 程子(程頤)는 이렇게 말하였다. "배움에는 미치지 못할 듯이 하며, 오히려 잃을까 두려워하여, 放過(느슨한 상태로 시간을 넘김)해서는 안 된다. 겨우 잠시 내일을 기다리면 된다고 가설하기는 不可한 것이다."(여기서 才는 纔와 같음)

"學如不及, 猶恐失之"(石可)

202(8-18)

巍巍乎

공자가 말하였다.

"높고 높도다, 순舜·우禹께서 천하를 가지고도 전혀 간여하지
않으심이여!"

子曰:「巍巍乎, 舜禹之有天下也而不與焉!」㊀

【舜】 古代 虞의 開國 君主. 孝誠을 다한 人物로도 알려져 있다.

【禹】 古代 夏나라의 開國 君主. 儒家에서 聖人으로 추앙한다. 治水에 功을 세웠다.

【不與】 任賢使能(어진 이를 임용하고 능력 있는 이를 부림)하였다는 뜻이다.
王充《論衡》에 「舜承安繼治, 任賢使能, 恭己無爲而天下治; 故孔子曰:『巍巍乎舜
禹之有天下也而不與焉』」라 하였고, 《孟子》滕文公上(050(5-4))에는 「大哉, 堯之
爲君! 惟天爲大; 惟堯則之. 蕩蕩乎, 民無能名焉. 君哉舜也! 巍巍乎, 有天下而不
與焉」이라 하였다. 이는 다음 장(203)과도 관련이 있다.

諺 解

子(ᄌ)ㅣ 글ᄋ샤딕 巍巍(외외)ᄒ다 舜(슌)과 禹(우)의 天下 (텬하)를 두시되 與(여)티 아니ᄒ심이여

子(ᄌ)ㅣ ᄀᆞᄅᆞ샤딕 巍巍(외외)ᄒ다 舜禹(슌우)의 天下(텬하)를 두되 與(여)티 아니ᄒ시미여

◈ 集 註

202-㉠

與, 去聲.

○ 巍巍, 高大之貌. 不與, 猶言不相關, 言其不以位爲樂也.

與는 去聲이다.

○ 巍巍는 높고 큰 모습이다. 不與는 오히려 상관하지 않는다는 말과 같다. 그 지위로써 즐거움을 삼지 않았음을 말한 것이다.

〈帝舜〉

〈夏禹〉《三才圖會》

203(8-19)

大哉堯之爲君也

공자가 말하였다.

"크도다! 요堯임금의 임금다움이여! 높고 높도다! 오직 하늘만이
큰 것인데 이를 요임금만이 법 받았도다. 넓고 넓도다, 백성들이 능히
그 공덕을 무엇이라 이름조차 지어볼 수 없도다. 높고 높도다, 그
공을 이룸이여. 밝도다, 그 문물전장文物典章이여!"

> 子曰:「大哉! 堯之爲君也! 巍巍乎! 唯天爲大, 唯堯
> 則之. 蕩蕩乎, 民無能名焉.㊀ 巍巍乎其有成功也,
> 煥乎其有文章!」㊁

【堯】古代 唐을 세웠던 聖人.
【則之】측(則)은 動詞로 '법 받다'의 뜻. 혹은 '그것과 平準을 이루다'의 뜻이다.
【文章】文物典章·禮樂法度를 뜻한다.

 諺 解

 子(ᄌ)ㅣ 골ᄋᆞ샤ᄃᆡ 크다 堯(요)의 님금되샴이여 巍巍(외외)ᄒᆞ다
오직 하늘히 크거시늘 오직 堯(요)ㅣ 則(측)ᄒᆞ시니 蕩蕩(탕탕)ᄒᆞ다
民(민)이 能(능)히 일홈홈이 업도다
巍巍(외외)ᄒᆞ다 그 成功(셩공)이 이숌이여 煥(환)ᄒᆞ다 그 文章(문쟝)이
이숌이여

子(ᄌ)ㅣ ᄀᆞᄅᆞ샤ᄃᆡ 크다 堯(요)의 님금되시미여 巍巍(외외)히
오직 天(텬)이 크거늘 오직 堯(요)ㅣ 則(측)ᄒᆞ시니 蕩蕩(탕탕)ᄒᆞ
다라 民(민)이 能(능)히 名(명)호미 업도다
巍巍(외외)ᄒᆞ다 그 成功(셩공) 이쇼미여 煥(환)ᄒᆞ다 그 文章(문쟝) 이쇼미여

◆ 集 註

203-㊀

唯, 猶獨也. 則, 猶準也. 蕩蕩, 廣遠之稱也. 言物之高大, 莫有過於天者, 而獨堯之
德能與之準. 故其德之廣遠, 亦如天之不可以言語形容也.

唯는 유독(獨)의 뜻과 같다. 則은 準則과 같다. 蕩蕩은 넓고 원대하다는 뜻을
칭한다. 물건에서 큰 것으로 하늘을 넘어서는 것이 없지만, 유독 堯임금의
德은 능히 이와 더불어 準則이 된다. 그 때문에 그 德이 넓고 원대하며 역시
하늘을 가히 言語로 형용할 수 없음과 같은 것이다.

203-㈣

成功, 事業也. 煥, 光明之貌. 文章, 禮樂法度也. 堯之德不可名, 其可見者此爾.

○ 尹氏曰:「天道之大, 無爲而成. 唯堯則之以治天下, 故民無得而名焉. 所可名者, 其功業文章巍然煥然而已.」

功을 이룸은 업적을 이루는 것(事業)이다. 煥은 光明한 모습이다. 文章은 禮樂과 法度이다. 堯임금의 德은 이름을 지을 수 없고, 볼 수 있는 것은 이것뿐이다.

○ 尹氏(尹焞)는 이렇게 말하였다. "天道의 큼이란 作爲 없이 이루는 것이다. 오직 堯임금만은 이를 법 받아(則) 天下를 다스렸다. 그 때문에 百姓이 그 이름을 형용할 수 없는 것이다. 가히 이름을 형용할 만한 것이란 그 功과 업적, 文章이 높고 밝은 것일 뿐이다."

204(8-20)

舜有臣五人而天下治

舜舜임금은 다섯 명의 신하가 있어 천하가 다스려졌다.

무왕武王은 이렇게 말하였다.

"나에게는 다스림에 능한 신하 열 명이 있도다."

공자는 이렇게 말하였다.

"인재 얻기가 어렵다고 하였으니 과연 그렇지 않은가? 당우唐虞 시절에는 그래도 인재가 흥성하였으나, 무왕武王 때에만도 열 명 중에 부인이하나 있었으니, 결국 아홉뿐이었던 셈이다. 문왕文王이 천하를 삼분하여그 중 둘을 가졌으면서도, 은殷나라를 복종하고 섬겼다. 주周나라의덕은 가히 지극한 덕이라 할 수 있도다."

舜有臣五人而天下治.㊀

武王曰:「予有亂臣十人.」㊁

孔子曰:「才難, 不其然乎? 唐虞之際, 於斯爲盛. 有婦
人焉, 九人而已.㊂ 三分天下有其二, 以服事殷.
周之德, 其可謂至德也已矣.」㊃

〈武王〉

【五臣】 孔安國은 구체적으로 禹·稷·契·皐陶·
伯益이라 하였다.

【武王】 文王(昌)의 아들. 姬發. 殷을 멸하고 周를
일으켰다.

【亂臣】《說文解字》에 「亂, 治也」라 하였다. 따라
서 亂臣을 治臣을 뜻한다. 혹은 親臣으로 보기도
한다(周谷城《古史零證》).

【唐虞】 堯舜時代. 唐은 堯의 國號, 虞는 舜의 國號.

【於斯】 '이(斯, 周나라)에 비하여(於)'로 해석하
는 경우도 있다.

【三分天下】 文王(姬昌)때의 정세를 말한다.

【殷】 商나라라고도 하며 湯이 세웠고, 紂임금 때
武王에게 망하였다.

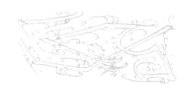

〈召公〉(姬奭)《三才圖會》

◉ 諺解

陶山本

舜(슌)이 신하 다섯 사름을 두심애 天下(텬하)] 다스니라

武王(무왕)이 골으샤딕 내 다스리는 신하 열 싸름을 둔노라

孔子(공즈)] 골으샤딕 才(직) 어렵다 홈이 그 그러티 아니ᄒᆞ냐 唐虞(당우)ㅅ 際(제)] 이에셔 盛(셩)ᄒᆞ나 婦人(부신)이 인는 디라 아홉 사름□ □름이니라

天下(텬하)를 三分(삼분)홈애 그 둘흘 두샤 뻐 殷(은)을 服事(복ᄉᆞ)ᄒᆞ시니 周(쥬)의 德(덕)은 그 可(가)히 지극ᄒᆞᆫ 德(덕)이라 니ᄅᆞᆯ ᄯᆞ롬이로다

栗谷本

舜(슌)이 신하 五人(오인)을 두시매 天下(텬하)] 治(티)ᄒᆞ니라

武王(무왕)이 ᄀᆞᆯᄋᆞ샤딕 내 亂臣(란신) 十人(십인)을 둣노라

孔子(공즈)] ᄀᆞᆯᄋᆞ샤딕 才(직) 어렵다 호미 그 올티 아니ᄒᆞᄂᆞ냐 唐虞(당우)ㅅ 즈음 곳 이에셔 盛(셩)호딕 婦人(부인)이 이실 ᄲᅮᆫ이언뎡 아홉 사름 ᄯᆞ롬이니라

天下(텬하)를 세희 分(분)호매 그 둘흘 두샤 뻐 殷(은)을 服事(복ᄉᆞ)ᄒᆞ시니 周(쥬)의 德(덕)은 그 可(가)히 지극ᄒᆞᆫ 德(덕)이라 니ᄅᆞ리로다

◆ 集 註

204-㊀

治, 去聲.
○ 五人, 禹·稷·契·皐陶·伯益.

治는 去聲이다.
○ 五人은 禹·稷(后稷)·설(契)·고요(皐陶)·伯益이다.

204-㊁

書泰誓之辭. 馬氏曰:「亂, 治也.」十人, 謂周公旦·召公奭·太公望·畢公·榮公·太顚·閎夭·散宜生·南宮适, 其一人謂文母. 劉侍讀以爲:「子無臣母之義, 蓋邑姜也. 九人治外, 邑姜治內.」或曰:「亂本作𤔔, 古治字也.」

《書經》泰誓篇에 있는 말이다. 馬氏(馬融)는 이렇게 말하였다. "亂은 治이다." 十人은 周公 旦(姬旦)·召公 奭(姬奭)·太公 望(姜子牙, 呂尙)·畢公·榮公·太顚·閎夭·散宜生·南宮适과 그 외 한 사람은 文母(文王의 妃, 武王의 어머니)이다. 그러나 劉侍讀 (劉敞: 1019~1068, 北宋의 儒學者. 字는 原文, 公是先生. 太子侍讀을 지냄)은 "아들로서 어머니를 臣下로 삼는 법이 없으니 아마 邑姜일 것이며(文母가 아니라고 여긴 것), 아홉 사람은 밖을 다스리고 邑姜은 안을 다스렸던 것이다"라고 보았다. 혹자는 "亂은 본래 𤔔자로 썼으며 이는 옛날의 治자이다"라 하였다.

204-㊂

稱孔子者, 上係武王, 君臣之際, 記者謹之. 才難, 蓋古語, 而孔子然之也. 才者, 德之用也. 唐虞, 堯舜有天下之號. 際, 交會之間. 言周室人才之多, 惟唐虞之際, 乃盛於此, 降自夏商, 皆不能及, 然猶但有此數人爾, 是才之難得也.

'孔子'라고 칭한 것은 위로 武王의 말에 연결되어 있어 (孔子와) 君臣 사이이므로 기록한 자가 삼간 것이다. 才難(人才는 얻기 어렵다)이란 아마 古語인 듯하며 孔子가 그렇다고 여긴 것이다. 才란 德의 쓰임이다. 唐虞는 堯(唐)·舜(虞)이 天下를 다스리던 때의 稱號이다. 際는 서로 만나는 사이이다. 周室에 人才가 많아져 오직 唐虞 시대만이 이 周室보다 人才가 풍성하였으며, 夏商 이하는 모두가 그에 미치지 못하였으나 다만 여기 몇 사람이 있을 뿐이니, 이를 두고 '人才를 얻기 어렵다는 것이다'라고 말한 것이다.

204-㉔

春秋傳曰:「文王率商之畔國以事紂」, 蓋天下歸文王者六州, 荊·梁·雍·豫·徐·揚也. 惟靑·兗·冀, 尙屬紂耳.

范氏曰:「文王之德, 足以代商. 天與之, 人歸之, 乃不敢而服事焉, 所以爲至德也. 孔子因武王之言而及文王之德, 且與泰伯, 皆以至德稱之, 其指微矣.」

或曰:「宜斷『三分』以下, 別以『孔子曰』起之, 而自爲一章.」

《春秋傳》에 "文王이 商을 등진 나라들을 인솔하여 도리어 紂를 섬겼다"(《左傳》襄公 4年에 '文王帥殷之叛國以事紂, 唯知時也'라 함)라 하였는데, 대체로 天下에 文王에게 귀의한 자는 여섯 州였으니, 荊州·梁州·雍州·豫州·徐州·揚州였다. 오직 靑州·兗州·冀州 만이 그래도 紂에 부속되어 있었을 따름이었다.

范氏(范祖禹)는 이렇게 말하였다. "文王의 德은 商나라를 대신하기에 족하였다. 하늘이 그에게 주고 사람이 귀의하였는데도, 이에 감히 (치지) 않고 오히려 복종하여 섬겼으니, 이것을 至德으로 여기는 바이다. 孔子는 武王의 말을 근거로 文王의 德까지 미치게 하며 게다가 泰伯까지 포함시켜 모두를 至德으로 칭하였으니 그 뜻은 微(微言大義)이다."

或者는 이렇게 말하였다. "'三分' 이하는 의당 끊어 따로 '孔子曰'로 시작하여 하나의 章으로 삼아야 한다."

205(8-21)

禹吾無間然矣

공자가 말하였다.

"우禹 임금에 대해서는 내가 무엇이라 평론할 수가 없다. 그는 스스로의 음식은 거칠게 먹으면서도 조상의 귀신에게는 효성을 다하였으며, 스스로는 거친 옷을 입으면서도 불면黻冕은 아름다움을 다하였고, 궁실은 낮게 하면서도 구혁(溝洫, 治水)에는 온 힘을 다하였다. 우 임금에 대하여서라면 나는 무엇이라 평가의 말을 집어넣을 수가 없다."

子曰: 「禹, 吾無間然矣. 菲飮食而致孝乎鬼神, 惡衣服
而致美乎黻冕, 卑宮室而盡力乎溝洫. 禹, 吾無
間然矣.」⊖

【無間】틈이 없다의 뜻, 더 이상 평론할 말이 없다의 뜻.

【黻冕】불(黻)은 제사지낼 때 입는 옷, 혹은 帝王의 도포에 새긴 무늬, 면(冕)은 고대 大夫 이상의 禮帽.

【溝洫】溝渠. '농사에 필요한 물길을 만들다'의 뜻, 水利 사업, 治水 사업을 뜻한다. 洫은 음이 '혁'이다.

⊙ 諺解

陶山本

子(ᄌ)ㅣ ᄀᆞᆯᄋᆞ샤ᄃᆡ 禹(우)는 내 間然(간연)홈이 업도다 飲食(음식)을 菲(비)히 ᄒᆞ시고 孝(효)를 鬼神(귀신)애 닐위시며 衣服(의복)을 惡(악)히 ᄒᆞ시고 美(미)를 黻冕(블면)애 닐위시며 宮室(궁실)을 ᄂᆞᆺ게 ᄒᆞ시고 힘을 溝洫(구혁)애 다 ᄒᆞ시니 禹(우)는 내 間然(간연)홈이 업도다

栗谷本

子(ᄌ)ㅣ ᄀᆞᄅᆞ샤ᄃᆡ 禹(우)는 내 間(간)호미 업도다 飲食(음식)을 菲(비)히 ᄒᆞ고 鬼神(귀신)애 孝(효)를 致(티)ᄒᆞ시며 衣服(의복)을 惡(악)히 ᄒᆞ고 美(미)를 黻冕(블면)의 美(미)를 致(티)ᄒᆞ시며 宮室(궁실)을 卑(비)히 ᄒᆞ고 溝洫(구혁)의 力(력)을 盡(진)ᄒᆞ시니 禹(우)는 내 間(간)호미 업도다

◆ 集註

205-㊀

間, 去聲. 菲, 音匪. 黻, 音弗. 洫, 呼域反.

○ 間, 罅隙也, 謂指其罅隙而非議之也. 菲, 薄也. 致孝鬼神, 謂享祀豐潔. 衣服, 常服. 黻, 蔽膝也, 以韋爲之. 冕, 冠也, 皆祭服也. 溝洫, 田間水道, 以正疆界·備旱潦者也. 或豐或儉, 各適其宜, 所以無罅隙之可議也, 故再言以深美之.

○ 楊氏曰:「薄於自奉, 而所勤者民之事, 所致飾者宗廟朝廷之禮, 所謂有天下而不與也, 夫何間然之有?」

間은 去聲이다. 菲는 음이 匪(비)이며, 黻은 음이 弗(불)이다. 洫은 反切로 '呼域反' (혁)이다.

○ 間은 옹기그릇 등의 갈라진 틈을 가리키는 말로서 그 갈라진 틈을 지적하여 비난하는 것을 말한다. 菲는 薄이다. 致孝鬼神이란 제사지냄이 풍성하고 깨끗함을 일컫는다. 衣服은 평상복이다. 黻은 무릎을 가리는 것으로 가죽으로 만들며, 冕은 冠이다. 모두가 제사지낼 때의 服裝이다. 溝洫은 논밭 사이의 물길로서 경계를 바르게 하고 가뭄과 장마를 대비한 것이다(이는《周禮》地官 遂人篇에 자세히 실려 있음). 혹 풍부하게도 하고 또는 검소하게도 함은 각각 그 마땅함에 맞추었으니, 그 때문에 틈을 뚫고 의론할 거리가 없다. 따라서 두 번 말하여 깊이 찬미한 것이다.

○ 楊氏(楊時)는 이렇게 말하였다. "자신을 받듦에는 薄弱하게 하되, 힘써 하는 바는 百姓을 위한 일이었고, 꾸밈을 지극하게 한 것은 宗廟와 朝廷의 禮이었으니, 이것이 소위 天下를 가졌으되 관여하지 않았다는 것이다. 그러니 어찌 그 틈(間隙) 같은 것이 있겠는가?"

논어

孔子〈自衛歸魯圖〉 石刻畫(石可)

자한子罕 第九

총30장(206-235)

◈ 集註

凡三十章.

모두 30장이다.

206(9-1)

子罕言利與命與仁

공자는 이利와 명命, 그리고 인仁에 대해서는 언급함이 드물었다.***

子罕言利與命與仁.㉠

【罕】 드물다의 뜻. 음은 '한'이다.
【利】 이익 되는 것.
* 본장은 與를 '찬동하다'라 보아 "孔子는 利에 대한 언급은 적었으나, 命과 仁에 대한 것이라면 찬동하였다"로 보는 견해도 있다(王若虛 《誤謬雜辨》·史繩祖 《學齋佔畢》).
* 《史記》 外戚世家에 「孔子罕言命者, 難言之也. 非通幽明之變, 烏足識乎性命哉!」 라 하였다.
* 何晏 《論語集解》에 「利者, 義之和也; 命者, 天之命也; 仁者, 行之盛也: 寡能及之, 故希言也」라 하였다.

陶山本 子(ᄌ)는 利(리)와 다못 命(명)과 다못 仁(신)을 져기 니르더시다

栗谷本 子(ᄌ)는 利(리)와 다못 命(명)과 다못 仁(인)을 드므리 니르더시다

◆ 集註

206-㊀

罕, 少也.
程子曰:「計利則害義. 命之理微, 仁之道大, 皆夫子所罕言也.」

罕은 적다(少)이다.
程子(程頤)는 이렇게 말하였다. "이익을 계산하면 義가 害를 입는다. 命의 理致는 미세하고 仁의 道는 크므로 모두가, 夫子가 드물게 말한 것이다."

207(9-2)

達巷黨人曰

달항당達巷黨의 사람이 이렇게 말하였다.

"위대하도다, 공자여! 박학하면서도 이름을 성취하지는 못하였구나."

공자가 이를 듣고 문하의 제자들에게 말하였다.

"내 무엇을 고집스럽게 하면 이름을 날릴 수 있을까? 수레 모는 일을 할까? 활 솜씨를 뽐낼까? 수레 모는 일이라면 내가 할 수 있으리라."

> 達巷黨人曰:「大哉孔子! 博學而無所成名.」㊀
>
> 子聞之, 謂門弟子曰:「吾何執? 執御乎? 執射乎? 吾執 御矣.」㊁

【達巷黨】地名. 구체적으로는 알 수 없다. 古代 5百家를 1黨으로 하였다. 그러나 達만이 地名이며 巷黨은 일반명사로 보기도 한다. 《禮記》雜記에 「余從老聃助葬 於巷黨」이라 한 것이 그 예이며, 여기서의 巷黨은 마을의 뜻이다. 《漢書》董仲 舒傳의 孟康 注에는 達巷黨人이 바로 項橐이라 하였다.

【執御】御는 남을 위해 말고삐를 잡고 수레를 모는 일. 卑賤한 일을 뜻한다.

 諺解

達巷黨人(달항당신)이 굴오듸 크다 孔子(공ㅈ) ㅣ여 넙이 學(흑)호듸 名(명)을 成(셩)흔 배 업도다
子(ㅈ) ㅣ 드르시고 門弟子(문뎨ㅈ)ㄷ려 닐어 굴ㅇ샤듸 내 므서슬 執(집)호료
御(어)를 執(집)ㅎ랴 射(샤)를 執(집)ㅎ랴 내 御(어)를 執(집)호리라

達巷黨人(달항당인)이 굴오듸 크다 孔子(공ㅈ) ㅣ여 너비 學(흑)호듸 名(명)을 成(셩)흔 배 업도다
子(ㅈ) ㅣ 드르시고 門弟子(문뎨ㅈ)ㄷ려 닐러 ㄱ른샤듸 내 므서슬 執(집)흘고
御(어)를 執(집)ㅎ랴 射(샤)를 執(집)ㅎ랴 내 御(어)를 執(집)호리라

 集註

207-㊀

達巷, 黨名. 其人姓名不傳. 博學而無所成名, 蓋美其學之博而惜其不成一藝之 名也.

達巷은 黨(마을 단위, 행정 단위의 명칭)의 이름이다. 그 사람의 姓名은 전하지 않는다. 널리 배웠으나 이름을 성취한 바가 없다는 것은, 아마 그 學問의 넓음은 아름답게 보면서 하나만의 技藝에는 이름을 이루지 못함을 애석히 여긴 것이리라.

207-㈂

執, 專執也. 射御皆一藝, 而御爲人僕, 所執尤卑. 言:「欲使我何所執以成名乎?
然則吾將執御矣.」聞人譽己, 承之以謙也.

○ 尹氏曰:「聖人道全而德備, 不可以偏長目之也. 達巷黨人見孔子之大, 意其所
學者博, 而惜其不二一善得名於世, 蓋慕聖人而不知者也. 故孔子曰:『欲使我何所
執而得爲名乎? 然則吾將執御矣』.」

執은 오로지 잡는 것이다. 射와 御도 모두가 하나의 技藝이기는 하나 남을
위하여 마부가 되는 것은 그 잡는 바가 더욱 비천한 것이다. "나로 하여금 무엇을
잡아 이름을 이루라는 것인가? 그런즉 내 장차 말을 모는 일을 하겠다"라고
말한 것이다. 남이 자신을 칭찬하는 말을 듣고 이에 겸손함을 보인 것이다.

○ 尹氏(尹焞)는 이렇게 말하였다. "聖人은 道가 온전하고 德이 갖추어져 있어
특별하게 잘하는 것으로써 이를 지목할 수 없다. 達巷黨의 사람이 孔子의 위대함을
보고, 그 배운 바가 넓으나 그 한두 가지쯤 잘하여 세상에 이름을 얻는 것이
없음을 안타깝게 생각한 것이니, 대체로 聖人을 흠모하기만 하였지 알지는 못한
것이다. 그 때문에 孔子가 '나로 하여금 무엇을 잡아 이름을 얻게 하려 하는가?
그렇다면 나는 장차 수레 끄는 일에 매달리리라' 말한 것이다."

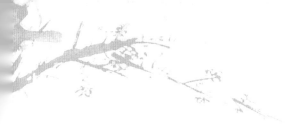

208(9-3)

麻冕禮也

공자가 말하였다.

"삼으로 짠 모자를 쓰는 것이 예禮이기는 하나, 지금은 실로 짠 것을 쓴다. 이는 검소한 것이니 나는 많은 사람들이 하는 대로 따르리라. 신하가 당 아래에서 절을 하는 것이 예이기는 하나, 지금은 당 위에 올라 절을 한다. 이는 거만한 것이다. 비록 많은 사람이 그렇게 한다 하여도 나는 당 아래에서 절하는 예를 따를 것이다."

> 子曰:「麻冕, 禮也; 今也純, 儉, 吾從衆.㊀ 拜下, 禮也;
> 今拜乎上, 泰也. 雖違衆, 吾從下.」㊁

【麻冕】검은 베로 짠 禮帽. 冠禮를 치른 후 쓰는 緇布冠.
【純】검은색의 실.

陶山本 子(ᄌ)ㅣ ᄀᆞᆯ〇샤ᄃᆡ 麻(마)로 冕(면)이 禮(례)어늘 이제 純(슌)오로 ᄒᆞ니 儉(검)ᄒᆞᆫ 디라 내 衆(즁)을 從(죵)호리라

下(하)에셔 拜(ᄇᆡ)홈이 禮(례)어늘 이제 上(샹)에셔 拜(ᄇᆡ)ᄒᆞ니 泰(태)ᄒᆞᆫ 디라 비록 衆(즁)을 違(위)ᄒᆞ나 내 下(하)를 從(죵)호리라

栗谷本 子(ᄌ)ㅣ ᄀᆞᄅᆞ샤ᄃᆡ 麻冕(마면)이 禮(례)ㅣ나 이제 純(슌)ᄒᆞ니 儉(검)ᄒᆞᆫ 디라 내 衆(즁)을 조초리라

下(하)에셔 拜(ᄇᆡ)호미 禮(례)ㅣ어늘 이제는 上(샹)에셔 拜(ᄇᆡ)ᄒᆞᄂᆞ니 泰(태)ᄒᆞᆫ 디라 비록 衆(즁)을 어긔나 내 下(하)를 조초리라

◈ 集 註

208-㊀

麻冕, 緇布冠也. 純, 絲也. 儉, 謂省約. 緇布冠, 以三十升布爲之, 升八十縷, 則其經二千四百縷矣. 細密難成, 不如用絲之省約.

麻冕은 緇布冠(검은 베로 짠 모자)이다. 純은 絲이다. 儉은 省約함을 말한다. 緇布冠은 30升의 베로 만들며 1升은 80縷이다. 따라서 그 날줄은 2천4백縷가 되어 세밀하여 짜기 어렵다. 실로 짜서 덜고 줄임(省約)만 같지 못하다.

208-㊁

臣與君行禮, 當拜於堂下. 君辭之, 乃升成拜. 泰, 驕慢也.
○ 程子曰:「君子處世, 事之無害於義者, 從俗可也; 害於義, 則不可從也.」

臣下가 임금에게 禮를 행할 때에는 의당 堂 아래에서 拜禮하여야 한다. 임금이 이를 사양해야 이에 올라서서 拜禮를 끝낸다. 泰는 교만함이다.
○ 程子(程頤)는 이렇게 말하였다. "君子가 세상에 처함에 義에 害가 없는 일이라면 風俗을 좇아도 되지만, 義에 害가 된다면 가히 따를 수 없는 것이다."

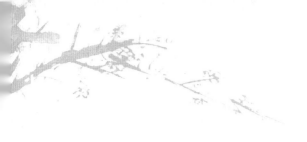

209(9-4)

子絶四

공자는 하지 않는 것이 네 가지 있으니, 사사로운 생각을 갖지 않으며, 반드시 어떻다는 단정을 하지 않으며, 고집에 얽매이지 않으며, 독선에 치우침이 없이 하는 것 등이다.

子絶四: 毋意, 毋必, 毋固, 毋我.㊀

【意】臆測. 사사로운 생각.
【我】我執. 고집. 獨善. 利己的인 행동.

"母意, 母必, 母固, 母我"(石可)

陶山本　子(ᄌ)ㅣ 四絶(ᄉ절)터시니 意(의)ㅣ 업스며 必(필)이 업스며 固(고)ㅣ 업스며 我(아)ㅣ 업더시다

栗谷本　子(ᄌ)ㅣ 네 가지를 絶(절)ᄒ시니 意(의)ㅣ 업스며 必(필)이 업스며 固(고)ㅣ 업스며 我(아)ㅣ 업더시다

◆ 集 註

209-㊀

絶, 無之盡者. 毋, 史記作「無」是也. 意, 私意也. 必, 期必也. 固, 執滯也. 我, 私己也. 四者相爲終始, 起於意, 遂於必, 留於固, 而成於我也. 蓋意必常在事前, 固我常在事後, 至於我又生意, 則物欲牽引, 循環不窮矣.

○ 程子曰:「此毋字, 非禁止辭. 聖人絶此四者, 何用禁止?」

張子曰:「四者有一焉, 則與天地不相似.」

楊氏曰:「非知足以知聖人, 詳視而黙識之, 不足以記此.」

708 논어

絶은 이를 없이 하되 남김이 없는 것이다. 毋는 《史記》 孔子世家에 '無'로 실려 있으니 이것이 옳다. 意는 사사로운 생각이다. 必은 꼭 그렇게 되기를 기대함(期必)이다. 固는 고집스러워 막힌 것이다. 我는 사사롭고 이기적인 것이다. 이 네 가지는 서로 終始를 이루고 있어, 그 意에서 일어나 必에서 수행되며 固에서 머물다가 我에게서 이루어진다. 아마 意와 必은 항상 일이 있기 전에 나타나고, 固와 我는 일이 있고 난 후의 결과로서, 我에 이르러 다시 意가 생기면 外物이 이를 牽引하고자 하니, 순환이 끝이 없게 되는 것이리라.

○ 程子(程頤)가 이렇게 말하였다. "여기에서의 毋자는 禁止辭가 아니다. 聖人에게는 결코 이 네 가지가 없으니 어찌 금지하다는 뜻으로 썼겠는가?"

張子(張載)는 이렇게 말하였다. "네 가지 잘못 중에 하나만 있어도 天地와 닮은 점이 없게 된다."

楊氏(楊時)는 이렇게 말하였다. "지혜가 족히 聖人을 알아보지 못하거나 자세히 살펴 묵묵히 이를 알아차리지 못하였다면, 이런 것을 기록할 수 없었을 것이다."

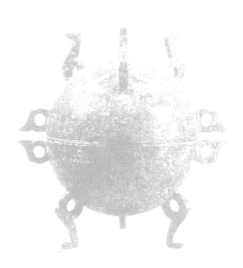

210(9-5)

子畏於匡

공자가 광匡 땅에서 사람들에게 구금을 당하여 경계하는 마음을 지니고는
이렇게 말하였다.

"문왕文王이 이미 돌아가시고 없으니, 문文이 모두 나에게 있지 않느냐?
하늘이 장차 이 문을 없애려 하였다면, 문왕보다 뒤에 죽을 나에게 이
문에 관여하지 않게 하였을 것이다. 그러나 하늘이 이 문을 없애버리지
않을 양이면 광 땅 사람인들 나를 어찌하겠느냐?"

子畏於匡,㊀ 曰:「文王旣沒, 文不在玆乎?㊁ 天之將喪
斯文也, 後死者不得與於斯文也; 天之
未喪斯文也, 匡人其如予何?」㊂

【匡】 地名. 지금의 河南省 長垣縣의
匡城.《史記》孔子世家에 의하면 孔子
가 衛를 떠나 陳나라로 가는 도중, 匡
땅을 지나게 되었으며, 그곳 사람들이
일찍이 魯나라 陽貨(陽虎, 陽貨篇
435(17-1) 참조)에게 고통을 당한 적이
있었고, 마침 孔子의 모습이 陽貨와 비
슷하여 孔子를 구금하였던 사건이다.
《說苑》雜言篇,《莊子》秋水篇,《韓詩
外傳》 등에도 故事가 실려 있다.
【文王】 西周 初期의 聖君. 周公과 더불
어 文物制度를 完備하였다.
【文】 文物禮樂制度를 뜻한다.
【後死者】 文王보다 나중에 태어나 죽을
자기 자신을 가리킨다.

〈文王〉(姬昌)

● 諺解

子(ᄌ)ㅣ 匡(광)애 畏(외)ᄒᆞ더시니
ᄀᆞᆯᄋᆞ샤ᄃᆡ 文王(문왕)이 이믜 沒(몰)ᄒᆞ시니 文(문)이 이예 잇디
아니ᄒᆞ냐
하ᄂᆞᆯ히 쟝ᄎᆞ 이 文(문)을 喪(상)ᄒᆞ실 띤댄 後(후)에 死(ᄉ)홀 者(쟈)ㅣ
시러곰 이 文(문)에 與(여)티 몯ᄒᆞ려니와 하ᄂᆞᆯ히 이 文(문)을 喪(상)티 아녀
겨시니 匡(광)ㅅ 人(신)이 그 내게 엇디ᄒᆞ리오

子(ᄌ)ㅣ 匡(광)에셔 畏(외)ᄒᆞ더시니
ᄀᆞᄅᆞ샤ᄃᆡ 文王(문왕)이 이믜 沒(몰)ᄒᆞ시니 文(문)이 이에 잇디
아니ᄒᆞ냐
天(텬)이 쟝ᄎᆞ 이 文(문)을 喪(상)ᄒᆞ실 딘댄 後(후)에 死(ᄉ)ᄒᆞᄂᆞᆫ 者(쟈)ㅣ
시러곰 이 文(문)에 참예티 몯ᄒᆞ리니 天(텬)이 이 文(문)을 喪(상)티 아니실
딘댄 匡人(광인)이 그 내게 엇디ᄒᆞ리오

◈ 集 註

210-㊀

畏者, 有戒心之謂. 匡, 地名. 史記云:「陽虎曾暴於匡, 夫子貌似陽虎, 故匡人圍之.」

畏란 마음에 경계를 갖는 것을 말한다. 匡은 地名이다. 《史記》孔子世家에는 이렇게 말하였다. "陽虎가 일찍이 匡 땅에서 暴虐하게 굴었고, 夫子의 모습이 陽虎를 닮아 陽虎인 줄 여겨, 이에 匡 땅 사람들이 에워싼 것이다."

210-㊁

道之顯者謂之文, 蓋禮樂制度之謂. 不曰道而曰文, 亦謙辭也. 兹, 此也, 孔子自謂.

道가 드러나는 것을 文이라 하니, 대체로 禮樂制度를 말한다. 道라 하지 않고 文이라 한 것도 역시 謙讓의 말이다. 兹는 此이다. 孔子 자신을 일컬은 것이다.

210-㊂

馬氏曰:「文王旣沒, 故孔子自謂後死者. 言天若欲喪此文, 則必不使我得與於此文; 今我旣得與於此文, 則是天未欲喪此文也. 天旣未欲喪此文, 則匡人其奈我何? 言必不能違天害己也.」

馬氏(馬融)는 이렇게 말하였다. "文王이 이미 죽고 없었기 때문에 孔子가 자신을 그보다 뒤에 죽을 사람이라 한 것이다. 하늘이 만약 이 文을 없애고자 한다면 반드시 나로 하여금 이런 文에 참여시키지 않았을 것이다. 지금 내가 이미 이런 文에 참여하고 있다면 이는 하늘이 아직 이 文을 없애려 하지 않는 것이며, 하늘이 이미 아직 이 文을 없애려 하지 않고 있다면 匡 땅 사람들이 나에게 어찌 하겠는가라고 말한 것이다. 틀림없이 하늘의 뜻을 거스르면서까지 나를 해치지는 못한 것임을 말한 것이다."

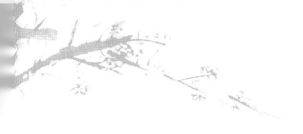

211(9-6)

大宰問於子貢曰

태재大宰가 자공子貢에게 물었다.

"선생님은 성인이신가요? 어찌 그리 능한 것이 많소?"

자공이 이렇게 대답하였다.

"진실로 하늘이 장차 성인을 풀어놓으셨으니, 또한 많은 능력도 함께 주신 것이지요."

공자가 이를 듣고 이렇게 말하였다.

"태재가 나를 아는구나! 나는 어려서 천하였기 때문에 그 까닭으로 비루한 일에도 능한 바가 많다. 군자라고 누구나 재능이 많은가? 다 재능이 많은 것은 아니다."

금뢰琴牢라는 자가 이렇게 말하였다.

"공자께서 이렇게 말씀하셨지. '내가 시용試用되지 않았기 때문에 그 까닭으로 기예를 익힐 수 있었지'라고."*

大宰問於子貢曰:「夫子聖者與? 何其多能也?」㊀
子貢曰:「固天縱之將聖, 又多能也.」㊁
子聞之, 曰:「大宰知我乎! 吾少也賤, 故多能鄙事.
君子多乎哉? 不多也.」㊂
牢曰:「子云:『吾不試, 故藝.』」㊃

【大宰】 太宰와 같다. 官職 이름. 그러나 어느 나라 太宰인지는 알 수 없다. '태재'로
읽는다.
【縱】 풀어놓다. 여기서는 '마음대로 할 수 있게 하다'의 뜻이다.
【鄙事】 궂은 일. 낮고 천한 자들이 하는 일.
【牢】 금뢰(琴牢).《史記》仲尼弟子列傳에는 이름이 올라 있지 않으며,《孔子家語》
七十二弟子解篇에「琴牢, 衛人, 字子開, 一字張」이라 하였고, 같은《孔子家語》
曲禮 子夏問篇에도 그의 일화가 실려 있다.
【試】 試用.《論衡》正說에「堯曰: 我其試哉! 說尙書曰: 試者, 用也」라 하였다.
* 楊伯峻은『牢曰』이하를 별개의 章으로 나누었다.

◉ 諺 解

　　大宰(태지)ㅣ 子貢(ᄌ공)의게 무러 ᄀᆞᆯ오ᄃᆡ 夫子(부ᄌ)는 聖(셩)
이신 者(쟈)가 엇디 그 能(능)이 하시뇨
子貢(ᄌ공)이 ᄀᆞᆯ오ᄃᆡ 진실로 天(텬)이 縱(죵)ᄒᆞ신 쟝ᄎᆞ 聖(셩)이시고 ᄯᅩ
能(능)이 하시니라
　(以下 落張)

大宰(태지)ㅣ 子貢(ᄌ공)의게 問(문)ᄒ야 ᄀᆞ로되 夫子(부ᄌ)ᄂᆞᆫ
聖(셩)ᄒ신 者(쟈)가 엇디 그 能(능)이 하시뇨

子貢(ᄌ공)이 ᄀᆞ로되 진실로 天(텬)이 縱(죵)ᄒ신 쟝ᄎᆺ 聖(셩)이시고 ᄯ
能(능)이 하시니라

자(ᄌ)ㅣ 드르시고 ᄀᆞ르샤되 太宰(태지)ㅣ 나ᄅᆞᆯ 안뎌 내 져믄졔 賤(쳔)ᄒ디라
故(고)로 鄙事(비ᄉ)를 해 能(능)ᄒ다니 君子(군ᄌ)ᄂᆞᆫ 多(다)ᄒᄂ냐 多(다)티
아닛ᄂᆞ니라

牢(로)ㅣ ᄀᆞ로되 子(ᄌ)ㅣ 니ᄅᆞ샤되 내 試(시)ᄒ이디 몯혼 故(고)로 藝(예)호라
ᄒ시니라

◆ 集註

211-㊀

大, 音泰. 與, 平聲.
○ 孔氏曰:「大宰, 官名. 或吳或宋, 未可知也.」與者, 疑辭. 大宰蓋以多能爲聖也.

大는 음이 泰(태)이다. 與는 平聲이다.
○ 孔氏(孔安國, 西漢의 經學者. 孔子의 後孫으로 《詩》와 《尙書》에 뛰어남)는 이렇게 말하였다.
"大宰는 官職 이름이다. 혹 吳나라인지 宋나라인지 알 수 없다." 與는 疑辭이다.
大宰는 아마 능력이 많은 것이 聖인 줄로 여겼던 듯하다.

211-㊁

縱, 猶肆也, 言不爲限量也.
將, 殆也. 謙若不敢知之辭. 聖無不通, 多能乃其餘事, 故言又以兼之.

縱은 오히려 肆(放肆, 제멋대로 풀어짐)와 같으며, 限量을 지을 수 없음을 말한
것이다.

將은 殆(거의, 아마)의 뜻이다. 겸손하여 마치 감히 알 수 없다는 듯이 말한 것이다. 聖은 無不通(통하지 못함이 없음)이요, 多能은 이에 그 餘事(나머지 지엽적인 일)이다. 그 때문에 又라 하여 이를 兼하여 말한 것이다.

211-㊂

言由少賤故多能, 而所能者鄙事爾, 非以聖而無不通也. 且多能非所以率人, 故又言君子不必多能以曉之.

어려서 貧賤하였기 때문에 多能하였을 뿐, 이러한 能이란 鄙事일 따름이며, 聖人이라고 해서 無不通한 것은 아님을 말한 것이다. 또 多能은 남을 引率(지도)하는 바가 아니므로, 그러한 까닭으로 다시 君子는 꼭 多能할 필요는 없다라 말하여 이를 깨우친 것이다.

211-㊃

牢, 孔子弟子, 姓琴, 字子開, 一字子張. 試, 用也. 言由不爲世用, 故得以習於藝而通之.
○ 吳氏曰:「弟子記夫子此言之時, 子牢因言昔之所聞有如此者. 其意相近, 故幷記之.」

牢는 孔子의 弟子로 姓은 琴이요, 字는 子開이다. 혹은 字가 子張이라고도 한다. 試는 用이다. 세상에 試用되지 못하였기 때문에 藝에 익어 통달하게 되었음을 말한 것이다.
○ 吳氏(吳棫)는 이렇게 말하였다. "弟子가 夫子의 이 말을 기록할 때에 子牢가 因하여 옛날에 들은 바가 이와 같다고 말한 것이다. 그 뜻이 서로 相近하여 여기에 함께 기록한 것이다."

212(9-7)

吾有知乎哉

공자가 말하였다.

"내가 아는 것이 있겠는가? 아는 것이 없도다. 어떤 비부鄙夫가 나에게 묻는 것이 있다면 비록 텅텅 빈 듯이 모른다 하여도 나는 그 물음의 양 끝을 펴서 끝까지 다해 일러주는 정도일 뿐이다."

子曰:「吾有知乎哉? 無知也. 有鄙夫問於我, 空空如也. 我叩其兩端而竭焉.」㊀

【鄙夫】하찮은 사람. 鄙俗之人.

【空空】悾悾으로도 본다. 매우 성실한 태도.《泰伯篇》鄭玄 注에 「悾空, 誠愨也」라 하여 상대방의 질문이 매우 성실함을 뜻한다. 그러나 楊伯峻은 "孔子 자신이 아무 것도 모르는 듯이 하다"로 풀이하였다. 한편《栗谷諺解》에는 "묻는 자가 空할지라도"라 하여 상대가 무식하다는 뜻으로 보았다.

【叩】反問함. 되물어 가르쳐 줌.

【兩端】양끝. 首尾. 전체. 혹은 두 가지 결과가 있을 수 있는 상황.

【竭】竭力. 盡力.

諺 解

 陶山本　　　缺(落張)

栗谷本　　　자(즈)ㅣ ᄀᆞᄅ샤ᄃᆡ 내 知(디)호미 잇ᄂᆞᆫ냐 知(디)호미 업거니와
鄙夫(비부)ㅣ 내게 무로ᄃᆡ 空空(공공)홀 디라도 내 그 兩端(량단)을
叩(고)ᄒᆞ야 竭(갈)ᄒᆞ노라

集 註

212-㊀

叩, 音口.

○ 孔子謙言己無知識, 但其告人, 雖於至愚, 不敢不盡耳. 叩, 發動也. 兩端,
猶言兩頭. 言終始·本末·上下·精粗, 無所不盡.

○ 程子曰:「聖人之敎人, 俯就之若此, 猶恐衆人以爲高遠而不親也. 聖人之道,
必降而自卑, 不如此則人不親; 賢人之言, 則引而自高, 不如此則道不尊. 觀於
孔子·孟子, 可見矣.」

尹氏曰：「聖人之言, 上下兼盡. 卽其近, 衆人皆可與知; 極其至, 則雖聖人亦無以加焉, 是之謂兩端. 如答樊遲之問仁知, 兩端竭盡, 無餘蘊矣. 若夫語上而遺下, 語理而遺物, 則豈聖人之言哉?」

叩는 음이 口(구, 지금은 '고'로 읽음)이다.

○ 孔子가 謙讓의 말로 자신은 知識이 없으며, 다만 남에게 일러 줄 때에는 비록 지극히 우둔하여도 감히 盡力을 다하지 않을 수 없을 따름이라 한 것이다. 叩는 發하여 움직인다는 뜻이다. 兩端은 양쪽 머리라는 말과 같다. 終始·本末·上下·精粗를 다하지 않음이 없음을 말한 것이다.

○ 程子(程頤)는 이렇게 말하였다. "聖人이 남을 가르침에, 숙여 나아가게 함이 이와 같으면서도 오히려 衆人이 高遠하다고 가까이 하지 않으면 어쩌나 하고 두려워한 것이다. 聖人의 道는 반드시 내려서 자신을 낮추었으니, 이와 같이 하지 않고는 사람들이 가까이 여기지 않기 때문이다. 賢人의 말을 끌어당겨 스스로 높였으니, 이렇게 하지 않으면 道가 높아지지 않기 때문이었다. 孔子·孟子를 보면 가히 알 수 있다."

尹氏(尹焞)는 이렇게 말하였다. "聖人의 말은 上下가 모두 들어 있으니, 그 가까운 데로 다가가면 모든 사람들이 누구나 함께 알 수가 있고, 그 지극함을 끝까지 해보면 비록 聖人이라 할지라도 역시 이에 더 보탤 것이 없다. 이를 일컬어 兩端이라 하는 것이다. 이를테면 樊遲가 仁과 知에 대하여 물었을 때 대답한 것(300(12-20))으로 兩端을 끝까지 다하여 더 이상 남기거나 덮어둔 것이 없는 것이 이것이다. 만약 上만 말하고 下는 빠뜨린다거나, 이치만 알고 사물은 말해 주지 않는다면 어찌 聖人의 말이겠는가?"

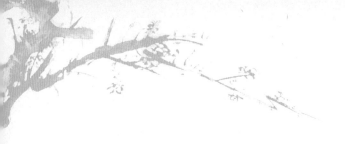

213(9-8)

鳳鳥不至

공자가 말하였다.

"봉황새도 나타나지 않고, 하수河水에 도서圖書도 나오지 않으니, 나는 그만두어야겠다!"

子曰:「鳳鳥不至, 河不出圖, 吾已矣夫!」⊖

【鳳鳥】古代 전설상 鳳凰이 나타나면 天下가 太平을 구가하였다 한다.
【河圖】古代 河水에서 그림이 나오고, 洛水에서 書가 나온 것으로, 흔히 河圖洛書를 지칭한다. 모두가 聖王之瑞를 뜻한다. 《周易》繫辭傳(上)에 「河出圖, 洛出書, 聖人則之」라 하였으며, 《書經》의 洪範九疇의 근원이 되는 그림과 符號이다. 기타 자세한 것은 《韓詩外傳》 卷5(135(5-1))를 참조하라.

子(ᄌᆞ)ㅣ ᄀᆞᆯᄋᆞ샤ᄃᆡ 鳳鳥(봉됴)ㅣ 니르디 아니ᄒᆞ며 河(하)애
圖(도)ㅣ 나디 아니ᄒᆞ니 내 마롤 띤뎌

 子(ᄌᆞ)ㅣ ᄀᆞᄅᆞ샤ᄃᆡ 鳳鳥(봉됴)ㅣ 니ᄅ디 아니ᄒᆞ며 河(하)에
圖(도)ㅣ 나디 아니ᄒᆞ니 내 마롤 딘뎌

◆ 集 註

213-㊀

夫, 音扶.

○ 鳳, 靈鳥, 舜時來儀, 文王時鳴於岐山. 河圖, 河中龍馬負圖, 伏羲時出, 皆聖王之
瑞也. 已, 止也.

○ 張子曰: 「鳳至圖出, 文明之祥. 伏羲·舜·文之瑞不至, 則夫子之文章, 知其已矣.」

夫는 음이 扶(부)이다.

○ 鳳은 靈鳥로서 舜임금 때 나타나
儀範을 보였고(《說苑》辨物篇 및《韓詩外傳》
卷8 등에 의하면 鳳鳥가 나타나 춤추며 威儀를 나타
내어 보임), 文王 때 岐山에서 울었다(《國語》
周語上과《墨子》非攻下에 실려 있음). 河圖는 河水
에서 龍馬가 지고 나온 그림으로 伏羲 때
나타났으며, 모두가 聖王의 瑞應이다. 已
는 그치다(止)의 뜻이다.

○ 張子(張載)는 이렇게 말하였다. "鳳
凰이 이르고 河圖가 나왔다는 것은 文明의
상징이다. 伏羲·舜·文王 때와 같은 瑞應이
나타나지 않는다면 夫子의 문장이 끝남을
알 수 있는 것이다."

〈鳳凰〉畫像塼

214(9-9)

子見齊衰者

공자는 자최齊衰를 입은 사람, 예복의 의상과 모자를 갖춘 사람, 그리고 장님을 보게 되면, 보자마자 그 사람이 비록 어릴지라도 반드시 일어서며, 지나가게 될 때는 반드시 먼저 빠른 걸음을 하였다.

> 子見齊衰者·冕衣裳者與瞽者, 見之, 雖少, 必作; 過之,
> 必趨.㊀

【齊衰】 古代의 喪服. 거친 삼베로 하되 가장자리를 꿰매지 아니한 것을 斬衰라 하며, 喪服 중에 무거운 것이다. 그리고 가장자리를 꿰맨 것을 齊衰라 하며, 이는 喪服 중에 가벼운 것이라 한다. '자최'로 읽는다. 諺解에는 '재최(지최)'로 읽었다.
【冕衣裳】 大夫나 貴人의 의상을 뜻한다.

子(ᄌ)ㅣ 齊衰(지최)ᄒᆞᆫ 者(쟈)와 冕(면)ᄒᆞ고 衣裳(의샹)ᄒᆞᆫ 者(쟈)와 다뭇 瞽者(고쟈)를 보시고 보심애 비록 少(쇼)ᄒᆞ나 반ᄃᆞ시 作(작)ᄒᆞ시며 디나심애 반ᄃᆞ시 趨(추)ᄒᆞ더시다

 子(ᄌ)ㅣ 齊衰者(지최쟈)와 冕衣裳者(면의샹쟈)와 다뭇 瞽者(고쟈)를 보시고 보시매 비록 少(쇼)ᄒᆞ나 반ᄃᆞ시 作(작)ᄒᆞ시며 過(과)ᄒᆞ실 제 반ᄃᆞ시 趨(추)ᄒᆞ더시다

◆ 集 註

214-㊀

齊, 音咨. 衰, 七雷反. 少, 去聲.

○ 齊衰, 喪服. 冕, 冠也. 衣, 上服. 裳, 下服. 冕而衣裳, 貴者之盛服也. 瞽, 無目者. 作, 起也. 趨, 疾行也. 或曰:「少, 當作坐.」

○ 范氏曰:「聖人之心, 哀有喪, 尊有爵, 矜不成人. 其作與趨, 蓋有不期然而然者.」 尹氏曰:「此聖人之誠心, 內外一者也.」

齊는 음이 咨(자)이며, 衰는 反切로 '七雷反'(최)이다. 少는 去聲이다.

○ 齊衰(자최)는 喪服이다. 冕은 모자(冠)이다. 衣는 윗옷이며 裳은 아래옷이다. 冠을 쓰고 위·아래옷을 갖추어 입는 것은 귀한 자의 성장한 服裝이다(《禮記》 玉藻篇 참조). 瞽는 보지 못하는 자이다. 作은 일어서다(起)이다. 趨는 빨리 걷는 것이다. 혹자는 "少는 마땅히 坐로 써야 한다"라 하였다.

○ 范氏(范祖禹)는 이렇게 말하였다. "聖人의 마음은 喪을 당한 이를 슬퍼하고, 爵位 있는 이를 높이며, 온전하지 못한 이를 불쌍히 여긴다. 일어나고 빨리 걷고 하는 것은 대체로 그렇게 되기를 기대하지 않아도 저절로 그러한 행동이 되는 것이다."

尹氏(尹焞)는 이렇게 말하였다. "이는 聖人의 정성스런 마음 안팎이 하나로 같은 것이다."

215(9-10)

顔淵喟然歎曰

안연顔淵이 이렇게 위연히 탄식하였다.

"선생님의 도는 우러러볼수록 더욱 높고, 뚫어볼수록 더욱 견고하다. 쳐다보면 앞에 있으나, 갑자기 어느새 뒤에 계시도다. 선생님께서는 순순循循하시게 사람을 잘 유도하시고, 나를 문文으로써 넓혀주시며, 나를 예禮로써 매어주셔서, 그만두고자 해도 그렇게 할 수가 없도다. 이미 내가 가진 재능을 다하였으나 무언가 탁연卓然히 앞에 우뚝 서 있도다. 비록 그렇게 따르고자 하나 어디로부터 말미암아야 할지 알 수 없도다."

顏淵喟然歎曰:「仰之彌高, 鑽之彌堅. 瞻之在前, 忽焉
在後.㉠ 夫子循循然善誘人, 博我以文,
約我以禮,㉡ 欲罷不能. 旣竭吾才, 如有
所立卓爾. 雖欲從之, 末由也已.」㉢

"循循然善誘人"(石可)

【顏淵】 顏回.
【循循】 차근차근 차례에 맞게 함.
【卓爾】 卓然. 뛰어남.
【末有也已】 末은 無로써 고대 雙聲관계이다.
'어떻게 말미암을 수가 없다'로 풀이한다.

諺 解

顏淵(안연)이 喟然(위연)히 歎(탄)ㅎ야 글오딕 仰(앙)홈애 더욱
놉프며 鑽(찬)홈애 더욱 구드며 瞻(쳠)홈애 앏픠 잇더니 믄득 뒤헤
잇도다

夫子(부즈)ㅣ 循循(슌슌)히 사름을 善(션)히 誘(유)ㅎ샤 나를 博(박)ㅎ샤딕
文(문)으로뻐 ㅎ시고 나를 約(약)ㅎ샤딕 禮(례)로뻐 ㅎ시니라

罷(파)코쟈 ㅎ나 能(능)티 몯ㅎ야 임의 내 才(직)를 竭(갈)호니 立(립)흔
배 卓(탁)홈이 인는둧 흔 디라 비록 좃고져 ㅎ나 말믜암옴이 업도다

顔淵(안연)이 喟然(위연)히 탄식ᄒᆞ야 ᄀᆞᆯ샤ᄃᆡ 仰(앙)호매 더옥 노프며 鑽(찬)호매 더욱 구드며 瞻(첨)호매 업픠 잇더니 믄득 뒤희 잇도다

夫子(부ᄌᆞ)ㅣ 循循(슌슌)히 人(인)을 잘 誘(유)ᄒᆞ샤 나ᄅᆞᆯ 文(문)으로ᄡᅥ 博(박)ᄒᆞ시고 나ᄅᆞᆯ 禮(례)로ᄡᅥ 約(약)ᄒᆞ시니

罷(파)코져 호ᄃᆡ 能(능)티 몯ᄒᆞ야 이믜 내 才(직)ᄅᆞᆯ 竭(갈)호니 立(립)흔 배 卓(탁)흔거시 잇는ᄃᆞᆺ 흔 디라 비록 從(죵)코져 ᄒᆞ나 由(유)호미 업도다

◆ 集註

215-㉠

喟, 苦位反. 鑽, 祖官反.
○ 喟, 歎聲. 仰彌高, 不可及. 鑽彌堅, 不可入. 在前在後, 恍惚不可爲象. 此顔淵深知夫子之道, 無窮盡, 無方體, 而歎之也.

喟는 反切로 '苦位反'(귀)이다. 《언해》에는 '위'로 읽었다. 鑽은 '祖官反'(잔, 지금은 '찬'으로 읽음)이다.
○ 喟는 감탄하는 소리이다. 우러러볼수록 높다는 것은 가히 미치지 못함이요, 뚫어볼수록 더욱 견고하다는 것은 가히 들어갈 수 없다는 뜻이다. 앞에 있기도 하고 뒤에 있기도 하다는 것은 황홀하여 가히 형상할 수 없다는 뜻이다. 이는 顔淵이 夫子의 道가 무궁무진하고, 그 방위나 형태가 없음을 깊이 알고 감탄한 것이다.

215-㉡

循循, 有次序貌. 誘, 引進也. 博文約禮, 敎之序也. 言夫子道雖高妙, 而敎人有序也.
○ 侯氏曰:「博我以文, 致知格物也. 約我以禮, 克己復禮也.」
程子曰:「此顔子稱聖人最切當處, 聖人敎人, 唯此二事而已.」

循循은 차례가 있는 모습이며, 誘는 끌어들이는 것이다. 博文約禮는 가르침의 차례이다. 夫子의 道는 비록 高妙하나 사람을 가르치는 데에는 차례가 있음을 말한 것이다.

○ 侯氏(侯仲良)는 이렇게 말하였다. "나를 文으로써 넓히는 것은 致知와 格物(《大學》 제1장)이요, 나를 묶되 禮로써 하는 것은 克己復禮(279)이다."

程子(程頤)는 이렇게 말하였다. "이는 顔子가 聖人의 가장 절실하고 합당한 부분을 일컬은 것으로, 聖人의 사람 가르침에는 오직 이 두 가지 사실이 있을 뿐이다."

215-㈂

卓, 立貌. 末, 無也. 此顔子自言其學之所至也. 蓋悅之深而力之盡, 所見益親, 而又無所用其力也.

吳氏曰:「所謂卓爾, 亦在乎日用行事之間, 非所謂窈冥昏黙者.」

程子曰:「到此地位, 工夫尤難, 直是峻絶, 又大段著力不得.」

楊氏曰:「自可欲之謂善, 充而至於大, 力行之積也. 大而化之, 則非力行所及矣, 此顔子所以未達一間也.」

○ 程子曰:「此顔子所以爲深知孔子而善學之者也.」

胡氏曰:「無上事而喟然歎, 此顔子學旣有得, 故述其先難之故・後得之由, 而歸功於聖人也. 高堅前後, 語道體也. 仰鑽瞻忽, 未領其要也. 惟夫子循循善誘, 先博我以文, 使我知古今, 達事變; 然後約我以禮, 使我尊所聞, 行所知. 如行者之赴家, 食者之求飽, 是以欲罷而不能, 盡心盡力, 不少休廢. 然後見夫子所立之卓然, 雖欲從之, 末由也已. 是蓋不怠所從, 必求至乎卓立之地也. 抑斯歎也, 其在『請事斯語』之後, 『三月不違』之時乎!」

卓은 서 있는 모습이요, 末은 無와 같다. 이는 顔子가 그 學問의 지극함을 스스로 말한 것이다. 아마 기쁨이 깊고 힘쓰기를 다하여 보는 바가 더욱 가까웠고, 게다가 그 힘을 어디 쏟을 데가 없었던 듯하다.

吳氏(吳棫)는 이렇게 말하였다. "소위 卓爾란 역시 일상의 行事 사이에 있는 것이지, 이른바 窈冥昏黙한 것을 일컫는 것이 아니다."

程子(程頤)는 이렇게 말하였다. "이런 경지에 다다르면 工夫가 더욱 어려워 기가 높은 산 끊어진 듯하며, 게다가 큰 부분에는 著力(힘을 쏟음)하기가 힘들다."

楊氏(楊時)는 이렇게 말하였다. "可欲之謂善(가히 사람들이 하고 싶어하는 바를 해내는 것, 이를 善이라 한다:《孟子》盡心下 247(14-25) 참조)으로부터 채워서 大人에 이르는 것은, 力行이 쌓이면 된다. 그러나 大人이 되어 이를 化하게 하는 聖人의 경지란 力行으로 미칠 수 있는 것이 아니다. 이것이 顔子가 그 한 칸(間) 정도 통달하지 못한 점이다."

○ 程子(程頤)는 이렇게 말하였다. "이는 顔子가 孔子를 깊이 안다고 여겨 이를 잘 따라 배운 바이다."

胡氏(胡寅)는 이렇게 말하였다. "위에 아무 일도 기록하지 않고 곧바로 喟然歎이라 하였으니, 이는 顔子가 배운 바에 이미 터득함이 있었던 것이다. 그 때문에 먼저 그 처음이 어려운 연고와, 뒤에 얻게 되는 이유를 설명하고, 그 功을 聖人에게 돌린 것이다. 高·堅·前·後는 道體를 말한 것이며, 仰·鑽·瞻·忽은 그 요체를 이해하지 못함을 뜻한다. 오직 夫子만이 循循히 잘 유도하되 먼저 나를 文으로써 넓혀 주고 나로 하여금 古今을 알아 일의 변화에 통달토록 한 다음, 그런 연후에 나를 禮로써 묶어 나로 하여금 들은 바를 존중하여 아는 바를 실행토록 하였다는 것이다. 마치 떠돌던 자가 집으로 들어가고, 먹는 자가 배부름을 구하는 것과 같아, 이 때문에 그만두고자 하여도 능히 그렇게 할 수가 없으며, 盡心盡力하여 조금도 쉬거나 폐함이 없었다. 그런 다음에 보니 夫子의 섬(立)이 우뚝하여 비록 이를 따르고자 하나 말미암을 바가 없는 것이다. 이는 아마 좋아야 할 바에 태만하지 않고 반드시 우뚝 선 지경까지 가고자 해야 한다는 것일 것이다. 생각건대 여기서의 탄식은 請事斯語(이 말을 잘 받들겠습니다. 顔淵篇 (279)(12-1))라 다짐한 말 이후이거나, 三月不違 (석 달 동안 仁에서 떠남이 없었다. 雍也篇(124)(6-5))의 때에 한 것이리라!"

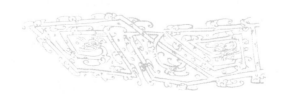

216(9-11)

子疾病子路使門人爲臣

공자가 병이 나자 자로子路가 문인으로 하여금 치상할 신하臣下가 되도록 하였다. 그런데 병이 호전되자 공자가 이를 알고 이렇게 말하였다.

"오래 되었도다. 자로(由)가 나를 속인 행동이! 신하가 없는 나의 지위에 신하라고 시켜 놓았도다. 내가 누구를 속이겠는가? 하늘을 속이랴! 장차 내가 그러한 신하의 손에서 죽느니 차라리 너희들 손에서 죽는 편이 낫도다! 또 내가 비록 큰 장례로는 받지 못한다 하여도 길에서야 죽겠느냐?"*

子疾病, 子路使門人爲臣.㊀
病閒, 曰:「久矣哉, 由之行詐也! 無臣而爲有臣. 吾誰欺?
　　　欺天乎!㊁ 且予與其死於臣之手也, 無寧死
　　　於二三子之手乎! 且予縱不得大葬, 予死於
　　　道路乎?」㊂

【子路】仲由.
【臣】家臣. 古代 諸侯가 죽었을 때에만 治喪의 臣下를 임명하였다.
【病閒】'病이 조금 낫다'의 뜻. 閒은 間과 같다.
【無寧】차라리~함이 낫다. 無는 發語詞로 뜻이 없다.《左傳》隱公 11年「無寧妓
　許公復奉其社稷」의 杜預 注에「無寧, 寧也」라 하였다.《內閣本》夾註에「惟有
　無字乎字, 故可訓無寧爲寧」이라 하였다.
*《禮記》檀弓篇 曾子疾病에 이의 내용이 자세히 실려 있다.

◉ 諺解

　　　子(ᄌ)ㅣ 疾(질)이 病(병)커시늘 子路(ᄌ로)ㅣ 門人(문신)으로
ᄒ여곰 臣(신)을 사맛더니
病(병)이 間(간)ᄒ심애 ᄀᆞᆯᄋᆞ샤ᄃᆡ 올아다 由(유)의 詐(사)를 行(ᄒᆡᆼ)홈이여
臣(신) 업슬 꺼시 臣(신) 두믈 ᄒᆞ니 내 누를 소기료 하늘홀 소긴뎌
ᄯᅩ 내 그 臣(신)의 手(슈)에 死(ᄉᆞ)홈으로 더브러론 二三子(ᅀᅵ삼ᄌᆞ)의 手(슈)
애 死(ᄉᆞ)홈이 출티 아니ᄒᆞ냐 ᄯᅩ 내 비록 시러곰 大葬(대장)티 몯ᄒᆞ나 내
道路(도로)애 死(ᄉᆞ)ᄒᆞ랴

　子(ᄌᆞ)ㅣ 疾病(질병)ᄒᆞ얏거시ᄂᆞᆯ 子路(ᄌᆞ로)ㅣ 門人(문인)으로
ᄒᆞ여곰 臣(신)을 사맛더니
病(병)이 間(간)호매 ᄀᆞ로샤ᄃᆡ 오라다 由(유)의 詐(사)ᄅᆞᆯ 行(ᄒᆡᆼ)호미여
臣(신)이 업손 거슬 臣(신)이 잇게 ᄒᆞ니 내 누를 소기뇨 天(텬)을 소기민뎌
ᄯᅩᄒᆞᆫ 내 다믓 그 臣(신)의 손애 주그모론 二三子(이삼ᄌᆞ)의 손애 주그미
편티 아니ᄒᆞ냐 ᄯᅩᄒᆞᆫ 내 비록 大葬(태장)을 得(득)디 몯ᄒᆞ나 내 道路(도로)애
주그랴

◆ 集 註

216-㊀

夫子時已去位, 無家臣. 子路欲以家臣治其喪, 其意實尊聖人, 而未知所以尊也.

夫子가 당시 이미 職位를 떠나 家臣이 없었다. 子路가 家臣을 두어 그 葬禮를
치르려 한 것은, 그 뜻은 聖人을 진실로 존중한 것이나 존중하는 所以를 알지
못한 것이다.

216-㊁

閒, 如字.
○ 病閒, 少差也. 病時不知, 旣差乃知其事, 故言:「我之不當有家臣, 人皆知之,
不可欺也. 而爲有臣, 則是欺天而已. 人而欺天, 莫大之罪.」引以自咎, 其責子路深矣.

閒(間)은 글자 그대로이다.
○ 病閒(病間)은 약간의 차도가 있는 것이다. 病中에는 알지 못하다가 이미
차도가 있자 그 일을 알게 된 것이다. 그 때문에 "나에게는 의당 家臣이 있을
수 없음을 남이 다 아는 일이니 속일 수 없다. 그런데 家臣이 있는 듯이 하면
이는 하늘을 속이는 일일 뿐이다. 사람으로서 하늘을 속이는 일은 막대한 罪이다"라
말한 것이다. 이를 자신의 허물로 끌어들여 子路를 심하게 질책한 것이다.

216-㊂

無寧, 寧也. 大葬, 謂君臣禮葬. 死於道路, 謂棄而不葬. 又曉之以不必然之故.
○ 范氏曰:「曾子將死, 起而易簀曰:『吾得正而斃焉, 斯已矣.』子路欲尊夫子,
而不知無臣之不可爲有臣, 是以陷於行詐, 罪至欺天. 君子之於言動, 雖微不可不謹.
夫子深懲子路, 所以警學者也.」
楊氏曰:「非知至而意誠, 則用智自私, 不知行其所無事, 往往自陷於行詐欺天而
莫之知也. 其子路之謂乎!」

無寧은 '차라리 ~함'이라는 뜻이다(실제로는 '차라리 ~함이 없다'의 反語法 문장에 쓰임).
大葬은 君臣의 葬禮이다. 길에서 죽는다는 것은, 버려 두고 장례를 치르지
않는다는 뜻이다. 게다가 틀림없이 그런 일은 없을 것이라는 것을 밝힌 것이다.
○ 范氏(范祖禹)는 이렇게 말하였다. "曾子가 장차 죽음에 이르자 일어나 자리를
바꾸면서 '내가 온전한 채로 죽음을 얻으니, 이것이면 훌륭한 마침이다'(泰伯篇
187(8-3) 集注 참조)라 하였다. 그런데 子路가 夫子를 높이고자 하였으나, 家臣이
없어야 함에도 家臣이 있는 듯이 하여, 이로써 거짓 행동에 빠져 그 罪가 결국
하늘을 속이는 데에 이른다는 것을 알지 못하였다. 君子는 言動에 있어서 비록
미세한 것일지라도 가히 삼가지 않을 수 없다. 夫子가 깊이 子路를 징계한
것은 배우는 자들을 경계하기 위한 것이다."
楊氏(楊時)는 이렇게 말하였다. "앎이 지극하고 뜻이 성실하지 않으면 지혜를
씀이 사사로워진다. 그리하여 그 행동에 하지 말아야 할 바를 알지 못한 채
왕왕 자신도 모른 채 하는 행동이 하늘을 속이는 데에 빠지고도, 알아차리지
못하는 경우가 있다. 이는 子路 같은 경우를 두고 한 말이리라!"

217(9-12)

子貢曰有美玉於斯

자공子貢이 여쭈었다.

"여기에 좋은 옥이 있다면 궤 속에 보관해두어야 합니까? 아니면 훌륭한 값을 찾아 팔아야 합니까?"

공자가 이렇게 말하였다.

"팔아야지! 팔아야지! 나는 값을 기다리는 자이다."

子貢曰:「有美玉於斯, 韞匵而藏諸? 求善賈而沽諸?」

子曰:「沽之哉! 沽之哉! 我待賈者也.」㊀

【子貢】端木賜.

【匵】갈무리하여 둠. 저장함. '독'으로 읽는다.

【賈】商人. 혹은 價로 보아 풀이하는 경우도 있다. '가'로 읽는다.

【沽】팔다(賣). 動詞. '고'로 읽는다.

⊙ 諺 解

陶山本 子貢(᾽공)이 글오딕 美(미)훈 玉(옥)이 이에 이시니 匵(독)애 韞(온)ᄒ야 藏(장)ᄒ링잇가 善(션)훈 賈(가)를 求(구)ᄒ야 沽(고)ᄒ링잇가 子(᾽)ㅣ 글ᄋ샤딕 沽(고)홀 띠나 沽(고)홀 띠나 나는 賈(가)를 기ᄃ리ᄂ 者(쟈)ㅣ로라

栗谷本 子貢(᾽공)이 글오딕 美(미)훈 玉(옥)이 이에 이시니 匵(독)에 韞(온)ᄒ야 藏(장)ᄒ리잇가 善賈(션가)를 求(구)ᄒ야 沽(고)ᄒ리잇가 子(᾽)ㅣ ᄀᆞᄅ샤딕 沽(고)홀 딘뎌 沽(고)홀 딘뎌 나는 賈(가)를 待(딕)ᄒᄂ 者(쟈)ㅣ로라

◆ 集 註

217-㊀

韞, 紆粉反. 匵, 徒木反. 賈, 音嫁.

○ 韞, 藏也. 匵, 匱也. 沽, 賣也. 子貢以孔子有道不仕, 故設此二端以問也. 孔子言固當賣之, 但當待賈, 而不當求之耳.

○ 范氏曰:「君子未嘗不欲仕也, 又惡不由其道. 士之待禮, 猶玉之待賈也. 若伊尹之耕於野, 伯夷·太公之居於海濱, 世無成湯·文王, 則終焉而已, 必不枉道以從人, 衒玉而求售也.」

韞은 反切로 '紆粉反'(온)이다. 匵은 '徒木反'(독)이며, 賈는 음이 嫁(가)이다.

○ 韞은 감추다(갈무리하다)의 뜻이며, 匵은 匱와 같다. 沽는 賣(팔다)이다. 子貢은, 공자는 道가 있으면서도 벼슬하지 않는 것이라 여겼다. 그래서 이 두 가지 단서를 가정하여 질문한 것이다. 孔子가 마땅히 팔아야 하겠으나 다만 응당 기다리되 내가 팔겠다고 나서지는 않을 따름임을 말한 것이다.

○ 范氏(范祖禹)는 이렇게 말하였다. "君子라면 벼슬하고 싶어하지 않은 적이 없으나, 그 道로써 말미암지 않음을 싫어한다. 선비가 禮를 기다리는 것은 오히려 그 玉을 살 만한 값을 기다리는 것과 같다. 만약 伊尹이 들에서 농사짓고, 伯夷나 太公이 바닷가에 살되 그 세상에 成湯이나 周 文王 같은 이가 없었다면 그대로 끝을 맺고 말았을 뿐, 틀림없이 道를 굽히면서까지 남을 좇거나 玉을 자랑하며 이를 팔겠다고 나서지는 않았을 것이다."

218(9-13)

子欲居九夷

공자가 구이九夷의 땅에 살고 싶어하였다. 그러자 어떤 이가 여쭈었다.
"누추한 곳인데 어찌 사실 수 있겠습니까?"
이에 공자는 이렇게 말하였다.
"군자가 거처하는데 어찌 누추함이 있겠는가?"*

子欲居九夷.㉠

或曰:「陋, 如之何?」

子曰:「君子居之, 何陋之有?」㉡

【九夷】古代 中國 동쪽 바닷가에 살던 사람들을 지칭하는 말. 淮夷이라고도 한다.
그러나 지금의 韓國을 뜻한다고 보기도 하며,《說苑》君道篇과《淮南子》齊俗訓
그리고《戰國策》秦策·魏策 등에는 이의 구체적인 民族 이름이 거론되기도
한다.

【陋】누추함. 文明이 未開함을 뜻한다.

＊《後漢書》東夷傳에「夷有九種: 曰畎夷·于夷·方夷·黃夷·白夷·赤夷·玄夷·
風夷·陽夷. 故孔子欲居九夷也」라 하였다.

諺解

陶山本　子(ᄌ)ㅣ 九夷(구이)예 居(거)코져 ᄒ더시니
或(혹)이 글오ᄃᆡ 陋(루)ᄒ거니 엇디 ᄒ링잇고 子(ᄌ)ㅣ 글ᄋ샤ᄃᆡ
君子(군ᄌ)ㅣ 居(거)ᄒ면 므슴 陋(루)홈이 이시리오

栗谷本　子(ᄌ)ㅣ 九夷(구이)예 居(거)코져 ᄒ거시늘
或(혹)이 글오ᄃᆡ 陋(루)커든 엇디 ᄒ리잇고 子(ᄌ)ㅣ ᄀᆞᆯ샤ᄃᆡ
君子(군ᄌ)ㅣ 居(거)ᄒ면 엇디 陋(루)호미 이시리오

集註

218-㊀

東方之夷有九種. 欲居之者, 亦『乘桴浮海』之意.

東方의 夷族에는 9종이 있었다. 그곳에 살고자 한 것은 역시 '乘桴浮海'(公冶長篇
098(5-6) 참조)의 뜻이다.

218-㊁

君子所居則化, 何陋之有?

君子가 居하는 곳이면 敎化가 될 것인데 어찌 누추함이 있겠는가?

219(9-14)

吾自衛反魯

공자가 말하였다.

"내가 위衛나라로부터 노魯나라로 돌아온 후에야 음악이 바르게 되었으며, 아雅와 송頌이 각각 그 자리를 찾게 되었다."

子曰:「吾自衛反魯, 然後樂正, 雅頌各得其所.」㉠

【衛】孔子가 衛나라에서 魯나라로 돌아온 것은,《左傳》에 의하면 魯 哀公 11年 (B.C. 484) 겨울이었다.

【雅】《詩經》의 小雅·大雅.

【頌】《詩經》의 魯頌·商頌. 그러나 여기서는 頌雅의 내용인지 아니면 樂曲인지 구체적으로는 알 수 없다.

子(주)ㅣ 굴ㅇ샤딕 내ㅣ 衛(위)로브터 魯(로)애 도라온 然後
(션후)에 樂(악)이 正(정)ᄒᆞ야 雅(아)와 頌(숑)이 각각 그 所(소)를
得(득)ᄒᆞ니라

 子(주)ㅣ ᄀᆞᆯᄋᆞ샤딕 내 衛(위)로브터 魯(로)의 反(반)ᄒᆞᆫ 後(후)에
樂(악)이 正(정)ᄒᆞ야 雅(아)와 頌(숑)이 각각 그 所(소)를 得(득)
ᄒᆞ니라

◆ 集 註

219-㊀

魯哀公十一年冬, 孔子自衛反魯. 是時周禮在魯, 然詩樂亦頗殘缺失次. 孔子周
流四方, 參互考訂, 以知其說. 晚知道終不行, 故歸而正之.

魯 哀公 11年(B.C. 484) 겨울, 孔子가 衛나라에서 魯나라로 돌아왔다. 이때 周
나라의 禮는 魯나라에서 행해지고 있었으나 《詩》와 《樂》은 그래도 자못 殘缺
되고 순서를 잃은 채였다. 孔子가 사방을 周流하면서 서로 참고하고 考訂하여
그 내용을 알게 된 것이다. 늦게나마 자신의 道가 끝내 시행되지 못할 것임을
알고 그 때문에 돌아와 이를 바로잡은 것이다.

220(9-15)

出則事公卿

공자가 말하였다.

"나가서는 공경公卿을 모시고, 들어와서는 부형父兄을 받들며, 상사喪事에는 감히 힘쓰지 아니함이 없고, 술에 곤핍을 당하는 일이 없는 것, 이 중에 그 무엇이 나에게 있으리오?"

> 子曰:「出則事公卿, 入則事父兄, 喪事不敢不勉, 不爲酒困, 何有於我哉?」㊀

【公卿】 公은 五爵, 즉 公·侯·伯·子·男을 뜻하며, 卿은 그 다음의 卿大夫. 여기서는 爲政者, 官職을 맡은 사람을 뜻한다.

【父兄】 구체적으로 아버지와 형으로 보아 여기서의 兄은 孔子의 형인 孟皮를 뜻한다고 여기는 說과 그저 年長者·어른을 뜻하는 일반 명칭으로 보는 說이 있다.

● 諺 解

 子(ᄌᆞ) ㅣ 굴ᄋᆞ샤ᄃᆡ 나ᄂᆞᆫ 公卿(공경)을 섬기고 드러ᄂᆞᆫ 父兄(부형)을 섬기며 喪事(상ᄉᆞ)를 敢(감)히 힘쓰디 아니티 아니ᄒᆞ며 술의 困(곤)홈이 되디 아니홈이 므스거시 내게 인ᄂᆞ뇨

 子(ᄌᆞ) ㅣ ᄀᆞᄅᆞ샤ᄃᆡ 나면 公卿(공경)을 섬기고 들면 父兄(부형)을 섬기며 喪事(상ᄉᆞ)를 敢(감)히 勉(면)티 아니티 아니ᄒᆞ며 酒(쥬)의 困(곤)을 아니호미 므서시 내게 잇ᄂᆞ뇨

◆ 集 註

220-㉠

說見第七篇, 然此則其事愈卑而意愈切矣.

이 내용은 제7편(述而篇의 각 내용은 孔子의 겸손함을 말한 것이며, 구체적으로 본장과 직접 관련된 구절은 없다)에 보인다. 그러나 여기서는 그 일을 더욱 낮추었고 뜻은 더욱 逼切하다.

221(9-16)

子在川上

공자가 냇가에서 이렇게 말하였다.

"흘러가는 것이 이와 같구나! 밤낮을 두고 그침이 없구나."*

子在川上, 曰:「逝者如斯夫! 不舍晝夜.」㉠

【川上】냇가. 上은 가이다.

【舍】捨와 같다. '그만두다, 놓다'의 뜻. 여기서는 '그치다'로 풀이하였다.

* 이 구절에 대한 해석은《孟子》離婁下 107(8-18)에 자세히 실려 있다.

"逝者如斯夫! 不舍晝夜"(石可)

 諺 解

 陶山本

　　子(ᄌ)ㅣ 川上(쳔샹)의 겨셔 ᄀᆞᆯᄋᆞ샤ᄃᆡ 逝(셔)ᄒᆞᄂᆞᆫ 者(쟈)ㅣ 이
ᄀᆞᆮᄐᆞ뎌 晝夜(듀야)의 舍(샤)티 아니ᄒᆞ놋다

栗谷本

　　子(ᄌ)ㅣ 川上(쳔샹)의 겨샤 ᄀᆞᄅᆞ샤ᄃᆡ 가ᄂᆞᆫ 者(쟈)ㅣ 이 ᄀᆞᆮᄐᆞ뎌
晝夜(쥬야)의 舍(샤)티 아니ᄒᆞ놋다

◆ 集 註

221-㊀

夫, 音扶. 舍, 上聲.

○ 天地之化, 往者過, 來者續, 無一息之停, 乃道體之本然也. 然其可指而易見者,
莫如川流. 故於此發以示人, 欲學者時時省察, 而無毫髮之間斷也.

○ 程子曰:「此道體也, 天運而不已, 日往則月來, 寒往則暑來, 水流而不息, 物生
而不窮, 皆與道爲體, 運乎晝夜, 未嘗已也. 是以君子法之, 自强不息. 及其至也, 純亦
不已焉.」

又曰:「自漢以來, 儒者皆不識此義. 此見聖人之心, 純亦不已也. 純亦不已, 乃天
德也. 有天德, 便可語王道, 其要只在謹獨.」

　愚按:「自此至終篇, 皆勉人進學不已之辭.」

夫는 음이 扶(부)이며, 舍는 上聲(捨와 같음)이다.

○ 天地의 변화는, 가는 것은 가고 오는 것은 이어져 잠시 동안의 멈추어 쉼도 없으니, 바로 道體의 本然이다. 그러나 그 중에 가히 지적하여 쉽게 볼 수 있는 것으로 川流만한 것이 없다. 그 때문에 여기에서 이를 펴서 보여 주어 배우는 자들이 때때로 성찰하여, 털끝만큼의 間斷도 없도록 하려 한 것이다.

○ 程子(程頤)는 이렇게 말하였다. "이는 道體이다. 하늘의 운행은 그침이 없어 날이 가면 달이 오고, 추위가 가면 더위가 찾아오며, 물은 흘러도 쉼이 없고, 萬物은 생겨나 다함이 없다. 모두가 道와 더불어 一體가 되어 晝夜로 운행하여 그친 적이 없다. 이로써 君子는 이를 법 받아 自强不息(《易》 乾卦 象傳의 구절)하는 것이다. 그 지극함에 이르면 순수함 역시 끊어지지 않는다."

또 이렇게 말하였다. "漢나라 이래로 儒家들은 모두 이 뜻을 알지 못하였다. 이는 聖人의 마음이 순수함 역시 끊이지 않음을 보인 것이다. 순수함 역시 그치지 않으니 곧 天德인 것이다. 天德이 있어야 바로 王道를 말할 수 있으니, 그 요체는 오직 謹獨(홀로 있을 때를 삼감. 愼獨과 같음)에 있을 따름이다."

내 생각으로는 이렇다. "여기서부터 이 편의 끝까지는 모두가 사람들에게 學問에 나아가되 그치지 말도록(進學不已) 勸勉하는 말이다."

222(9-17)

吾未見好德如好色者也

공자가 말하였다.

"나는 아직 덕을 좋아하기를, 마치 미색을 좋아하는 것처럼 하는 자를 보지 못하였다."

子曰:「吾未見好德如好色者也.」㊀

【好】'좋아하다'의 동사로 쓰였다. 去聲이다.

子(ᄌ)ㅣ ᄀᆞᆯᄋᆞ샤ᄃᆡ 내 德(덕)을 됴히 너김이 色(ᄉᆡᆨ) 됴히 너김 ᄀᆞ티 ᄒᆞᄂᆞᆫ 이를 보디 몯게라

 子(ᄌ)ㅣ ᄀᆞᄅᆞ샤ᄃᆡ 내 德(덕) 好(호)호믈 色(ᄉᆡᆨ) 好(호)홈ᄀᆞ티 ᄒᆞᄂᆞᆫ 者(쟈)를 보디 몯게라

◆ 集 註

222-㊀

好, 去聲.

○ 謝氏曰:「好好色, 惡惡臭, 誠也. 好德如好色, 斯誠好德矣, 然民鮮能之.」

○ 史記:「孔子居衛, 靈公與夫人同車, 使孔子爲次乘, 招搖市過之.」孔子醜之, 故有是言.

好는 去聲이다.

○ 謝氏(謝良佐)는 이렇게 말하였다. "好色을 좋아하고 惡臭를 싫어하는 것은 誠이다. 德을 좋아하기를 色을 좋아하듯 하는 것, 이는 진실로 德을 좋아하는 것이다. 그러나 일반 百姓들로서는 여기에 능한 자가 드물다."

○《史記》(孔子世家)에는 이렇게 말하였다. "孔子가 衛나라에 있을 때 靈公이 부인과 수레를 함께 타고 가면서, 孔子로 하여금 다음 수레를 타도록 하고는 招搖(뽐냄, 첩운어)하게 저잣거리를 통과하였다." 孔子는 이를 추하게 여겨 그 때문에 이 말을 하게 된 것이다.

223(9-18)

譬如爲山

공자가 말하였다.

"비유컨대 산을 만들면서 한 삼태기를 미처 더하지 않아 완성시키지 못한 채 그치고 만 것도 내가 그친 것이며, 비유컨대 평지에 산을 만들고자 하면서 비록 한 삼태기밖에 덮지 않았지만, 계속해야 할 일이라면 내가 계속해 나갈 일이다."

> 子曰：「譬如爲山, 未成一簣, 止, 吾止也. 譬如平地, 雖覆一簣, 進, 吾往也.」⊖

【簣】삼태기. 흙을 담는 기구. '궤'로 읽는다.
【平地】'평평한 땅'(수식구조)이 아니라, '땅을 평평하게 하다'(술목구조)로 보아 '땅을 평평하게 고르면서'로 해석할 수도 있다.

子(<)ㅣ 글으샤딕 譬(비)컨댄 뫼흘 밍ᄀ롬애 흔 簣(궤)를 일오디 몯ᄒ야셔 그침도 내의 그침이 ᄀᄐ며 譬(비)컨댄 平地(평디)예 비록 흔 簣(궤)를 覆(복)ᄒ나 나아감도 내의 감 ᄀᄐ니라

子(<)ㅣ ᄀᄅ샤딕 譬(비)컨댄 뫼ᄒ기예 흔 簣(궤)만 일우디 몯ᄒ나 그 止(지)홈도 내 止(지)호미며 譬(비)컨댄 平地(평디)예 비록 흔 簣(궤)를 覆(복)ᄒ나 進(진)홈도 내 往(왕)호미니라

◆ 集 註

223-㉠

簣, 求位反. 覆, 芳服反.

○ 簣, 土籠也. 書曰:「爲山九仞, 功虧一簣.」夫子之言, 蓋出於此. 言山成而但少一簣, 其止者, 吾自止耳; 平地而方覆一簣, 其進者, 吾自往耳. 蓋學者自强不息, 則積少成多; 中道而止, 則前功盡棄. 其止其往, 皆在我而不在人也.

簣는 反切로 '求位反'(궤)이며, 覆은 '芳服反'(복)이다.

○ 簣는 土籠(흙삼태기)이다.《書》에 "아홉 길 높이의 山을 만드는데 그 공적이 한 삼태기 때문에 무너지도다"(《尙書》 旅獒篇의 구절)라 하였다. 夫子의 말은 아마 여기서 나온 것이리라. 山을 이루었으나 다만 한 삼태기가 모자란다 하더라도 이를 그치고 마는 것은 내 스스로 그친 것일 뿐이요, 평지에 (산을 만들면서) 바야흐로 한 삼태기만 덮었을 뿐이지만 계속해야 한다면 내 스스로 계속해 나갈 따름임을 말한 것이다. 대체로 배우는 자가 自强不息(《易》 乾卦 象傳)하면 작은 것이 모여 큰 것을 이루지만, 중도에 이를 폐지하면 앞서 이룬 功績이 모두 포기되는 것이리라. 그 그치고 나감은 모두가 나에게 있는 것이지 남에게 있는 것이 아니다.

語之而不惰者

공자가 말하였다.

"내가 일러준 대로 게으름을 피우지 아니하는 자는, 바로 안회顔回로다!"

子曰:「語之而不惰者, 其回也與!」㊀

【語之】告之와 같다. 孔子가 일러줌을 뜻한다.

【顔回】顔淵.

子(ᄌ)ㅣ 글ᄋ샤ᄃᆡ 語(어)홈애 惰(타)티 아니ᄒᆞᄂᆞᆫ 이ᄂᆞ 그 回(회)
ㄴ뎌

子(ᄌ)ㅣ ᄀᆞ른샤ᄃᆡ 語(어)호매 惰(타)티 아니ᄂᆞᆫ 者(쟈)ᄂᆞᆫ 그 回(회)
ㄴ뎌

◆ 集註

224-㊀

語, 去聲. 與, 平聲.
○ 惰, 懈怠也.
范氏曰：「顏子聞夫子之言, 而心解力行, 造次顚沛未嘗違之. 如萬物得時雨之潤,
發榮滋長, 何有於惰？ 此群弟子所不及也.」

語는 去聲이며, 與(歟)는 平聲이다.
○ 惰는 게으름(懈怠)이다.
范氏(范祖禹)는 이렇게 말하였다. "顏子가 夫子의 말을 듣고 마음속으로 그 力行을
이해하고, 造次・顚沛(里仁篇 071(4-5))의 순간에도 일찍이 이에 위배됨이 없었다.
마치 萬物이 때맞추어 내리는 비의 潤澤을 얻어 榮茂하게 피어 점점 자라는
것과 같으니, 어느 겨를에 나태할 수 있겠는가？ 이는 다른 여러 弟子들로서는
미치지 못하는 바였다."

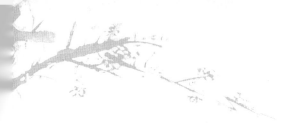

225(9-20)

子謂顔淵

공자가 안연顔淵을 두고 이렇게 평하였다.

"아깝도다! 나는 그가 학문을 진전시키는 것만 보았지, 그가 학문을 그치는 것은 본 적이 없다."

子謂顔淵, 曰:「惜乎! 吾見其進也, 未見其止也.」㉠

【惜乎】顔淵이 이미 죽고 없음을 안타깝게 여긴 것.

諺 解

陶山本　子(ᄌ)ㅣ 顔淵(안연)을 닐어 ᄀᆞᆯᄋ샤ᄃᆡ 惜(셕)홉다 내 그 나아감을
보고 그 그침을 보디 몯호라

栗谷本　子(ᄌ)ㅣ 顔淵(안연)을 닐러 ᄀᆞᄅᆞ샤ᄃᆡ 惜(셕)홉다 내 그 進(진)호믈
보고 그 止(지)호믈 보디 몯ᄒᆞ얏더니라

◆ 集 註

225-㈠

進止二字, 說見上章. 顔子旣死而孔子惜之, 言其方進而未已也.

進·止 두 글자는 윗장(223(9-18))을 보라. 顔子가 이미 죽어 孔子가 이를 애석하게
여긴 것으로, 그는 바야흐로 나아가기만 하였지 그치지는 않았음을 말한 것이다.

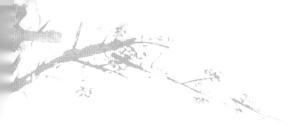

226(9-21)

苗而不秀者有矣夫

공자가 말하였다.

"싹만 틔우고 꽃을 피우지 못하는 것도 있을 수 있도다! 꽃은 피웠으나 열매를 맺지 못하는 것도 있구나!"

> 子曰:「苗而不秀者有矣夫! 秀而不實者有矣夫!」㊀

【秀】 꽃이 피거나 이삭이 패는 것을 뜻한다. 수(穗)의 통가자가 아닌가 한다.
【實】 열매 맺다의 動詞.

子(天)ㅣ 골 ᄋ샤되 苗(묘)ᄒ고 秀(슈)티 몯ᄒ리 이시며 秀(슈)ᄒ고 實(실)티 몯ᄒ리 인ᄂᆞ며

栗谷本 子(天)ㅣ ᄀᆞᄅ샤되 苗(묘)코 秀(슈)티 몯흔 者(쟈)ㅣ 이시며 秀(슈)코 實(실)티 몯흔 者(쟈)ㅣ 잇ᄂᆞ며

◈ 集 註

226-㊀

夫, 音扶.

○ 穀之始生曰苗, 吐華曰秀, 成穀曰實. 蓋學而不至於成, 有如此者, 是以君子貴自勉也.

夫는 음이 扶(부)이다.

○ 곡식이 처음 나는 것을 苗라 하고, 꽃을 피워내는 것을 秀라 하며, 성숙된 곡식을 實이라 한다. 아마 學問을 하되 성취에 이르지 못하는 경우, 이와 같은 자가 있어 그 때문에 君子는 自勉을 귀히 여겨야 한다는 것이리라.

227(9-22)

後生可畏

공자가 말하였다.

"후생後生이 가히 두렵도다. 뒤에 오는 자가 어찌 지금만 못하리라고 단정할 수 있겠는가? 그러나 마흔, 쉰이 되도록 그 소문이 들리지 않으면 그런 사람은 족히 두려워할 인물이 아니다."

> 子曰:「後生可畏, 焉知來者之不如今也? 四十·五十 而無聞焉, 斯亦不足畏也已.」⊖

【後生可畏】젊은 後進이 열심히 공부하여 따라오는 것을 두려워한다는 뜻.

【無聞】그에 대한 名聲이 들리지 않음. 여기서 문이란 덕행에 대한 소문과 평가를 뜻함.

子(᷁)ㅣ 길ᄋ샤ᄃᆡ 後生(후ᄉᆡᆼ)이 可(가)히 두려오니 엇디 來者 (ᄅᆡᄌᆞ)의 이제 ᄀᆞᆮ디 몯홀 줄을 알리오 四十(ᄉᆞ십) 五十(오십)이오 드름이 업스면 이 ᄯᅩ흔 足(죡)히 두렵디 아니ᄒᆞ니라

 子(᷁)ㅣ ᄀᆞᄅᆞ샤ᄃᆡ 後生(후ᄉᆡᆼ)이 可(가)히 저프니 오ᄂᆞᆫ 者(쟈)ㅣ 이제 ᄀᆞᆺ디 아닐 주를 엇디 알료 四十(ᄉᆞ십) 五十(오십)이오 聞(문) 호미 업스면 이ᄂᆞᆫ ᄯᅩ흔 足(죡)히 저프디 아니ᄒᆞ니라

◈ 集 註

227-㊀

焉知之焉, 於虔反.

○ 孔子言:「後生年富力彊, 足以積學而有待, 其勢可畏, 安知其將來不如我之今日乎? 然或不能自勉, 至於老而無聞, 則不足畏矣.」言此以警人, 使及時勉學也. 曾子曰:「五十而不以善聞, 則不聞矣.」蓋述此意.

尹氏曰:「少而不勉, 老而無聞, 則亦已矣. 自少而進者, 安知其不至於極乎? 是可畏也.」

焉知의 焉은 反切로 '於虔反'(언)이다.

○ 孔子가 "後生은 年富力彊(나이가 많이 남아 있고 힘도 강함)하여 學問을 쌓으면 기대할 것이 足하여, 그 氣勢가 가히 두려워할 만하니 어찌 그들의 장래가 나의 오늘날만 같지 못하다고 여길 수 있겠는가? 그러나 혹 능히 스스로 힘쓰지 않았다가 늙어서 세상에 이름이 들리지 못한다면 두려워할 바가 못 된다"라고 말한 것이다. 이로써 사람을 경계하여 그들로 하여금 때맞추어 공부하도록 한 것이다. 曾子(曾參)가 "50이 되도록 잘한다는 것으로 소문이 들리지 않으면 더 이상 알려질 수가 없다"(《大戴禮記》修身篇의 구절)라 하였으니, 아마 이 뜻을 서술한 것이리라.

尹氏(尹焞)는 이렇게 말하였다. "젊어서 힘쓰지 않았다가 늙어서도 소문이 들리지 않는다면 역시 끝난 것이다. 젊어서부터 나아가는 자라면 어찌 그가 그 窮極에 이르지 못할 것이라 여길 수 있겠는가? 이것이 가히 두려운 것이다."

228(9-23)

法語之言

공자가 말하였다.

"법도에 맞는 말을 능히 좇지 아니할 수 있으랴? 이를 듣고 고치는 것이 귀한 것이다. 또 공손히 찬동해주는 말을 듣고 기쁘지 아니하랴? 그러나 실마리를 찾아 새겨듣는 것이 귀한 것이다. 기뻐하기만 하고 실마리를 찾아 새겨듣지 아니하거나, 따르기만 할 뿐 고치지 않는다면 나는 그런 사람을 어찌할 수가 없다."

子曰:「法語之言, 能無從乎? 改之爲貴. 巽與之言, 能無
說乎? 繹之爲貴. 說而不繹, 從而不改, 吾末如之
何也已矣.」⊖

【法語】正言. 법도에 맞는 말.
【說】悅과 같다. 기쁨을 뜻한다. '열'로 읽는다.
【繹】演繹. '잘 풀어서 새겨듣다, 실마리를 찾다' 등의 뜻.
【末】無로 보았다. 雙聲聲訓이다.

● 諺 解

陶山本 　子(ᄌᆞ) l 골ᄋ샤ᄃᆡ 法(법)으로 語(어)ᄒᆞᄂᆞᆫ 말은 能(능)히 從(죵)홈이 업스랴 改(ᄀᆡ)홈이 貴(귀)ᄒᆞ니라 異(손)히 與(여)ᄒᆞᄂᆞᆫ 말은 能(능)히 說(열)홈이 업스랴 繹(역)홈이 貴(귀)ᄒᆞ니라 說(열)호ᄃᆡ 繹(역)디 아니ᄒᆞ며 從(죵)호ᄃᆡ 改(ᄀᆡ)티 아니ᄒᆞ면 내 엇디려뇨 홈이 업스니라

栗谷本 　子(ᄌᆞ) l ᄀᆞᆯᄋᆞ샤ᄃᆡ 法語(법어)의 말을 能(능)히 從(죵)호미 업스랴 改(ᄀᆡ)호미 貴(귀)ᄒᆞ고 異(손)히 與(여)ᄒᆞᄂᆞᆫ 말을 能(능)히 說(열)호미 업스랴 繹(역)호미 貴(귀)ᄒᆞ니 說(열)코 繹(역)디 아니ᄒᆞ며 從(죵)코 改(ᄀᆡ)티 아니ᄒᆞ면 내 엇디려뇨 호미업도다

◆ 集 註

228-㊀

法語者, 正言之也. 異言者, 婉而導之也. 繹, 尋其緒也. 法言人所敬憚, 故必從; 然不改, 則面從而已. 異言無所乖忤, 故必說; 然不繹, 則又不足以知其微意之所在也.
　○ 楊氏曰:「法言, 若孟子論行王政之類是也; 異言, 若其論好貨好色之類是也. 語之而不達, 拒之而不受, 猶之可也. 其或喩焉, 則尙庶幾其能改繹矣. 從且說矣, 而不改繹焉, 則是終不改繹也已, 雖聖人, 其如之何哉?」

法語란 바르게 말해주는 것이다. 異言은 완곡하게 이를 이끌어 주는 것이다. 繹은 그 실마리를 찾는 것이다. 法言은 사람이 恭敬하면서 꺼리는 것이다. 그러므로

틀림없이 따르게 된다. 그러나 고치지 않으면 표정만 따르는 것일 뿐이다. 異言은 어그러뜨리거나 마음에 거슬림이 없는 것이다. 그러므로 반드시 즐거워하게 된다. 그러나 실마리를 잘 풀어 주지 않으면 족히 그 微意의 소재를 알아차릴 수 없다.

○ 楊氏(楊時)는 이렇게 말하였다. "法言이란 孟子가 王政을 행하도록 논한 것이 이런 類이다. 異言이란 孟子가 好貨好色(《孟子》梁惠王下 012(2-5) 참조)을 논한 類가 이것이다. 말하여 주었으나 통달하지 못하거나 이를 거부하고 받아들이지 않는 경우는 오히려 可하다. 그 속에 혹시 깨우친다면 오히려 능히 고치고 실마리를 찾아내기를 기대할 수 있다. 그러나 따르고 기뻐하면서 고치지도, 실마리를 찾아내지도 못한다면 이는 끝내 고치지도, 실마리를 찾지도 못한 채 끝나는 것이니, 비록 聖人인들 이를 어찌하겠는가?"

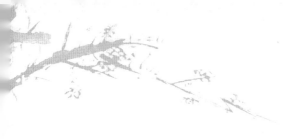

229(9-24)

主忠信

공자가 말하였다.

"충실함과 믿음을 주로 하며, 자신만 못한 자와는 벗하지 않아야 한다. 그리고 허물이 있으면 고치기를 꺼리지 말지니라."*

子曰:「主忠信, 毋友不如己者, 過則勿憚改.」⊖

* 본장은 學而篇(008(1-8))과 같다.

陶山本　없음

栗谷本　없음

 集 註

229-㊀

重出而逸其半.

거듭 나왔으며(學而篇 008(1-8)), 그 중 절반이 逸文이다.

230(9-25)

三軍可奪帥也

공자가 말하였다.

"삼군三軍의 군대로 그 상대의 장수는 빼앗을 수 있으나, 필부의 지조는 빼앗을 수 없느니라."

子曰:「三軍可奪帥也, 匹夫不可奪志也.」⊖

【三軍】 많은 軍士를 뜻한다. 天子는 六軍, 諸侯는 三軍을 거느렸다.

【奪帥】 '많은 軍士로써 대적하면 결국 승리하여 그 장수를 빼앗을 수 있다'는 뜻. 혹은 '三軍의 강한 무력일지라도 결국 그들의 장수는 빼앗길 수 있다'(毛子水 《論語今註今譯》)로 보는 경우도 있다.

"三軍可奪帥也,
匹夫不可奪志也"(石可)

 子(ᄌ)ㅣ ᄀᆞᆯ으샤ᄃᆡ 三軍(삼군)은 可(가)히 帥(슈)를 奪(탈)ᄒᆞ려
니와 匹夫(필부)ᄂᆞᆫ 可(가)히 志(지)를 奪(탈)티 몯ᄒᆞᄂᆞ니라

子(ᄌ)ㅣ ᄀᆞᄅᆞ샤ᄃᆡ 三軍(삼군)은 可(가)히 帥(슈)를 奪(탈)ᄒᆞ려
니와 匹夫(필부)ᄂᆞᆫ 可(가)히 志(지)를 奪(탈)티 몯ᄒᆞᆯ 디니라

◈ 集 註

230-㊀

侯氏曰:「三軍之勇在人, 匹夫之志在己. 故帥可奪而志不可奪, 如可奪, 則亦不
足謂之志矣.」

侯氏(侯仲良)는 이렇게 말하였다. "三軍의 勇猛은 남에게 있는 상황이요, 匹夫의
의지는 내게 있는 것이다. 그 때문에 장수는 빼앗을 수 있으나, 내 의지는
빼앗을 수 없으니, 만약 빼앗을 수 있다면 역시 족히 志라고 이를 만하지
못한 것이다."

231(9-26)

衣敝縕袍

공자가 말하였다.

"낡은 온포縕袍를 입은 채 호학狐貉의 좋은 털옷을 입은 자와 마주서서도 부끄러움을 느끼지 않을 자는 유由일 것이로다! '질투함도 요구함도 없는 터이니 어찌한들 훌륭하지 아니 하리오?'라고 하였도다."

자로子路가 이를 종신토록 외고 다니자 공자가 이렇게 말하였다.

"이러한 도道만으로 어찌 족히 훌륭하다 하겠느냐?"

子曰:「衣敝縕袍, 與衣狐貉者立, 而不恥者, 其由也與!㊀
  『不忮不求, 何用不臧?』」㊁

子路終身誦之.

子曰:「是道也, 何足以臧?」㊂

【縕袍】질이 낮은 솜으로 짠 옷. 敝縕袍는 낡은 縕袍를 뜻한다.
【狐貉】여우, 담비. 여기서는 훌륭한 갖옷을 뜻한다. 원음은 '호학'이다. 諺解에는
'호락'으로 읽었다.
【由】仲由. 子路.
【不忮不求】《詩經》衛風 雄雉篇의 구절. 기(忮)는 害, 臧은 善의 뜻.

● 諺解

潭山本 子(ᄌ)ㅣ 굴ᄋ샤되 ᄒ여딘 縕袍(온포)를 닙어 狐貉(호락) 닙은
이로 더브러 立(립)호되 붓그려 아니ᄒᄂ니ᄂ 그 由(유)ㄴ뎌
忮(기)티 아니ᄒ며 求(구)티 아니ᄒ면 엇디 뻐 臧(장)티 아니ᄒ리오
子路(ᄌ로)ㅣ 몸이 뭇도록 외오려 ᄒ대 子(ᄌ)ㅣ 굴ᄋ샤되 이 道(도)ㅣ
엇디 足(족)히 뻐 臧(장)ᄒ리오

栗谷本 子(ᄌ)ㅣ ᄀᄅ샤되 敝(폐)ᄒ 縕袍(온포)를 닙고 狐貉(호락) 닙은
者(쟈)와 더브러 셔셔 붓그려 아니ᄒᄂ 者(쟈)ᄂ 그 由(유)ㄴ뎌
忮(기)티 아니며 求(구)티 아니면 엇디 뻐 臧(장)티 아니리오 ᄒ니라
子路(ᄌ로)ㅣ 身(신)이 終(죵)토록 誦(숑)ᄒ대 子(ᄌ)ㅣ ᄀᄅ샤되 이 道(도)ㅣ
엇디 足(족)히 뻐 臧(장)ᄒ리오

◆ 集註

231-㈠

衣, 去聲. 縕, 紆粉反. 貉, 胡各反. 與, 平聲.
○ 敝, 壞也. 縕, 枲著也. 袍, 衣有著者也. 蓋衣之賤者. 狐貉, 以狐貉之皮爲裘,
衣之貴者. 子路之志如此, 則能不以貧富動其心, 而可以進於道矣, 故夫子稱之.

衣는 去聲이며, 縕은 反切로 '紆粉反'(온)이다. 貉은 '胡各反'(학)이며, 與는 平聲이다.
○ 敝는 허물어짐(옷 등이 해짐)이다. 縕은 수삼(枲)으로 누빈 것이며, 袍는 옷을
누빈 것이다. 대체로 옷 중에 賤한 것이다. 狐貉은 여우나 담비의 가죽으로 만든
외투로서 옷 중에 귀한 것이다. 子路의 뜻이 이와 같다면 貧富도 그의 마음을

동요시킬 수 없어 가히 道로 나갈 수 있다. 그 때문에 夫子가 칭찬한 것이다.

231-㊁

忮, 之豉反.

○ 忮, 害也. 求, 貪也. 臧, 善也. 言能不忮不求, 則何爲不善乎? 此衛風雄雉之詩, 孔子引之, 以美子路也.

呂氏曰:「貧與富交, 彊者必忮, 弱者必求.」

忮는 反切로 '支豉反'(지)이다.

○ 忮는 害함이다. 求는 貪내는 것이며, 臧은 善이다. 능히 不忮不求(해함도 탐냄도 없음)한다면 어찌 不善을 저지를 수 있겠는가? 이는 《詩經》 衛風 雄雉의 구절인데 孔子가 이를 引用하여 子路를 칭찬한 것이다.

呂氏(呂大臨)는 이렇게 말하였다. "가난한 자와 부유한 자의 사귐에는 강한 자는 틀림없이 해치려 들고 약한 자는 틀림없이 탐내게 마련이다."

231-㊂

終身誦之, 則自喜其能, 而不復求進於道矣, 故夫子復言此以警之.

○ 謝氏曰:「恥惡衣惡食, 學者之大病. 善心不存, 蓋由於此. 子路之志如此, 其過人遠矣. 然以衆人而能此, 則可以爲善矣; 子路之賢, 宜不止此. 而終身誦之, 則非所以進於日新也. 故激而進之.」

종신토록 이를 외운다면 스스로 그 능함에 기쁨을 느낀 나머지 다시는 道에 나가기를 구하지 않게 될 것이다. 그 때문에 夫子가 이 말을 반복하여 이를 경계한 것이다.

○ 謝氏(謝良佐)는 이렇게 말하였다. "惡衣惡食을 부끄러워하는 것은 배우는 자로서의 大病이다. 善心이 존속되지 못함은 대개 여기에서 비롯된다. 子路의 뜻이 이와 같았으니, 보통사람을 멀리 뛰어넘은 것이다. 그러나 보통사람으로서 이에 능하다면 가히 善을 행한다 할 수 있겠지만 子路의 현명함으로 보면 의당 여기서 그칠 일이 아니다. 그런데도 종신토록 이를 외우려 하였다면 날로 새로워지는 日新으로 나아가는 바는 되지 못한다. 그 때문에 격동시켜 나아가게 한 것이다."

232(9-27)

歲寒然後知松柏之後彫

공자가 말하였다.

"한 해의 추운 겨울이 된 연후라야 송백松柏이 가장 나중에 조락한다는 것을 알게 된다."*

子曰:「歲寒, 然後知松柏之後彫也.」㊀

【歲寒】歲暮. 한 해가 저물어 나뭇잎이 모두 凋落 하는 시기.
【彫】凋와 같다. 凋落.
*《荀子》大略篇에 「歲不寒無以知松柏; 事不難無以知君子」라 하였다.

"歲寒,
然後知松柏之後彫也"(石可)

 諺 解

 子(ᄌᆞ)ㅣ 글ᄋᆞ샤디 歲(셰)ㅣ 寒(한)ᄒᆞᆫ 然後(연후)에 松栢(송ᄇᆡᆨ)의 後(후)에 彫(됴)ᄒᆞᄂᆞᆫ 줄을 아ᄂᆞ니라

 子(ᄌᆞ)ㅣ ᄀᆞᄅᆞ샤디 歲(셰)ㅣ 寒(한)ᄒᆞᆫ 後(후)에ᅀᅡ 松栢(송ᄇᆡᆨ)의 後(후)에 彫(됴)호ᄆᆞᆯ 아ᄂᆞ니라

集 註

232-㊀

范氏曰:「小人之在治世, 或與君子無異. 惟臨利害·遇事變然後, 君子之所守可見也.」

○ 謝氏曰:「士窮見節義, 世亂識忠臣. 欲學者心周于德.」

范氏(范祖禹)는 이렇게 말하였다. "治世에 있어서는 小人이라고 해서 혹 君子와 차이가 날 것도 없다. 오직 利害에 임하거나 事變을 만난 연후라야 君子가 지키는 바가 가히 드러나는 것이다."

○ 謝氏(謝良佐)는 이렇게 말하였다. "선비는 窮해야 그 節義를 볼 수 있고, 세상이 어지러워야 忠臣을 식별할 수 있다. 배우는 자는 그 마음을 德에 周旋되도록 하여야 한다."

知者不惑

공자가 말하였다.

"슬기로운 자는 미혹함에 빠지지 아니하고, 어진 자는 근심에 빠지지
아니하며, 용맹한 자는 두려움에 빠지지 아니한다."**

子曰:「知者不惑, 仁者不憂, 勇者不懼.」㊀

【知】智로 보았다.

＊ 邢昺은 「知者明於事, 故不惑; 仁者知命, 故無憂患; 勇者果敢, 故不恐懼」라
하였다. 한편 본장은 憲問篇 362(14-30)에도 실려 있다.

＊《申鑒》卷5 雜言(下)에 「君子樂天知命, 故不憂; 審物明辨, 故不惑; 定心致公,
故不懼」라 하였고,《周易》繫辭(上)에는 「樂天知命, 故不憂」라 하였다.

"知者不惑, 仁者不憂, 勇者不懼"
(石可)

陶山本 子(ᄌ)ㅣ ᄀᆞᆯᄋᆞ샤ᄃᆡ 知(디)ᄒᆞᆫ 者(쟈)ᄂᆞᆫ 惑(혹)디 아니ᄒᆞ고 仁(신)ᄒᆞᆫ 者(쟈)ᄂᆞᆫ 憂(우)티 아니ᄒᆞ고 勇(용)ᄒᆞᆫ 者(쟈)ᄂᆞᆫ 懼(구)티 아니ᄒᆞᄂᆞ니라

栗谷本 子(ᄌ)ㅣ ᄀᆞᄅᆞ샤ᄃᆡ 知(디)ᄒᆞᆫ 者(쟈)ᄂᆞᆫ 惑(혹)디 아니ᄒᆞ고 仁(인)ᄒᆞᆫ 者(쟈)ᄂᆞᆫ 憂(우)티 아니ᄒᆞ고 勇(용)ᄒᆞᆫ 者(쟈)ᄂᆞᆫ 懼(구)티 아니ᄒᆞᄂᆞ니라

◆ 集 註

233-㊀

明足以燭理, 故不惑; 理足以勝私, 故不憂; 氣足以配道義, 故不懼. 此學之序也.

밝음은 족히 이치를 밝혀 볼 수 있어 그 때문에 미혹하지 않는 것이요, 이치는 족히 사사로움을 이겨낼 수 있어 그 때문에 근심하지 않게 되며, 氣는 족히 道義와 짝을 이룰 수 있어 그 때문에 두려워하지 않게 되는 것이다. 이는 學問의 순서이다.

234(9-29)

可與共學

공자가 말하였다.

"가히 함께 배울 수는 있으나 똑같이 같은 길로 갈 수 있는 것은 아니며, 같은 길로 갈 수는 있으나 함께 똑같은 성취를 세울 수 있는 것은 아니다. 마찬가지로 함께 성취를 세웠다고 해도 똑같은 저울대 값일 수는 없다."*

子曰:「可與共學, 未可與適道; 可與適道, 未可與立;
　　可與立, 未可與權.」⊖

【權】權衡. 저울의 平衡과 같다. 혹 通權達變으로 풀이하기도 한다.
*《淮南子》氾論訓에 「孔子曰: 可以共學矣, 而未可與適道也; 可與適道, 未可以
立也; 可以立, 未可與權」이라 하였다.

陶山本　　子(즈)ㅣ 글ᄋᆞ샤ᄃᆡ 可(가)히 더브러 ᄒᆞᆫ 가지로 學(ᄒᆞᆨ)ᄒᆞ고도
可(가)히 더브러 道(도)애 가디 몯ᄒᆞ며 可(가)히 더브러 道(도)애
가고도 可(가)히 더브러 立(립)디 몯ᄒᆞ며 可(가)히 더브러 立(립)ᄒᆞ고도 可(가)히
더브러 權(권)티 몯ᄒᆞᄂᆞ니라

栗谷本　　子(즈)ㅣ ᄀᆞᄅᆞ샤ᄃᆡ 可(가)히 더브러 ᄒᆞᆫ 가지로 學(ᄒᆞᆨ)ᄒᆞ고도
可(가)히 더브러 道(도)애 適(뎍)디 몯ᄒᆞ며 可(가)히 더브러 道(도)애
適(뎍)고도 可(가)히 더브러 立(립)디 몯ᄒᆞ며 可(가)히 더브러 立(립)고도
可(가)히 더브러 權(권)티 몯홀 디니라

◈ 集 註

234-㊀

可與者, 言其可與共爲此事也.

程子曰:「可與共學, 知所以求之也. 可與適道, 知所往也. 可與立者, 篤志固執而
不變也. 權, 稱錘也, 所以稱物而知輕重者也. 可與權, 謂能權輕重, 使合義也.」

○ 楊氏曰:「知爲己, 則可與共學矣. 學足以明善, 然後可與適道. 信道篤, 然後可
與立. 知時措之宜, 然後可與權.」

洪氏曰:「易九卦, 終於巽以行權. 權者, 聖人之大用. 未能立而言權, 猶人未能立
而欲行, 鮮不仆矣.」

程子曰:「漢儒以反經合道爲權, 故有權變權術之論, 皆非也. 權只是經也. 自漢以下,
無人識權字.」

愚按:「先儒誤以此章連下文偏其反而爲一章, 故有反經合道之說. 程子非之, 是矣. 然以孟子嫂溺援之以手之義推之, 則權與經亦當有辨.」

可與란 더불어 함께 이 일을 한다는 말이다.

程子(程顥)가 말하였다. "가히 함께 배울 수 있다는 것은, 구해야 할 바가 무엇인지를 아는 것이요, 함께 길을 갈 수 있다는 것은, 가야 할 곳을 안다는 것이며, 함께 설 수 있다는 것은, 뜻을 독실히 함이 고집스러워 변하지 않는다는 뜻이다. 權은 저울이다. 물건을 달아 輕重을 알아볼 수 있는 것이다. 可與權이란 능히 輕重을 저울질하여 義에 합치되도록 할 수 있음을 말한 것이다."

○ 楊氏(楊時)는 이렇게 말하였다. "爲己(爲己之學: 憲問篇 357(14-25))를 알면 가히 함께 배울 수 있나. 學問이 족히 善을 밝힐 수 있은 연후에는 가히 함께 道로 나아갈 수 있다. 그리고 道를 믿음이 독실한 연후에는 함께 설 수가 있으며, 때에 맞추어 조치함이 합당함을 안 연후에는 가히 함께 저울질을 할 수 있는 것이다."

洪氏(洪興祖)는 이렇게 말하였다. "周易의 9개 卦(履·謙·復·恒·損·益·困·井·巽卦의 9개 卦를 말함)에 '巽以行權'(巽으로 權을 행한다.《周易》繫辭傳下)의 뜻으로 말을 마쳤다. 權이란 聖人의 大用이다. 능히 서지 못한 채 權을 말하는 것은, 능히 일어서지 못하면서 걷고자 하는 것과 같아 넘어지지 않는 경우란 드물다."

程子(程顥)는 이렇게 말하였다. "漢나라 때 儒家들은 反經合道(常道에는 어긋나지만 權道에는 맞음)를 權으로 여겼다(《公羊傳》桓公 十一年 九月 및 韓康伯의 繫辭傳 註를 볼 것). 그 때문에 權變·權術 등의 논리가 나타난 것이다. 이는 모두 그릇된 것이다. 權이란 다만 經(常道)일 뿐이다. 漢나라 이래로 權자의 뜻을 안 자가 없었다."

내 생각으로는 이렇다. "先儒들이 잘못 알고 이 章을 아래의 '偏其反而'(다음장 235의 둘째 句)에 연결시켜 하나의 章으로 삼았다. 그 때문에 '反經合道說'이 나타나게 된 것이다. 程子가 이를 그르다고 비판한 것은 옳다. 그러나 孟子의 '嫂溺援之以手' (남녀 사이에 授受不親이지만 형수가 물에 빠졌을 때는 직접 손으로 잡아 구해 준다는 뜻.《孟子》離婁上(078(7-17))의 뜻으로 이를 추론한다면 權과 經은 역시 변별되어야 마땅하다."

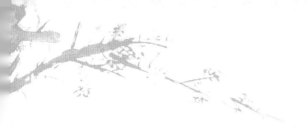

235(9-30)

唐棣之華

"당체唐棣의 꽃 편편히 나부끼네. 어찌 그대를 그리워하지 않으리오마는 그대 사는 집 너무 멀구나."

이 노래를 두고 공자가 이렇게 말하였다.

"그리워하지 않는다면 모를까, 어찌 멂을 탓하리오?"*

『唐棣之華, 偏其反而. 豈不爾思? 室是遠而.』㊀

子曰: 「未之思也, 夫何遠之有?」㊁

【唐棣】원래는 植物 이름. 나무 이름. 郁李라고도 한다. 薔薇科의 落葉灌木. 李時珍의 《本草綱目》에는 扶移(장미과의 낙엽 喬木)이라 하였다. 棣는 음이 '체'이다.

【華】花와 같다.

* 이 詩는 지금의 《詩經》에는 전하지 않는 逸詩이다.

◉ 諺解

陶山本
  唐棣(당톄)ㅅ 고지여 偏(편)히 그 反(번)ㅎᄂ쏘다 엇디 너를 思(ᄉ)티 아니ᄒ리오마ᄂ 室(실)이 이 멀옴이니라
子(ᄌ)ㅣ ᄀ로샤ᄃ 思(ᄉ)티 아니ᄒ건뎡 엇디 머롬이 이시리오

栗谷本
  唐棣(당톄)의 華(화)ㅣ여 偏(편)히 그 反(번)ㅎᄂᆺ다 엇디 너를 思(ᄉ)티 아니ᄒ리오마ᄂ 室(실)이 이 遠(원)ᄒ니라
子(ᄌ)ㅣ ᄀ른샤ᄃ 思(ᄉ)티 아닐 ᄲᅵ언뎡 그 엇디 遠(원)호미 이시리오

◈ 集註

235-㊀

棣, 大計反.

○ 唐棣, 郁李也. 偏, 晉書作翩. 然則反亦當與翻同, 言華之搖動也. 而, 助語也. 此逸詩也, 於六義屬興. 上兩句無意義, 但以起下兩句之辭耳. 其所謂爾, 亦不知其何所指也.

棣는 反切로 '大計反'(체, 大는 太와 같으며 口蓋音化하여 '체'가 되었음)이다.

○ 唐棣는 郁李라는 오얏나무이다. 偏은 《晉書》에는 翩으로 실려 있다. 그렇다면 反 역시 의당 翻과 같아야 한다. 이는 꽃이 흔들림을 표현한 말이다. 而는 助語이다.

이 詩는 逸詩(지금의 《詩經》에는 전하지 않는 詩)로서 六義(風·雅·頌·賦·比·興)로 보면 興에 속한다. 위의 두 구절은 뜻이 없으나 다만 그 아래 두 구절의 말로써 흥기를 삼은 것이다. 여기에서의 소위 너(爾)란 또한 누구를 가리키는 것인지는 알 수 없다.

235-㈂

夫, 音扶.

○ 夫子借其言而反之, 蓋前篇「仁遠乎哉」之意.

○ 程子曰:「聖人未嘗言易以驕人之志, 亦未嘗言難以阻人之進. 但曰:『未之思也, 夫何遠之有?』此言極有涵蓄, 意思深遠.」

夫는 음이 扶(부)이다.

○ 夫子가 이 말을 빌려 반박한 것으로, 아마 전편의 '仁遠乎哉'(述而篇 176(7-29))의 뜻일 것이다.

○ 程子(程頤)는 이렇게 말하였다. "聖人(孔子)은 일찍이 쉽다고 말하여 남의 뜻을 교만하게 한 적이 없으며, 역시 어렵다고 말하여 남의 나아감을 가로막은 적도 없다. 다만 '아직 그리워하지 않을지언정 어찌 멀다고 하겠는가?'라고만 하였으니, 이 말은 지극히 涵蓄함이 있고 뜻이 심원하다."

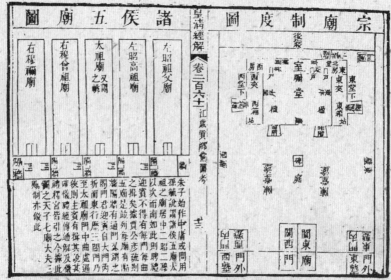

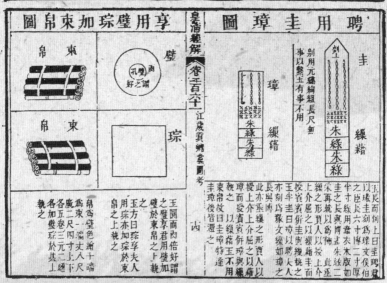

〈鄉黨圖考〉清 江永 皇清經解

향당鄕黨 第十
총18장(236-253)

◆ 集註

楊氏曰：「聖人之所謂道者, 不離乎日用之間也. 故夫子之平日, 一動一靜, 門人皆審視而詳記之.」

尹氏曰：「甚矣, 孔門諸子之嗜學也! 於聖人之容色言動, 無不謹書而備錄之, 以貽後世. 今讀其書, 即其事, 宛然如聖人之在目也. 雖然, 聖人豈拘拘而爲之者哉? 蓋盛德之至, 動容周旋, 自中乎禮耳. 學者欲潛心於聖人, 宜於此求焉.」

舊說凡一章, 今分爲十七節.

양씨楊氏(楊時)는 이렇게 말하였다. "성인聖人이 말하는 바의 도道란 일용지간日用之間에서 분리될 수 없는 것이다. 따라서 부자夫子의 평일平日, 일동일정一動一靜에 대하여 문인門人들이 모두 헤아려 살펴 이를 상세히 기록한 것이다."

윤씨尹氏(尹焞)는 이렇게 말하였다. "심하도다. 공자孔子 제자들의 학문學問 좋아함이여! 성인聖人의 용색容色 · 언동言動에 대하여 삼가 적고, 이를 갖추어 기록하여 후세後世에 깨우쳐 주지 않은 것이 없다. 지금 그 기록을 읽어보고 그 일에 임하여 보면 완연히 성인聖人이 눈앞에 있는 듯하다. 비록 그렇기는 하나 성인聖人이 어찌 구구拘拘하게(얽매어) 이렇게 한 것이겠는가? 대체로 성덕盛德의 지극함이 동용動容과 주선周旋에 저절로 예禮에 맞았을 따름이다. 배우는 자로서 성인聖人에게 잠심潛心하고자 하면 의당 이것을 찾아야 할 것이다."

옛 설에는 모두 1장으로 처리하였으나 지금은 17절節로 나누었다.*

* 단 본편은 모두 18章으로 되어 있다. 朱熹는 아마 『入大廟, 每事問』(본편 14章 249)이 八佾篇 055(3-15)와 같아 이를 계산에 넣지 않아 17節(章)이라 한 듯하다. 한편 邢昺은 모두 21章으로 나누었다. (역주자)

236(10-1)

孔子於鄕黨

공자는 향당鄕黨에 임해서는 순순恂恂하여 마치 말을 하지 못하는 듯이 하였다. 그러나 종묘나 조정에서는 그 말이 유창하였으나 오직 삼갈 따름이었다.

> 孔子於鄕黨, 恂恂如也, 似不能言者.○ 其在宗廟朝廷,
> 便便言, 唯謹爾.○

【鄕黨】 鄕里와 같다. 孔子는 陬邑의 昌平鄕에서 태어났고, 뒤에 曲阜의 闕里로 옮겨 살았다.

【恂恂】 信實한 모습. 如는 然과 같다. 恂은 음이 '순'이다.

【便便】 말을 조리 있게 잘함. 便은 음이 '변'이다.

"似不能言也"(河丁 全相摹)

陶山本　　　孔子(공ᄌᆞ)ㅣ 鄕黨(향당)애 恂恂(슌슌)툿 ᄒᆞ샤 能(능)히 言(언)티
몯ᄒᆞᄂᆞᆫ 者(쟈) ᄀᆞᆮ더시다
　그 宗廟(종묘)와 朝廷(됴뎡)에 겨샤ᄂᆞᆫ 便便(변변)히 言(언)ᄒᆞ샤ᄃᆡ 오직
삼가더시다

栗谷本　　　孔子(공ᄌᆞ)ㅣ 鄕黨(향당)애 恂恂(슌슌)히 ᄒᆞ샤 能(능)히 言(언)을
몯ᄒᆞᄂᆞᆫ 둧 ᄒᆞ더시다
　그 宗廟(종묘)와 朝廷(됴뎡)의 겨샨 便便(변변)히 言(언)ᄒᆞ샤ᄃᆡ 오직
삼가더시다

◆ 集 註

236-㉠

恂, 相倫反.

○ 恂恂, 信實之貌. 似不能言者, 謙卑遜順, 不以賢知先人也. 鄕黨, 父兄宗族之所在,
故孔子居之, 其容貌辭氣如此.

恂은 反切로 '相倫反'(순)이다.

○ 恂恂은 信實한 모습이다. 似不能言이란 謙卑하고 遜順하여 어짊과 안다는 것으로 남을 앞서려 하지는 않는다는 것이다. 鄕黨은 父兄과 宗族이 계신 곳이므로 孔子가 거기에 거하면서 그 용모와 辭氣가 이와 같았던 것이다.

236-㈡

朝, 直遙反, 下同. 便, 旁連反.

○ 便便, 辯也. 宗廟, 禮法之所在; 朝廷, 政事之所出, 言不可以不明辯. 故必詳問而極言之, 但謹而不放爾.

○ 此一節, 記孔子在鄕黨·宗廟·朝廷言貌之不同.

朝는 反切로 '直遙反'(조)이며, 그 아래도 같다. 便은 '旁連反'(변)이다.

○ 便便은 말 잘하는 것이다. 宗廟는 예법이 있는 곳이며, 朝廷은 政事가 나오는 곳으로 가히 말을 분명히 잘하지 않을 수 없다. 그러한 까닭으로 반드시 자세히 묻고 극진한 말로써 하여야 한다. 다만 삼가 함부로 하지 않을 따름이었다.

○ 이 한 節은 孔子가 鄕黨·宗廟·朝廷에서의 말과 모습이 같지 않음을 기록한 것이다.

237(10-2)

朝與下大夫言

조정에서 하대부下大夫들과 말을 할 때에는 간간侃侃히 하였고, 상대부上大夫와 말을 나눌 때는 은은誾誾히 하였다. 임금이 계시면 축척踧踖히 하며 여여與與히 하였다.

> 朝, 與下大夫言, 侃侃如也; 與上大夫言, 誾誾如也.㊀
> 君在, 踧踖如也, 與與如也.㊁

【侃】 즐겁고 편안한 모습. 侃은 음이 '간'이다.
【誾誾】 中心을 잡고 말하는 모습. 誾은 음이 '은'이다.
【踧踖】 雙聲連綿語. 공손한 모습. '축척'으로 읽는다.
【與與】 行步 등이 安祥한 모습.

諺解

陶山本 朝(됴)애 下(하)태우로 더브러 言(언)ㅎ심애 侃侃(간간)툿 ㅎ시며 上(샹)태우로 더브러 言(언)ㅎ심애 誾誾(은은)툿 ㅎ더시다
君(군)이 겨시거시든 踧踖(츅쳑)툿 ㅎ시며 與與(여여)툿 ㅎ더시다

栗谷本 朝(됴)애 下大夫(하대부)로 더브러 言(언)ㅎ샤딘 侃侃(간간)히 ㅎ시고 上大夫(샹대부)로 더브러 言(언)ㅎ샤딘 誾誾(은은)히 ㅎ더시다
君(군)이 在(진)커시든 踧踖(츅쳑)히 ㅎ시며 與與(여여)히 ㅎ더시다

集註

237-㊀

侃, 苦旦反. 誾, 魚巾反.

○ 此君未視朝時也. 王制:『諸侯上大夫卿, 下大夫五人.』許氏說文:「侃侃, 剛直也. 誾誾, 和悅而諍也.」

侃은 反切로 '苦旦反'(간)이며, 誾은 '魚巾反'(은)이다.
○ 이는 임금이 아직 조회를 보지 않을 때이다. 〈王制〉에 "諸侯의 上大夫는 卿이요, 下大夫는 5등급이다"(《禮記》王制篇)라 하였다. 許氏(許愼)의 說文(《說文解字》)에는 "侃侃은 剛直한 것이요, 誾誾은 和悅한 모습이면서 따질 것은 따지는 것이다"라 하였다.

237-㊁

踧, 子六反. 踖, 子亦反. 與, 平聲, 或如字.

○ 君在, 視朝也. 踧踖, 恭敬不寧之貌. 與與, 威儀中適之貌.

張子曰:「與與, 不忘向君也.」亦通.

○ 此一節, 記孔子在朝廷事上接下之不同也.

蹜은 反切로 '子六反'(죽·축)이며, 蹜은 '子亦反'(적·척)이다. 與는 平聲으로 읽거나 혹은 본자 그대로 읽는다.

○ 君在란 조회를 열 때이다. 蹜蹜은 恭敬하여 편안하지 않은 모습이다(쌍성어). 與與는 威儀가 알맞아 적절한 모습이다(첩어).

張子(張載)는 "與與는 임금을 향한 마음을 잊지 않는 것이다"라 하였는데 역시 통한다.

○ 이 한 節은 孔子가 朝廷에서 事上接下(윗사람을 모시고 아랫사람을 응대함)가 같지 않음을 기록한 것이다.

238(10-3)

君召使擯

　임금이 불러 국빈을 접대하는 임무를 맡기면, 얼굴빛을 긴장하였으며 걸음도 조심하였다. 서로 마주하여 서서 읍을 하되 좌우의 손을 잡고 옷의 앞과 뒤를 가지런히 하며, 빠른 걸음으로 나갈 때에는 날개를 편 것 같이 하였다. 손님이 물러가고 나면 반드시 이렇게 복명復命을 하였다.

　"손님이 뒤돌아봄이 없이 잘 갔습니다."

君召使擯, 色勃如也, 足躩如也.㊀ 揖所與立, 左右手, 衣前後, 襜如也.㊁ 趨進, 翼如也.㊂ 賓退, 必復命曰: 「賓不顧矣.」㊃

【擯】손님을 접대함. 그 임무.

【勃如】얼굴을 변하여 상기된 모습. 긴장된 모습.

【足躩】조심스럽게 빨리 걷는 것. 皇侃의 《論語義疏》에 江熙의 말을 引用하여 「不暇閒步, 躩, 速貌也」라 하였다. 躩은 음이 '확'이다. 본음은 '각'이다.

【趨進】臧琳의 《經義雜記》에 「史記孔子世家作沒階趨進; 儀禮聘禮注引論語同. 趨進者, 趨前之謂也. 進字不作入字解, 舊有此字, 非誤」라 하였다.

● 諺解

陶山本 君(군)이 블러 ᄒ여곰 擯(빈)ᄒ라 ᄒ거시든 色(ᄉᆡᆨ)이 勃(블)ᄐᆞᆺ ᄒ시며 足(죡)이 躩(확)ᄃᆞᆺ ᄒ더시다

더브러 立(립)ᄒ신 바애 揖(읍)ᄒ샤ᄃᆡ 손을 左(자)로 ᄒ며 右(우)로 ᄒ더시니 옷 앏뒤히 襜(쳠)ᄐᆞᆺ ᄒ더시다

趨(추)ᄒ야 進(진)ᄒ심애 翼(익)ᄃᆞᆺ ᄒ더시다

賓(빈)이 退(퇴)커든 반ᄃᆞ시 命(명)을 復(복)ᄒ야 ᄀᆞᆯ ᄋᆞ샤ᄃᆡ 賓(빈)이 顧(고)ᄒᆞ디 아니타 ᄒ더시다

栗谷本 君(군)이 블러 히여곰 擯(빈)ᄒ라 ᄒ거시든 色(ᄉᆡᆨ)을 勃(블)히 ᄒ시며 足(죡)을 躩(확)히 ᄒ더시다

더브러 셔ᄂᆞᆫ 바의 揖(읍)ᄒ시매 手(슈)를 左右(자우)ᄒ더시니 옷 압뒤 ᄀᆞ죽 ᄒ더시다

趨(추)ᄒ야 進(진)ᄒ실제 翼(익)ᄃᆞᆺ ᄒ더시다

賓(빈)이 退(퇴)커든 반ᄃᆞ시 命(명)을 復(복)ᄒ야 ᄀᆞᄅᆞ샤ᄃᆡ 賓(빈)이 顧(고)티 아니타 ᄒ더시다

238-㈠

擯, 必刃反. 躩, 驅若反.

○ 擯, 主國之君所使出接賓者. 勃, 變色貌. 躩, 盤辟貌. 皆敬君命故也.

擯은 反切로 '必刃反'(빈)이며, 躩은 '驅若反'(각)이다.

○ 擯은 주인된 나라의 임금이 시킨 바의 賓客을 나아가 접대하는 일이다. 勃은 얼굴색이 변하는 모습이다. 躩은 盤辟(조심하는 발걸음 모습. 쌍성어)의 모습이다. 모두가 임금의 명령을 공경하기 때문이다.

238-㈡

襜, 赤占反.

○ 所與立, 謂同爲擯者也. 擯用命數之半, 如上公九命, 則用五人, 以次傳命. 揖左人, 則左其手; 揖右人, 則右其手. 襜, 整貌.

襜은 反切로 '赤占反'(점·첨)이다.

○ 所與立은 함께 擯이 된 것을 뜻한다(동등한 위치임을 말함). 擯은 사람 수를 반으로 쓰는 것이니, 이를테면 上公에게의 九命이라면 五人만 쓰며 차례대로 命을 전한다(《周禮》 秋官 大行人 小行人 참조). 왼쪽 사람에게 揖할 때는 그 손을 왼쪽으로 하고, 오른쪽 사람에게 揖할 때는 그 손을 오른쪽으로 한다. 襜은 옷을 가지런히 한 모습이다(《周禮》 春官 大宗伯 참조).

238-㈢

疾趨而進, 張拱端好, 如鳥舒翼.

내닫듯 나아감에는 몸을 펴고 손을 모은 모습이 端好(단정하여 아름다움)하기가 마치 새가 날개를 편 것과 같다.

238-㉓

紓君敬也.

○ 此一節, 記孔子爲君擯相之容.

임금의 賓에 대한 공경을 안심시켜 풀어 주는 것이다.

○ 이 한 절은 孔子가 임금을 위하여 擯相이 되었을 때의 모습을 기록한
것이다.

239(10-4)

入公門鞠躬如也

　궁문에 들어서서는 국궁鞠躬하되 마치 용납치 못할 듯이 하였다. 문의 중간에 서지 아니하며, 드나들 때에는 문지방을 밟지 않았다. 자리를 지나갈 경우에는 긴장하여 걸음이 조심스럽고, 그 언어는 마치 족하지 못한 듯 아끼었다. 옷의 아랫자락을 잡고 당에 올라서는 국궁하며 숨을 막아 마치 숨 쉬지 않는 듯이 하였다. 나와서는 섬돌 한 층을 내려서서 안색을 펴고 편안한 모습을 하였다. 계단을 다 내려와서는 빠른 걸음으로 날개를 편 듯이 하였다. 자신의 자리에 돌아와서도 축척跐踖하는 모습이었다.

入公門, 鞠躬如也, 如不容.㊀ 立不中門, 行不履閾.㊁ 過位, 色勃如也, 足躩如也, 其言似不足者.㊂ 攝齊升堂, 鞠躬如也, 屏氣似不息者.㊃ 出, 降一等, 逞顔色, 怡怡如也. 沒階, 趨進翼如也. 復其位, 踧踖如也.㊄

【公門】宮門.

【鞠躬】허리를 굽혀 절하는 모습. 雙聲語. 혹은 謹愼恭敬히 하는 모습일 뿐, 허리를 굽히는 것은 아니라 한다(楊伯峻).

【閾】문지방. 門坎. 음은 '역'이다.

【過位】임금의 자리를 지나갈 때.

● 諺解

  公門(공문)에 드르실 싀 躬(궁)을 鞠(국)듯 ᄒᆞ샤 容(용)티 몯ᄒᆞᆯᄃᆞᆺ ᄒᆞ더시다

立(립)ᄒᆞ심애 門(문)에 中(듕)티 아니ᄒᆞ시며 行(ᄒᆡᆼ)ᄒᆞ심애 閾(역)을 넓디 아니ᄒᆞ더시다

位(위)예 디나실 싀 色(식)이 勃(블)ᄃᆞᆺ ᄒᆞ시며 足(죡)이 躩(확)ᄃᆞᆺ ᄒᆞ시며 그 말ᄉᆞᆷ이 足(죡)디 몯ᄒᆞᆫ 者(쟈) ᄀᆞᆮ더시다

齊(지)를 攝(셥)ᄒᆞ야 堂(당)의 오ᄅᆞ실 싀 躬(궁)을 鞠(국)듯 ᄒᆞ시며 氣(긔)를 屏(병)ᄒᆞ샤 息(식)디 몯ᄒᆞᄂᆞᆫ 者(쟈) ᄀᆞᆮ더시다

出(츌)ᄒᆞ샤 一等(일등)에 ᄂᆞ리샤ᄂᆞᆫ ᄂᆞᆺ빗츨 逞(령)ᄒᆞ샤 怡怡(이이)ᄃᆞᆺ ᄒᆞ시며 階(계)를 沒(몰)ᄒᆞ샤ᄂᆞᆫ 趨(추)ᄒᆞ심애 翼(익)ᄃᆞᆺ ᄒᆞ시며 그 位(위)예 復(복)ᄒᆞ샤ᄂᆞᆫ 踧踖(츅쳑)ᄃᆞᆺ ᄒᆞ더시다

公門(공문)의 드르실 제 躬(궁)을 鞠(국)ᄒ샤 容(용)티 몯ᄒᆞᆯ듯
ᄒ시며

立(립)ᄒ매 門(문)의 中(듕)티 아니ᄒ시며 行(ᄒᆡᆼ)ᄒ매 閾(역)을 履(리)티
아니터시다

位(위)예 過(과)ᄒ실 제 色(ᄉᆡᆨ)을 勃(블)히 ᄒ시며 足(죡)을 躩(확)히 ᄒ시며
그 言(언)이 足(죡)디 몯ᄒᆞᆫ듯 ᄒ더시다

齊(지)를 攝(셥)ᄒ야 堂(당)의 升(승)ᄒ실 제 躬(궁)을 鞠(국)ᄒ시며 氣(긔)를
屛(병)ᄒ야 息(식)디 아닛ᄂᆞᆫ듯 ᄒ더시다

나 흔 等(등)을 降(강)ᄒ샨 顔色(안ᄉᆡᆨ)을 逞(령)ᄒ샤 怡怡(이이)히 ᄒ시며
階(계)를 沒(몰)ᄒ샨 趨(추)호ᄆᆞᆯ 翼(익)ᄃᆞᆺ ᄒ시며 그 位(위)예 復(복)ᄒ샨
踧踖(츅쳑)히 ᄒ더시다

◆ 集 註

239-㉠

鞠躬, 曲身也. 公門高大而若不容, 敬之至也.

鞠躬은 몸을 굽히는 것이다(雙聲語). 公門은 높고 크건만 마치 용납하지 못할
듯이 하였다는 것은 공경의 지극함이다.

239-㉡

閾, 于逼反.
○ 中門, 中於門也. 謂當棖閾之間, 君出入處也. 閾, 門限也. 禮：『士大夫出入公門,
由棖右, 不踐閾.』
謝氏曰：「立中門則當尊, 行履閾則不恪.」

閾은 反切로 '于逼反'(입(역으로 읽음))이다.

○ 中門은 문 가운데라는 뜻이다. 문설주와 문지방 사이를 말하며, 임금이 출입하는 곳이다. 閾은 문의 한계이다. 《禮》에 "士大夫가 公門을 출입할 때 문지방의 오른쪽을 경유하며 문지방은 밟지 않는다"라 하였다(《禮記》曲禮上).

謝氏(謝良佐)는 이렇게 말하였다. "문의 중간에 서려면 마땅히 높은 자라야 하며, 문지방을 밟고 통행하면 恪心(조심하는 마음)이 아닌 것이 된다."

239-㉛

位, 君之虛位. 謂門屛之間, 人君宁立之處, 所謂宁也. 君雖不在, 過之必敬, 不敢以虛位而慢之也. 言似不足, 不敢肆也.

位는 임금의 빈자리이며, 문과 병풍 사이를 말한다. 임금이 저립(宁立: 기다리며 서 있음)하는 곳으로 소위 '宁'라는 것이다(《禮記》曲禮下 참조). 임금이 비록 계시지 않더라도 지나칠 때에는 반드시 공경스럽게 하여, 감히 빈자리라고 해서 거만하게 굴지 않는 것이다. 言似不足은 감히 함부로 하지 않는다는 뜻이다.

239-㉔

齊, 音咨.

○ 攝, 摳也. 齊, 衣下縫也. 禮:『將升堂, 兩手摳衣, 使去地尺.』恐躡之而傾跌失容也. 屛, 藏也. 息, 鼻出入者也. 近至尊, 氣容肅也.

齊는 음이 咨(자)이다.

○ 攝은 잡는 것이다. 齊는 옷의 아래쪽 꿰맨 자락이다. 禮에 "장차 堂에 오를 때는 두 손으로 옷을 잡아 땅으로부터 1尺쯤 올라오도록 한다"(《禮記》曲禮上에 '兩手摳衣, 去齊尺'이라 함)라 하였다. 이는 이를 밟아 넘어지게 되면 용모를 잃을까 두려워해서이다. 屛은 藏(감추다, 막다)의 뜻이다. 息은 코로 出入되는 호흡이다. 至尊(임금)을 가까이 함으로 해서 氣容이 모두 엄숙한 것이다.

239-㉤

陸氏曰:「趨下本無進字, 俗本有之, 誤也.」

○ 等, 階之級也. 逞, 放也. 漸遠所尊, 舒氣解顏. 怡怡, 和悅也. 沒階, 下盡階也. 趨, 走就位也. 復位踧踖, 敬之餘也.

○ 此一節, 記孔子在朝之容.

陸氏(陸德明)는 이렇게 말하였다. "趨자 아래 본래 進자가 없었으나 俗本에 있다. 이는 잘못된 것이다."

○ 等은 계단의 층계이다. 逞은 얼굴을 풀다(放)이다. 점점 지존으로부터 멀어짐에 따라 氣를 펴고 얼굴을 푸는 것이다. 怡怡는 和悅이다. 沒階는 계단을 다 내려온 것이다. 趨는 걸어서 자신의 위치로 돌아가는 것이다. 제자리로 돌아와서 踧踖한 것은 恭敬이 남은 모습이다.

○ 이 한 절은 孔子의 朝廷에서의 모습을 기록한 것이다.

240(10-5)

執圭鞠躬如也

圭를 잡고는 국궁하되 마치 이겨내지 못할 듯이 하였다. 위로 올릴 때에는 읍을 하듯이 하고 아래로 내릴 때에는 남에게 주듯이 하였다. 긴장되어 두려워하는 얼굴 모습에, 발은 좁게 자주 떼어 따를 길이 있는 듯이 하였다.

향례享禮에는 얼굴빛을 펴고, 사사롭게 보아야 할 때에는 유유愉愉한 모습이었다.

執圭, 鞠躬如也, 如不勝. 上如揖, 下如授. 勃如戰色, 足蹜蹜如有循.㊀
享禮, 有容色.㊁ 私覿, 愉愉如也.㊂

【圭】玉器. 笏과 같은 것.《說文解字》에「圭, 端玉也」라 하였다.

【戰色】戰戰慄慄하는 얼굴빛.

【蹜蹜】걸음이 빠르며 보폭이 좁은 모습. 蹜은 음이 '축'이다.

【享禮】享獻禮. 使臣이 가지고 온 예물을 펼쳐 놓는 의식.

【容色】《儀禮》聘禮에「及享, 發氣焉盈容」이라 하였다.

【私覿】사사로이 만나는 예. 覿은 음이 '적'이다.

◉ 諺 解

圀山本　　圭(규)를 잡ᄋ샤디 躬(궁)을 鞠(국)ᄃᆞᆺ ᄒᆞ샤 이긔디 몯홀ᄃᆞᆺ ᄒᆞ시며 上(샹)으로 揖(읍)ᄃᆞᆺ ᄒᆞ시고 下(하)로 授(슈)ᄐᆞᆺ ᄒᆞ시며 勃(블)히 戰(젼)ᄒᆞᄂᆞᆫ 色(ᄉᆡᆨ) ᄀᆞᆮᄐᆞ시며 足(죡)이 蹜蹜(츅츅)ᄒᆞ야 循(슌)홈이 인ᄂᆞᆫᄃᆞᆺ ᄒᆞ더시다

享(향)ᄒᆞᄂᆞᆫ 禮(례)예 容色(용ᄉᆡᆨ)이 겨시며

私(ᄉᆞ)로 覿(뎍)홈애 愉愉(유유)ᄐᆞᆺ ᄒᆞ더시다

栗谷本　　圭(규)를 執(집)ᄒᆞ실시 躬(궁)을 鞠(국)ᄒᆞ샤 勝(승)티 몯홀ᄃᆞᆺ ᄒᆞ시며 우흐로 揖(읍)ᄀᆞ티 ᄒᆞ시고 아래로ᄂᆞᆫ 授(슈)ᄀᆞ티 ᄒᆞ시며 勃(블)히 戰色(젼ᄉᆡᆨ)ᄀᆞ티 ᄒᆞ시며 足(죡)이 蹜蹜(츅츅)ᄒᆞ야 循(슌)호미 잇ᄂᆞᆫᄃᆞᆺ ᄒᆞ더시다

享禮(향례)예ᄂᆞᆫ 容色(용ᄉᆡᆨ)을 두시며

私覿(ᄉᆞ뎍)에ᄂᆞᆫ 愉愉(유유)히 ᄒᆞ더시다

◆ 集 註

240-㊀

勝, 平聲. 縮, 色六反.

○ 圭, 諸侯命圭. 聘問鄰國, 則使大夫執以通信. 如不勝, 執主器, 執輕如不克, 敬謹之至也. 上如揖, 下如授, 謂執圭平衡, 手與心齊, 高不過揖, 卑不過授也. 戰色, 戰而色懼也. 蹜蹜, 擧足促狹也. 如有循, 記所謂擧前曳踵. 言行不離地, 如緣物也.

勝은 平聲이다. 縮은 '色六反'(숙, 축)이다(여기서의 縮은 蹜의 誤記, 일부 板本에 蹜蹜이 縮縮으로 실려 있는 경우가 있음).

○ 圭는 諸侯의 命圭(명을 받들어 적는 圭笏)이다. 이웃 나라를 聘問(招聘이나 訪問)할 때면 大夫로 하여금 이를 잡고 通信하게 한다(《周禮》 考工記 玉人 참조). 如不勝은 임금의 器物을 잡을 때, 가벼운 것을 잡을 때라도 마치 이기지 못하는 듯한 태도로 하여(《禮記》 曲禮下 참조), 공경과 삼감의 지극함을 나타낸다. 上如揖·下如授 는 圭를 平衡되게 잡고 손이 심장의 위치에 나란히 하되 그 높이는 揖할 때의 자세를 넘지 않고, 그 낮기는 물건을 줄 때의 자세를 넘지 않는 상태이다. 戰色은 겁내어 두려워하는 표정이다. 蹜蹜은 발걸음이 촉급하고 좁은 상태이다. 如有循은 《禮記》에 말한 바의 擧前曳踵(앞쪽을 들고 뒤꿈치를 끌다.《禮記》玉藻篇의 구절)이다. 걸을 때 발이 땅을 떠나지 않음이 마치 물건에 매임과 같음을 말한 것이다.

240-㊁

享, 獻也. 旣聘而享, 用圭璧, 有庭實. 有容色, 和也. 儀禮曰:「發氣滿容.」

享은 바치다(獻)이다. 이미 聘問을 끝내고 享을 베풀 때는 圭璧을 사용하고, 뜰에 예물을 진열하여 채운다. 有容色이란 和氣의 모습이다.《儀禮》에는 "和氣를 펴서 얼굴에 가득하다"(《禮記》 聘禮에 '發起焉盈容'이라 함)라 하였다.

240-㊂

私覿, 以私禮見也. 愉愉, 則又和矣.
○ 此一節, 記孔子爲君聘於隣國之禮也.
晁氏曰:「孔子, 定公九年仕魯, 至十三年適齊, 其間絶無朝聘往來之事. 疑使擯執圭兩條, 但孔子嘗言其禮當如此爾.」

私覿(사적)은 私禮(사사로이 만나는 예)로 접견하는 것이다. 愉愉는 더욱 和氣에 찬 모습이다.

○ 이 한 절은 孔子가 임금을 위하여 이웃 나라에 招聘되었을 때의 禮를 기록한 것이다.

晁氏(晁說之)는 이렇게 말하였다. "孔子가 定公 9年(B.C. 501)에 魯나라에 벼슬하여 13年(B.C. 497)에 이르러 齊나라에 가게 되었으며, 그 중간에는 결코 朝聘·往來의 사건이 없었다. 使擯·執圭의 두 조항은 다만 孔子가 일찍이 그 禮는 마땅히 이와 같아야 한다고 말한 것을 적은 것이 아닌가 의심된다."(《史記》의 기록과는 다름)

241(10-6)

君子不以紺緅飾

군자孔子는 감색紺色과 추색緅色으로는 옷깃을 꾸미지 않았으며, 붉은빛 자줏빛으로는 설복褻服을 삼지 않았다. 더울 때에는 칡옷과 굵은 베옷을 반드시 겹으로 껴입었다. 검은 옷은 검은 염소가죽 외투이며 흰옷은 사슴새끼 가죽외투였고, 누런 옷은 여우갖옷이었다. 설복의 외투는 길이가 길었으나 오른쪽 소매는 짧았다. 반드시 잠옷이 있었으며 길이는 몸에 반이 더 있었다. 여우와 담비의 두터운 털로 만든 것을 자리로 하고 거하였다. 상기喪期를 마친 후에는 어떤 패물도 모두 다시 패용하였다. 조회나 제례복이 아니면 반드시 좁게 만들어 입었다. 검은 염소갖옷이나 검은 관을 쓰고는 조문을 하지 않았다. 길월吉月에는 반드시 조복을 입고 하례에 참석하였다.

君子不以紺緅飾, ㊀ 紅紫不以爲褻服. ㊁ 當暑, 袗絺綌,
必表而出之. ㊂ 緇衣, 羔裘; 素衣, 麑裘; 黃衣, 狐裘. ㊃
褻裘長, 短右袂. ㊄ 必有寢衣, 長一身有半. ㊅ 狐貉之厚
以居. ㊆ 去喪, 無所不佩. ㊇ 非帷裳, 必殺之. ㊈ 羔裘玄冠
不以弔. ㊉ 吉月, 必朝服而朝. ㊋

【君子】 여기서 君子는 구체적으로 孔子를 가리키는 것으로 본다.
【飾】 옷깃, 목 부분, 팔끝 부분, 소매 부분 등. 여기서는 주로 목둘레를 뜻한다.
【褻衣】 私服, 平常服. 집안에서 사사롭게 편히 입는 옷. 褻은 음이 '설'이다.
【居】 앉다(坐)로 풀이한다.
【吉月】 매월 초하루. 月朔을 뜻한다(王引之《經義述聞》·俞樾《群經平議》).

⊙ 諺解

栗山本 君子(군ㅈ)는 紺(감)과 緅(츄)로써 飾(식)디 아니ᄒ시며
紅(홍)과 紫(ㅈ)로써 褻服(셜복)도 ᄒ디 아니ᄒ더시다
暑(셔)를 當(당)ᄒ샤 홋 絺(티)와 綌(격)을 반ᄃ시 表(표)ᄒ야 내더시다
검은 오샌 羔裘(고구) | 오 흰 오샌 麑裘(예구) | 오 누른 오샌 狐裘(호구) | 러시다
褻裘(셜구)는 길게 호ᄃ 올흔 ᄉ매를 댜ᄅ게 ᄒ더시다
반ᄃ시 寢衣(침의)를 두시니 기릐 一身(일신)이오 또 半(반)이러라
狐貉(호락)의 두터온 거스로써 居(거)ᄒ더시다
喪(상)을 去(거)ᄒ샤는 ᄎ디 아니ᄒᆯ 배 업더시다
帷裳(유샹)이 아니어든 반ᄃ시 殺(쇄)ᄒ더시다
羔裘(고구)와 玄冠(현관)으로써 弔(됴)티 아니ᄒ더시다
吉月(길월)에 반ᄃ시 朝服(됴복)ᄒ고 朝(됴)ᄒ더시다

君子(군ᄌ)는 紺緅(감츄)로뻐 飾(식)디 아니ᄒ시며
紅紫(홍ᄌ)로뻐 褻服(셜복)도 삼디 아니ᄒ더시다
暑(셔)를 當(당)ᄒ야 袗(딘) 絺綌(티격)을 반ᄃ시 表(표)ᄒ야 出(츌)ᄒ더시다
緇衣(츼의)예ᄂ 羔裘(고구)를 ᄒ시고 素衣(소의)예ᄂ 麑裘(예구)를 ᄒ시고
黃衣(황의)예ᄂ 狐裘(호구)를 ᄒ더시다
褻裘(셜구)ᄂ 長(댱)호ᄃ 右袂(우몌)를 短(단)히 ᄒ더시다
반ᄃ시 寢衣(침의)를 둣더시니 長(댱)이 ᄒ 몸이오 ᄯ 半(반)이러라
狐貉(호락)의 厚(후)ᄒ 거스로뻐 居(거)ᄒ더시다
喪(상)이 去(거)ᄒ시고 佩(패)티 아닐 배 업더시다
帷裳(유샹)이 아니어든 반ᄃ시 殺(새)ᄒ더시다
羔裘(고구)와 玄冠(현관)으로뻐 弔(됴)티 아니ᄒ더시다
吉月(길월)에 반ᄃ시 朝服(됴복)ᄒ고 朝(됴)ᄒ더시다

◈ 集 註

241-㊀

紺, 古暗反. 緅, 側由反.
○ 君子, 謂孔子. 紺, 深靑揚赤色, 齊服也. 緅, 絳色. 三年之喪, 以飾練服也.
飾, 領緣也.

紺은 反切로 '古暗反'(감)이며, 緅는 '側由反'(추)이다.
○ 君子는 孔子를 일컫는다. 紺은 짙푸른 색에 赤色을 띤 것으로 齊服(齋服, 재계할 때 입는 옷)이며, 緅는 붉은 색(絳色)이다. 3년 喪에 練服에 飾하는 것이며, 여기서 飾이란 목둘레를 말한다.

241-㊁

紅紫, 間色不正, 且近於婦人女子之服也. 褻服, 私居服也. 言此則不以爲朝祭之服可知.

주홍과 보라는 間色으로, 正色이 아니며 게다가 婦人이나 女子들의 服裝에 가깝다. 褻服이란 사사로이 거할 때 입는 옷이다. 이렇게 말한 것으로 이것이 朝會나 제사의 服裝으로 삼을 수 없음을 가히 알 수 있다.

241-㉣

袗, 單也. 葛之精者曰絺, 麤者曰綌. 表而出之, 謂先著裏衣, 表絺綌而出之於外, 欲其不見體也. 詩所謂「蒙彼縐絺」是也.

袗은 홑옷이다. 칡섬유의 精한 것을 絺라 하며, 거친 것을 綌이라 한다. 表而出之란 먼지 속옷을 입고 겉에 絺綌을 입어 겉으로 드러내는 것으로, 몸이 보이지 않게 함이다. 《詩》에 소위 말한 "저 縐絺를 겉에 덮었네"(《詩經》鄘風 君子偕老의 구절)라는 것이 이것이다.

241-㉤

麑, 研奚反.
○ 緇, 黑色. 羔裘, 用黑羊皮. 麑, 鹿子, 色白. 狐, 色黃. 衣以裼裘, 欲其相稱.

麑는 反切로 '研奚反'(예)이다.
○ 緇는 검은 색이다. 羔裘는 검은 염소 가죽으로 만든 외투이다. 麑는 사슴새끼로 흰색이다. 狐는 누런색이다. 갖옷 위에 겹으로 입어 서로 대칭을 이루게 하려 함이다.

241-㉥

長, 欲其溫. 短右袂, 所以便作事.

길게 한 것은 따뜻하게 하고자 함이다. 오른쪽 소매를 짧게 한 것은 일을 할 때 편리하게 하고자 함이다.

241-㊅

長, 去聲.

○ 齊主於敬, 不可解衣而寢, 又不可著明衣而寢, 故別有寢衣, 其半蓋以覆足.
程子曰:「此錯簡, 當在『齊, 必有明衣, 布.』之下.」
愚謂:「如此, 則條與明衣變食, 旣得以類相從; 而褻裘狐貉, 亦得以類相從矣.」

長은 去聲이다.

○ 齊(齋戒)에는 敬에 主를 두어 옷을 벗고 잘 수 없으며, 또한 明衣를 입고
잘 수도 없다. 그 때문에 따로 잠옷이 있어 그 반은 아마 발을 덮게 되어
있었던 것 같다.

程子(程頤)는 이렇게 말하였다. "이는 錯簡으로 마땅히 '齊, 必有明衣, 布'(242)
다음에 있어야 한다."

내 생각으로는 이렇다. "이와 같다면, 이 조항은 明衣·變食이란 부분과 이미
以類相從(같은 류끼리 모여 있음)하고 褻裘·狐貉과도 역시 以類相從하게 된다."

241-㊆

狐貉, 毛深溫厚, 私居取其適體.

狐貉은 털이 깊고 따뜻하며, 두터워 사사로이 거할 때 몸에 편안함을 얻는
것이다.

241-㊇

去, 上聲.

○ 君子無故, 玉不去身. 觿礪之屬, 亦皆佩也.

去는 上聲이다.

○ 君子는 이유가 없으면 玉이 몸에서 떠나서는 안 된다. 뿔 송곳과 숫돌
따위도 역시 모두 차고 다니는 것이다.

241-⑨

殺, 去聲.

○ 朝祭之服, 裳用正幅如帷, 要有襞積, 而旁無殺縫. 其餘若深衣, 要半下, 齊倍要, 則無襞積而有殺縫矣.

殺는 去聲(쇄)이다.

○ 朝會와 祭祀 때의 복장에서 치마는 正幅대로 하여 휘장처럼 늘인다. 허리에는 겹친 주름이 있으며 옆에는 쇄봉(殺縫: 줄여 바느질함, 바느질한 부분을 덜어서 줄임)하는 경우가 없다. 그 나머지 深衣의 경우에는 허리 아래쪽을 반 정도 줄이고 아랫단 (齊)은 허리의 2배가 된다. 이렇게 하면 襞積은 없고 殺縫은 있게 된다.

241-⑩

喪主素, 吉主玄. 弔必變服, 所以哀死.

喪에는 素(흰색)을 主로 삼으며, 吉事에는 玄(검은색)을 主로 삼는다. 弔問에 반드시 옷 색깔을 바꾸는 것은, 죽음을 애도하기 위함이다.

241-⑪

吉月, 月朔也. 孔子在魯致仕時如此.

○ 此一節, 記孔子衣服之制.

蘇氏曰:「此孔氏遺書, 雜記曲禮, 非特孔子事也.」

吉月이란 月朔(그 달의 초하루)을 말한다. 孔子가 魯나라에서 벼슬을 그만두었을 때 이와 같았다.

○ 이 한 절은 孔子의 衣服 모습을 기록한 것이다.

蘇氏(蘇軾)는 이렇게 말하였다. "이는 孔子의 집안에서 남긴 글로 曲禮(자질구레한 예)를 잡다하게 기록한 것이며, 특별히 孔子의 일만이 그러한 것은 아니다."

242(10-7)

齊必有明衣

재계齊할 때에는 반드시 명의明衣를 입었으며, 이는 베로 만든 것이었다. 재계할 때에는 반드시 음식을 달리 하며 자리도 옮기었다.

齊, 必有明衣, 布.㊀ 齊必變食, 居必遷坐.㊁

【齊】 齋戒와 같다. 齊는 '재'로 읽는다.
【明衣】 깨끗한 옷이라는 뜻. 목욕을 끝내고 입는 옷.
【遷坐】 자는 자리를 달리함을 말한다. 古代에는 평상시 거하는 방을 燕寢, 齋戒할 때는 外寢(正寢)이라 하여 구분하였다.

齊(직)ᄒᆞ실 제 반ᄃᆞ시 明衣(명의)를 닷더시니 布(포)ㅣ러라
齊(직)ᄒᆞ실 제 반ᄃᆞ시 食(식)을 變(변)ᄒᆞ시며 居(거)홈을 반ᄃᆞ시
坐(좌)를 遷(쳔)ᄒᆞ더시다

齊(직)ᄒᆞ실 제 반ᄃᆞ시 明衣(명의)를 닷더시니 布(포)ㅣ러라
齊(직)ᄒᆞ실 제 반ᄃᆞ시 食(식)을 變(변)ᄒᆞ시며 居(거)ᄒᆞ시매 반ᄃᆞ시
坐(좌)를 遷(쳔)ᄒᆞ더시다

◆ 集 註

242-㈀

齊, 側皆反.

○ 齊, 必沐浴, 浴竟, 卽著明衣, 所以明潔其體也, 以布爲之. 此下脫前章寢衣一簡.

齊는 反切로 '側皆反'(제)이다.

○ 齊(齋戒) 때에는 반드시 목욕을 하며, 목욕이 끝나면 明衣를 입었다. 그
몸을 明潔히 하였다는 뜻이며(《禮記》祭統에 '君子之齊也, 專致其精明之德也'라 함), 그것은
베로 만든 것이다. 이곳 다음의 앞장의 寢衣 한 簡이 빠졌다.(241의 集註 6 참조,
즉 '齊, 必有明衣, 布. 必有寢衣, 長一身有半'이어야 한다고 여긴 것임)

242-㈁

變食, 謂不飮酒·不茹葷. 遷坐, 易常處也.
○ 此一節, 記孔子謹齊之事.
楊氏曰:「齊所以交神, 故致潔變常以盡敬.」

음식을 바꾸다(變食)는 술도 마시지 아니하고, 葷(파·마늘 따위의 냄새나는 채소류)를
먹지 않음을 말한다. 遷坐란 평상시의 거처하던 자리에서 바꾸는 것이다.

○ 이 한 절은 孔子의 齊(齋戒)에 삼가는 일을 기록한 것이다.

　楊氏(楊時)는 이렇게 말하였다. "齊(齋戒)는 神과 교통하는 것이다. 그 때문에 致潔變常(깨끗이 하고 평상시와 달리함)하여 恭敬을 다하는 것이다."

243(10-8)

食不厭精

밥은, 정갈한 것은 싫증을 내지 않았고, 회膾도 가늘게 썬 것은 싫어하지 아니하였다. 밥이 상하여 쉰 것, 생선이 상한 것, 고기가 부패한 것은 먹지 아니하였다. 색깔이 나쁜 것은 먹지 않았으며, 냄새가 악한 것은 먹지 아니하였다. 절차에 맞추어 익히지 않은 것은 먹지 않았으며, 제철이 아닌 것은 먹지 아니하였다. 바르게 썰지 않은 것은 먹지 않았으며, 그 간장이 맞추어지지 않은 것도 먹지 않았다. 고기가 비록 많다 해도 식기食氣보다 더하게 먹지는 않았다. 오직 술만은 한량이 없었으나 어지러울 지경에 이르지는 않았다. 파는 술이나 저자에서 파는 포는 먹지 않았다. 생강 먹는 일은 그치지 않았으며, 밥은 많이 먹지 않았다.

공적인 제사에 참여하여 받은 고기는 하룻밤을 넘기지 않았으며, 그 밖의 제사에서 쓰인 고기도 사흘을 넘지 않도록 하였다. 사흘을 넘기게 되면 이는 먹지 못하기 때문이었다.

식사 중에는 말을 하지 않았으며, 잠 자면서는 말을 하지 않았다.

비록 거친 밥, 채소 국일지라도 과제瓜祭를 지냈으며, 마치 재(齊, 재계)할 때처럼 하였다.*

食不厭精, 膾不厭細.㊀ 食饐而餲, 魚餒而肉敗, 不食.
色惡, 不食. 臭惡, 不食. 失飪, 不食. 不時, 不食.㊁
割不正, 不食. 不得其醬, 不食.㊂ 肉雖多, 不使勝食氣.
唯酒無量, 不及亂.㊃ 沽酒市脯不食.㊄ 不撤薑食,㊅ 不多
食.㊆ 祭於公, 不宿肉. 祭肉不出三日. 出三日, 不食之
矣.㊇ 食不語, 寢不言.㊈ 雖疏食菜羹, 瓜祭, 必齊如也.㊉

【餒】 생선 등이 상한 것. 음은 '뇌'이다.
【食氣】 穀氣. 밥기운. '사기'로 읽는다.
【祭於公】 古代 諸侯들의 祭祀에는 大夫들에게 알렸으며, 그 祭肉을 나누어주었다.
【瓜祭】 일부 본에는 必察로 실려 있기도 하다. 그러나 瓜祭는 고대 식사 전에
드리는 기도라 하였고, 《左傳》(襄公 28年)에는 이를 氾祭라 하였다.
* 楊伯峻은 본장을 『祭於公』이하, 『食不語』이하, 『雖疏食』이하를 分離하여
4개의 장으로 나누었다.

◉ 諺 解

　　　食(ᄉ)ᄂ 精(졍)홈을 厭(염)티 아니ᄒ시며 膾(회)ᄂ 細(셰)홈을
厭(염)티 아니ᄒ더시다

食(ᄉ)ㅣ 饐(애)ᄒ야 餲(애)ᄒ니와 魚(어)ㅣ 餒(뢰)ᄒ며 肉(슉)이 敗(패)ᄒ
니를 食(식)디 아니ᄒ시며 色(식)이 惡(악)ᄒ니를 食(식)디 아니ᄒ시며 臭(쥐)ㅣ
惡(악)ᄒ니를 食(식)디 아니ᄒ시며 飪(심)을 失(실)ᄒ엿거든 食(식)디 아니
ᄒ시며 時(시)ㅣ 아니어든 食(식)디 아니터시다

割(할)ᄒ 거시 正(졍)티 아니커든 食(식)디 아니ᄒ시며 그 醬(쟝)을 得(득)디
몯ᄒ야든 食(식)디 아니터시다

肉(슉)이 비록 하나 ᄒᆞ여곰 食氣(스긔)를 勝(승)케 아니ᄒᆞ시며 오직 酒(쥬)는 量(량)업시 ᄒᆞ샤ᄃᆡ 亂(란)에 밋게 아니터시다

沽(고)ᄒᆞᆫ 酒(쥬)와 市(시)ᄒᆞᆫ 脯(포)를 食(식)디 아니ᄒᆞ시며

薑(강) 食(식)홈을 撤(텰)티 아니ᄒᆞ시며

해 食(식)디 아니터시다

公(공)애 祭(졔)ᄒᆞ심애 肉(슉)을 宿(슉)디 아니ᄒᆞ시며 祭肉(졔슉)은 三日(삼실)에 出(츌)티 아니ᄒᆞ더시니 三日(삼실)에 出(츌)ᄒᆞ면 食(식)디 몯홀 꺼시니라

食(식)ᄒᆞ심애 語(어)티 아니ᄒᆞ시며 寢(침)ᄒᆞ심애 言(언)티 아니터시다

비록 疏食(소스)와 菜羹(ᄎᆡ깅)이라도 반ᄃᆞ시 祭(졔)ᄒᆞ샤ᄃᆡ 반ᄃᆞ시 齊(졔)툿 ᄒᆞ더시다

 食(스) ᅵ 精(졍)호믈 厭(염)티 아니ᄒᆞ시며 膾(회) ᅵ 細(셰)호믈 厭(염)티 아니ᄒᆞ더시다

食(스) ᅵ 饐(에)ᄒᆞ야 餲(애)ᄒᆞᆫ 것과 魚(어) ᅵ 餒(뇌)ᄒᆞ며 肉(육)이 敗(패)ᄒᆞᆫ 거슬 食(식)디 아니ᄒᆞ시며 色(싴)이 惡(악)거든 食(식)디 아니ᄒᆞ시며 臭(취) ᅵ 惡(악)거든 食(식)디 아니ᄒᆞ시며 飪(임)을 失(실)ᄒᆞ야든 食(식)디 아니ᄒᆞ시며 時(시) ᅵ 아니어든 食(식)디 아니ᄒᆞ더시다

割(할)호미 正(졍)티 아니커든 食(식)디 아니ᄒᆞ시며 그 醬(쟝)을 得(득)디 몯ᄒᆞ야든 食(식)디 아니ᄒᆞ더시다

肉(육)이 비록 多(다)ᄒᆞ나 ᄒᆞ여곰 食氣(스긔)를 勝(승)케 아니ᄒᆞ시며 오직 酒(쥬)는 量(량)업시 ᄒᆞ샤ᄃᆡ 亂(란)의 及(급)디 아니케ᄒᆞ더시다

沽(고)ᄒᆞᆫ 酒(쥬)와 市(시)ᄒᆞᆫ 脯(포)를 食(식)디 아니ᄒᆞ더시다

薑(강) 食(식)을 撤(텰)티 아니ᄒᆞ더시다

해 食(식)디 아니ᄒᆞ더시다

公(공)애 가 祭(졔)ᄒᆞ시고 肉(육)을 宿(슉)디 아니ᄒᆞ시며 祭肉(졔육)을 三日(삼일) 나디 아니케 ᄒᆞ더시니 三日(삼일) 곳 나면 먹디 몯ᄒᆞᄂᆞ니라

食(식)ᄒᆞ실 제 語(어)티 아니ᄒᆞ시며 寢(침)ᄒᆞ실 제 言(언)티 아니ᄒᆞ더시다

비록 疏食(소스)와 菜羹(ᄎᆡ깅)이라도 반ᄃᆞ시 祭(졔)ᄒᆞ샤ᄃᆡ 반ᄃᆞ시 齊(졔)히 ᄒᆞ더시다

243-㊀

食, 音嗣.

○ 食, 飯也. 精, 鑿也. 牛羊與魚之腥, 聶而切之爲膾. 食精則能養人, 膾麤則能害人. 不厭, 言以是爲善, 非謂必欲如是也.

食는 음이 嗣(사)이다.

○ 食는 飯(밥, 명사)이다. 精은 깎은 것이다. 소·양과 생선의 날고기를 잘게 썰어 자른 것을 膾라 한다(《禮記》 少儀篇을 볼 것). 밥이 정갈하면 능히 사람을 길러 내지만 膾가 거칠면 능히 사람에게 害가 된다. 不厭은 이를 좋게 여긴다는 말이며, 반드시 이와 같아야 한다고 말한 것은 아니다.

243-㊁

食饐之食, 音嗣. 饐, 於冀反. 餲, 烏邁反. 飪, 而甚反.

○ 饐, 飯傷熱濕也. 餲, 味變也. 魚爛曰餒. 肉腐曰敗. 色惡臭惡, 未敗而色臭變也. 飪, 烹調生熟之節也. 不時, 五穀不成, 果實未熟之類. 此數者皆足以傷人, 故不食.

食饐의 食는 음이 嗣(사)이다. 饐는 '於冀反'(이, 애, 의)이며, 餲는 '烏邁反'(애, 알)이다. 飪은 '而甚反'(임)이다.

○ 饐는 밥이 열기나 습기로 인해 상한 것이다. 餲는 맛이 변한 것이다. 생선이 腐爛한 것을 餒라 하고, 고기가 腐爛한 것을 敗라 한다. 색깔과 냄새가 악한 것은 아직 부패하지는 않았으나 색과 냄새가 변한 것을 말한다. 飪은 날것이나 익은 것을 삶아 조리하는 절차이다. 不時란 오곡이 그마다 익는 제철이 아니라거나 과실이 아직 익지 않은 것 등의 類이다. 이 몇 가지는 모두가 사람을 상하게 하기에 족하므로 그 때문에 먹지 않은 것이다(《禮記》 王制篇에 '五穀不時, 果實未熟, 不粥於市'라 함).

243-㊂

割肉不方正者不食, 造次不離於正也. 漢陸續之母, 切肉未嘗不方, 斷葱以寸爲度,
蓋其質美, 如此暗合也. 食肉用醬, 各有所宜, 不得則不食, 惡其不備也. 此二者, 無害
於人, 但不以嗜味而苟食耳.

고기를 바르게 자르지 않은 것은 먹지 않았음은, 造次(雙聲語) 사이라도 正에서
떠나지 않은 것이다. 漢나라 때 陸續의 어머니는 고기를 자를 때 바르게 자르지
않은 적이 없고 파를 썰 때도 한 寸을 길이로 삼았다 하였으니(《後漢書》 卷81
陸續傳 참조), 아마 그 자질이 아름다워 마치 이와 같아 암암리에 부합된 것이리라.
고기를 먹을 때는 간장을 사용하되 각각 맞는 바가 있다. 맞지 않으면 먹지
않았다는 것은 제대로 갖추어지지 않음을 싫어한 것이다(《禮記》 內則을 볼 것).
이 두 가지는 사람에게 해로운 것은 아니지만 다만 맛을 즐긴다는 것이며,
구차스럽게 먹지는 않았을 뿐이라는 것이다.

243-㊃

食, 音嗣. 量, 去聲.

○ 食以穀爲主, 故不使肉勝食氣. 酒以爲人合懽, 故不爲量, 但以醉爲節而不
及亂耳.

程子曰:「不及亂者, 非唯不使亂志, 雖血氣亦不可使亂, 但浹洽而已可也.」

食는 음이 嗣(사)이다. 量은 去聲이다.

○ 食는 곡류를 위주로 한다. 그러므로 고기가 사기(食氣)를 이기지 않도록
한 것이다. 술은 사람이 즐거움(合懽)을 삼는 것이다. 그러므로 양을 정하지
않고 다만 취하는 것으로 절도를 삼되, 亂한 데에는 미치지 않도록 할 뿐이다.
程子(程頤)는 이렇게 말하였다. "不及亂이란 단지 뜻을 어지럽지 않도록 할
뿐만 아니라 비록 혈기일지라도 역시 어지럽도록 하지 않으며, 다만 浹洽(알맞게
흡족함. 雙聲語)하여 그치면 되는 것이다."

243-⑤

沽·市, 皆買也. 恐不精潔, 或傷人也. 與不嘗康子之藥同意.

沽·市는 모두가 사는(買) 것이다. 정결하지 못하여 혹 사람을 상하게 할까 두려워하는 것이다. 季康子가 보낸 약을 맛보지 않은 것(246(10~11))과 같은 뜻이다.

243-⑥

薑, 通神明, 去穢惡, 故不撤.

생강은 神明을 통하게 하고 더러움과 악한 것을 제거해 준다(《本草經》에 '薑, 味辛, 微溫, 久服去臭, 氣通神明'이라 함). 그러한 까닭으로 그만두지 않고 계속 먹은 것이다.

243-⑦

適可而止, 無貪心也.

可하게 하여 적당히 그치는 것은 탐심이 없는 것이다.

243-⑧

助祭於公, 所得胙肉, 歸卽頒賜. 不俟經宿者, 不留神惠也. 家之祭肉, 則不過三日, 皆以分賜. 蓋過三日, 則肉必敗, 而人不食之, 是褻鬼神之餘也. 但比君所賜胙, 可少緩耳.

公的인 제사를 돕고, 얻은 바의 胙肉(祭肉)은 돌아와서 곧바로 나누어주되 하룻밤을 넘기지 않았다는 것은, 神의 은혜를 지체하지 않도록 하기 위함이다. 집안에서의 祭肉이라면 사흘을 넘기지 않고 모두 나누어주었다. 대개 사흘이 지나면 고기가 틀림없이 부패하여 사람이 이를 먹을 수 없다. 이는 鬼神의 남김을 함부로 하는 것이 된다. 다만 임금이 내린 胙肉에 비해 약간 늦출 수 있을 뿐이다.

243-㊉

答述曰語. 自言曰言.

范氏曰:「聖人存心不他, 當食而食, 當寢而寢, 言語非其時也.」

楊氏曰:「肺爲氣主而聲出焉, 寢食則氣窒而不通, 語言恐傷之也.」亦通.

대답으로 풀이하는 말을 語라 하고, 스스로 말하는 것을 言이라 한다(《詩》 大雅 公劉篇의 傳에는 '直言曰言, 論難曰語'라 함).

范氏(范祖禹)는 이렇게 말하였다. "聖人의 存心은 다른 것이 아니다. 마땅히 먹어야 할 것을 먹고, 자야 하면 자니 말은 그 때에는 맞지 않는 것이다."

楊氏(楊時)는 이렇게 말하였다. "폐는 氣를 主로 하며 소리가 나오는 곳이다. 침식 때에는 氣가 막혀 통하지 않는다. 이때 말을 하면 상해가 있을까 두려운 것이다."(《素問》 五藏生成篇을 볼 것) 역시 통한다.

243-㊀

食, 音嗣. 陸氏曰:「魯論瓜作必.」

○ 古人飲食, 每種各出少許, 置之豆間之地, 以祭先代始爲飲食之人, 不忘本也. 齊, 嚴敬貌. 孔子雖薄物必祭, 其祭必敬, 聖人之誠也.

○ 此一節, 記孔子飲食之節.

謝氏曰:「聖人飲食如此, 非極口腹之欲, 蓋養氣體, 不以傷生, 當如此. 然聖人之所不食, 窮口腹者或反食之, 欲心勝而不暇擇也.」

食는 음이 嗣(사)이다.

陸氏(陸德明)는 이렇게 말하였다. "《魯論》에는 瓜자가 必자로 실려 있다."

○ 옛 사람이 음식을 먹을 때 매번 종류마다 각기 조금씩 떼어 내어 이를 豆間의 사이에 놓아, 先代에 처음 음식을 만든 사람에게 제사 지냈는데, 이는 그 근본을 잊지 않기 위한 것이다. 齊는 엄숙하고 경건한 모습이다. 孔子가 비록 박약한 물건일지라도 반드시 제사를 지냈으며, 그 제사 또한 반드시 경건히 한 것은 聖人의 지성이었다.

○ 이 한 절은 孔子가 음식을 먹을 때의 절도를 기록한 것이다.

謝氏(謝良佐)는 이렇게 말하였다. "聖人의 飮食이 이와 같았음은 口腹의 욕구를 끝까지 하지 않은 것으로, 대체로 氣體를 保養하여 생명에 상해가 없도록 함이 마땅히 이와 같았던 것이다. 그러나 聖人이 먹지 않았던 바에 대하여 口腹의 욕구를 다하는 자는 도리어 이를 먹으니, 이는 욕심이 勝하여 선택할 겨를이 없기 때문인 것이다."

244(10-9)

席不正不坐

자리가 바르지 아니하면 앉지 않았다.

席不正, 不坐.⊖

席(셕)이 正(졍)티 아니커든 坐(좌)티 아니터시다

 돗기 正(졍)티 아니커든 坐(좌)티 아니ᄒ더시다

◈ 集 註

244-㊀

謝氏曰:「聖人心安於正, 故於位之不正者, 雖小不處.」

謝氏(謝良佐)는 이렇게 말하였다. "聖人은 바른 것에 마음을 편안하게 느낀다. 그 때문에 바르지 못한 위치라면 비록 하찮은 문제라도 처하지 않았던 것이다."

245(10-10)

鄕人飮酒

향인鄕人과 술을 마실 때에는 지팡이를 짚은 노인이 먼저 나간 후에야 나갔다. 향인의 나례儺禮에는 조복을 입고 동쪽 계단에 섰다.*

鄕人飮酒, 杖者出, 斯出矣.㊀ 鄕人儺, 朝服而立於 阼階.㊁

【鄕人飮酒】古代 마을에서 敬老의 의미로 행하던 鄕飮之禮를 가리킨다(《儀禮》를 볼 것).

【杖者】지팡이를 짚은 사람. 老人을 가리킨다.

【儺禮】巫師를 불러 疫鬼를 몰아내는 굿.《周禮》夏官에 의하면 方相氏가 이를 주관하였다 한다. 儺는 음이 '나'이다.

【阼階】동쪽 계단. 주인이 서는 위치. 南北은 從屬關係, 東西는 同等關係의 禮를 행할 때의 위치를 말한다. 阼는 음이 '조'이다.

* 본장에 대해 楊伯峻은 『鄕人儺』이하를 따로 分章하였다.

◉ 諺 解

南山本   鄕人(향신)이 酒(쥬)를 飮(음)홈애 杖(댱)흔 者(쟈)ㅣ 出(츌)ᄒ거든 이예 出(츌)ᄒ더시다

鄕人(향신)이 儺(나)홈애 朝服(됴복)ᄒ시고 阼階(조계)예 立(립)ᄒ더시다

栗谷本   鄕人(향인)이 酒(쥬)를 飮(음)홀 제 杖(댱)흔 者(쟈)ㅣ 나거든 이예 나더시다

鄕人(향인)이 儺(나)ᄒ거든 朝服(됴복)ᄒ고 阼階(조계)예 셔더시다

◆ 集 註

245-㉠

杖者, 老人也. 六十杖於鄕. 未出不敢先, 旣出不敢後.

杖者는 노인이다. 예순이 되면 鄕에서 지팡이를 짚는다. 나가기 전에 감히 먼저 나가서는 안 되며, 이미 나왔을 때는 감히 뒤에 처져서도 안 된다(《禮記》 王制에 '五十杖於家, 六十杖於鄕, 七十杖於國, 八十杖於朝'라 함).

245-㈡

儺, 乃多反.

○ 儺, 所以逐疫, 周禮方相氏掌之. 阼階, 東階也. 儺雖古禮而近於戲, 亦朝服而臨
之者, 無所不用其誠敬也.

或曰:「恐其驚先祖五祀之神, 欲其依己而安也.」

○ 此一節, 記孔子居鄕之事.

儺는 反切로 '乃多反'(나)이다.

○ 儺는 疫鬼를 쫓는 것으로 《周禮》에 方相氏가 이를 관장하였다(《周禮》夏官에
'方相氏掌蒙熊皮, 黃金四目, 玄衣朱裳, 執戈揚盾, 帥百隷而時難, 以索室歐疫'이라 함). 阼階는 동쪽
계단이다. 儺禮는 비록 고대의 禮이며 놀이에 가깝기는 하나, 역시 朝服을
입고 이에 임하였다는 것은 정성과 경건함으로 하지 않은 바가 없었다는 뜻이다.

어떤 이는 이렇게 말하였다. "先祖와 五祀의 神을 놀라게 할까 두려워 그
神들이 자기 몸에 의탁하여 편안히 여기기를 바란 것이다."

○ 이 한 절은 孔子가 鄕에 居할 때의 일을 기록한 것이다.

246(10-11)

問人於他邦

사람을 보내어 다른 나라에 있는 친구의 안부를 물을 때에는 두 번 절하고 이를 보냈다. 강자康子가 공자에게 약을 보내오자 절을 하고 받으면서 이렇게 말하였다.

"내丘가 이 약에 대하여 자세히 알지 못하니 감히 맛을 볼 수 없습니다."*

問人於他邦, 再拜而送之.㊀ 康子饋藥, 拜而受之.
曰:「丘未達, 不敢嘗.」㊁

【康子】季康子. 魯나라의 大夫.
【未達】藥性에 대하여 자세히 알지 못함.
* 본장 역시 楊伯峻은 『康子饋藥』이하를 分章하였다.

陶山本
사름을 다른 나라히 무르실 식 再拜(지비)ᄒ야 보내더시다
康子(강주)ㅣ 藥(약)을 饋(궤)ᄒ야늘 拜(비)ᄒ고 受(슈)ᄒ샤
ᄀᆞᆯ으샤티 丘(구)ㅣ 達(달)티 몯혼 디라 敢(감)히 嘗(샹)티 몯ᄒ노라 ᄒ시다

栗谷本
人(인)을 他邦(타방)의 問(문)ᄒ실 식 두 번 절ᄒ야 보내더시다
康子(강주)ㅣ 藥(약)을 饋(궤)ᄒ야늘 절ᄒ야 바드샤 ᄀᆞᆯ ᄋᆞ샤티
丘(구)ㅣ 達(달)티 몯ᄒᄂᆞᆫ 디라 敢(감)히 嘗(샹)티 몯ᄒ노라 ᄒ더시다

◈ 集 註

246-㊀

拜送使者, 如親見之, 敬也.

심부름하는 이를 拜送하기를, 마치 친히 그를 만난 듯이 한 것은 공경함을 뜻한다.

246-㊁

范氏曰:「凡賜食, 必嘗以拜. 藥未達則不敢嘗. 受而不食, 則虛人之賜, 故告之如此. 然則可飮而飮, 不可飮而不飮, 皆在其中矣.」
楊氏曰:「大夫有賜, 拜而受之, 禮也. 未達不敢嘗, 謹疾也. 必告之, 直也.」
○ 此一節, 記孔子與人交之誠意.

范氏(范祖禹)는 이렇게 말하였다. "무릇 하사하는 음식은 반드시 맛을 보고 절을 한다. 약은 성분을 자세히 알지 못한 것이라면 감히 맛볼 수 없다. 받고 먹지 않는다면 남의 하사품을 헛되게 하는 것이다. 그 때문에 이처럼 고한 것이다. 그러한즉 가히 마실 것은 마시고 마셔서는 안 되는 것은 마시지 않는 것이 모두 그 속에 있는 것이다."

楊氏(楊時)는 이렇게 말하였다. "大夫가 하사하는 것이 있을 때에는 절을 하고 받는 것이 예이다. 통달하지 못하여 감히 맛볼 수 없다는 것은 그로 인한 질환을 삼간 것이다. 그런데도 필히 고한 것은 곧은 행동이다."

○ 이 한 절은 孔子가 남과 사귐에 있어서의 성의를 기록한 것이다.

247(10-12)

廏焚

마구간에 불이 나자 공자는 조회에서 물러나와, "사람이 다치지는 않았느냐?"라고만 물을 뿐, 말에 대해서는 묻지 않았다.*

> 廏焚. 子退朝, 曰:「傷人乎?」
> 不問馬.⊖

【廏】 마구간. 음은 '구'이다.
【不問馬】 사람을 중시하는 뜻으로 널리 引用된다.
* 《鹽鐵論》刑德篇에 「魯廏焚, 孔子罷朝, 問人不問馬, 賤畜而重人也」라 하였으나,
《禮記》雜記에는 「廏焚, 孔子拜鄕人之爲火來者」라 하여 孔子 집의 마구간에 불이
난 것이라고 하였다.

廐(구)ㅣ 焚(분)커늘 子(ᄌ)ㅣ 朝(됴)로 退(퇴)ᄒ샤 ᄀᆞ르샤ᄃᆡ 人(신)이 傷(샹)ᄒ냐 ᄒ시고 馬(마)를 묻디 아니ᄒ시다

 廐(구)ㅣ 焚(분)커늘 子(ᄌ)ㅣ 朝(됴)로 退(퇴)ᄒ샤 ᄀᆞ르샤ᄃᆡ 사름 傷(샹)ᄒ냐 ᄒ시고 믈을 뭇디 아니ᄒ더시다

◆ 集註

247-㊀

非不愛馬, 然恐傷人之意多, 故未暇問. 蓋貴人賤畜, 理當如此.

말馬을 아까워하지 않는 것이 아니로되 사람이 상한 것이 아닌가 하는 염려가 더 많았다. 그 때문에 물을 겨를이 없었던 것이다. 대체로 사람을 귀히 여기고 가축을 천히 여김은 이치로도 당연히 이와 같다.

248(10-13)

君賜食必正席先嘗之

임금이 음식을 내리면 반드시 자리를 바르게 하고 먼저 맛을 보았으며, 임금이 날고기를 내리면 반드시 익혀 이를 조상신에게 올렸다. 임금이 살아 있는 것을 내리면 반드시 이를 길렀다. 임금을 모시고 식사를 할 경우에는, 임금이 제례를 행할 때 먼저 맛을 보았다.

공자가 병이 나서 임금이 문병을 오자, 머리를 동쪽으로 하고 조복을 위에 걸치고 띠를 그 위에 얹었다.

임금이 명하여 부르면 수레의 준비를 기다리지 않고 서둘러 나섰다.**

君賜食, 必正席先嘗之. 君賜腥, 必熟而薦之. 君賜生, 必畜之.㊀ 侍食於君, 君祭, 先飯.㊁ 疾, 君視之, 東首, 加朝服, 拖紳.㊂

君命召, 不俟駕行矣.㊃

【腥】生肉을 뜻한다.

【薦】祖上의 祠堂에 바침.

【東首】病者는 북쪽 창 아래 눕히게 되어 있으나 임금이 오면 南面의 위치가 되기 때문에 남쪽 창으로 옮겨 머리를 동쪽으로 하고 대신 임금이 南面할 수 있도록 위치를 바꾸었다.

【駕】수레에 멍에를 매어 준비함. 여기서는 그러한 시간까지 기다리지 않고 서둘러 나섰음을 뜻한다.

* 楊伯峻은 『疾, 君視之』이하와 『君命召』이하를 分章하여 3장으로 하였다.

*《孟子》公孫丑에 「禮曰: 君召命, 不俟駕」라 하였다.

◉ 諺 解

陶山本　君(군)이 食(식)을 賜(ᄉᆞ)ᄒᆞ야시든 반ᄃᆞ시 席(셕)을 正(졍)히 ᄒᆞ고 몬져 嘗(샹)ᄒᆞ시고 君(군)이 腥(셩)을 賜(ᄉᆞ)ᄒᆞ야시든 반ᄃᆞ시 熟(슉)ᄒᆞ야 薦(쳔)ᄒᆞ시고 君(군)이 生(ᄉᆡᆼ)을 賜(ᄉᆞ)ᄒᆞ야시든 반ᄃᆞ시 畜(휵)ᄒᆞ더시다

君(군)ᄭᅴ 뫼셔 食(식)ᄒᆞ실 제 君(군)이 祭(졔)ᄒᆞ시거든 몬져 飯(반)ᄒᆞ더시다

疾(질)에 君(군)이 視(시)ᄒᆞ거시든 東(동)으로 首(슈)ᄒᆞ시고 朝服(됴복)을 加(가)ᄒᆞ시고 紳(신)을 拖(타)ᄒᆞ더시다

君(군)이 命(명)ᄒᆞ야 召(쇼)ᄒᆞ거시든 駕(가)를 俟(ᄉᆞ)티 아니ᄒᆞ시고 行(ᄒᆡᆼ)ᄒᆞ더시다

　　　君(군)이 食(식)을 賜(스)ᄒ야시든 반ᄃ시 席(셕)을 正(졍)코 몬져 嘗(샹)ᄒ시고 君(군)이 腥(셩)을 賜(스)ᄒ야시든 반ᄃ시 니겨 薦(쳔)ᄒ시고 君(군)이 生(싱)을 賜(스)ᄒ야시든 반ᄃ시 畜(흑)더시다

君(군)끠 뫼셔 食(식)ᄒ실 식 君(군)이 祭(졔)ᄒ시거든 몬져 飯(반)ᄒ더시다

疾(질)에 君(군)이 視(시)ᄒ거시든 首(슈)를 東(동)으로 ᄒ시고 朝服(됴복)을 加(가)ᄒ고 紳(신)을 拖(타)ᄒ더시다

君(군)이 命(명)ᄒ야 브르거시든 駕(가)를 俟(스)티 아녀 行(힝)ᄒ더시다

◆ 集 註

248-㊀

食恐或餕餘, 故不以薦. 正席先嘗, 如對君也. 言先嘗, 則餘當以頒賜矣. 腥, 生肉. 熟而薦之祖考, 榮君賜也. 畜之者, 仁君之惠, 無故不敢殺也.

음식이 혹 먹고 남은 것이 아닌가 생각하실까 두려워 그 때문에 바치지 않는 것이다(《禮記》曲禮上에 '餕餘不祭'라 함). 자리를 바르게 하고 먼저 맛보는 것은 임금을 마주 대하듯이 하는 것이다. 먼저 맛본다고 말한 것은 나머지는 의당 나누어준다는 것이다. 腥은 날고기이다. 익혀서 祖上에게 바치는 것은 임금이 내린 것을 영광스럽게 여기는 것이다. 畜之(이를 길렀다)라 한 것은 임금의 은혜를 어질다 여긴 것으로 이유 없이 감히 죽일 수가 없기 때문이다.

248-㊁

飯, 扶晩反.

○ 周禮:『王日一擧, 膳夫授祭品, 嘗食, 王乃食』. 故侍食者, 君祭, 則己不祭而先飯. 若爲君嘗食然, 不敢當客禮也.

飯은 反切로 '扶晩反'(반)이다.

○《周禮》에 "王은 하루에 한 번 擧(殺生盛饌)를 한다. 膳夫(요리사)가 祭需를 올려 그 음식을 品嘗하고 난 후라야 임금이 먹는다"(《周禮》天官 膳夫에 '王日一擧, 鼎十有二, 以樂侑食, 膳夫授祭品, 嘗食, 王乃食'이라 함)라 하였다. 그러므로 임금을 모시고 먹는 자는 임금이 제사를 올리면 자신은 祭하지 않고 먼저 밥을 먹는다. 마치 임금을 위해 밥을 맛보듯이 하는 것은 감히 손님의 禮를 감당하지 못하기 때문이다.

248-㈢

首, 去聲. 拖, 徒我反.
○ 東首, 以受生氣也. 病臥不能著衣束帶, 又不可以褻服見君, 故加朝服於身, 又引大帶於上也.

首는 去聲이다. 拖는 反切로 '徒我反'(타)이다.
○ 東首는 生氣를 받으려는 것이다. 병으로 누워서는 옷을 입고 띠를 맬 수 없으며, 평상복으로도 임금을 뵐 수가 없다. 그 때문에 朝服을 몸에 얹고 큰 띠를 그 위에 끌어다 걸쳐놓는 것이다(《禮記》玉藻에 '寢恒東首'라 함).

248-㈣

急趨君命, 行出而駕車隨之.
○ 此一節, 記孔子事君之禮.

임금의 명령에 급히 달려나가되 먼저 걸어 나가 멍에를 얹은 수레가 그 뒤를 따르는 것이다.
○ 이 한 절은 孔子가 임금을 모시는 禮를 기록한 것이다.

249(10-14)

入大廟每事問

태묘大廟에 들어서는, 일마다 물어서 하였다.*

入大廟, 每事問.㊀

* 본장은 八佾篇 055(3-15)에도 실려 있다(大는 太와 같다).

⊙ 諺解

陶山本   없음

栗谷本   없음

◈ 集註

249-㊀

重出.

거듭나왔다.(八佾篇 055(3-15)에도 있음)

250(10-15)

朋友死

친구가 죽어 귀속될 가족이 없을 경우, 이렇게 말하였다.

"나의 집에 빈殯을 차리도록 하라."

친구가 보낸 선물은 비록 수레나 말일지라도, 제육祭肉이 아니므로 절하지 아니하였다.*

> 朋友死, 無所歸, 曰:「於我殯.」㊀
>
> 朋友之饋, 雖車馬, 非祭肉, 不拜.㊁

【無所歸】 장례를 치러줄 유족이 없는 경우를 뜻한다.

【祭肉】 원래 제사에 쓰인 고기는 절하고 祖上의 祠堂에 먼저 올리게 되어 있었다.

* 楊伯峻은 『朋友之饋』 이하를 分章하여 2章으로 하였다.

諺解

 陶山本

朋友(븅우) | 死(ᄉᆞ)ᄒᆞ야 歸(귀)홀 ᄢᅢ 업거든 ᄀᆞᆯᄋᆞ샤ᄃᆡ 내게 殯(빈)ᄒᆞ라 ᄒᆞ더시다

朋友(븅우)의 饋(궤)ᄂᆞᆫ 비록 車馬(거마) | 라도 祭肉(졔슉)이 아니어든 拜(ᄇᆡ)티 아니ᄒᆞ더시다

栗谷本

朋友(븅우) | 死(ᄉᆞ)호매 歸(귀)홀 배 업거든 ᄀᆞᄅᆞ샤ᄃᆡ 내게 殯(빈)ᄒᆞ라 ᄒᆞ더시다

朋友(븅우)의 饋(궤)ᄂᆞᆫ 비록 車馬(거마) | 라도 祭肉(졔육) 곳 아니면 拜(ᄇᆡ)티 아니ᄒᆞ더시다

◆ 集 註

250-㊀

朋友以義合, 死無所歸, 不得不殯.

朋友는 義로써 합쳐진 것이다. 죽어서 귀속될 유족이 없으니 殯을 執典하지 않을 수 없는 것이다.

250-㊁

朋友有通財之義, 故雖車馬之重不拜. 祭肉則拜者, 敬其祖考, 同於己親也.
○ 此一節, 記孔子交朋友之義.

朋友끼리는 재물을 서로 통용하여 쓰는 義가 있다. 그러므로 비록 수레나 말처럼 중대한 물건일지라도 절하고 받는 것이다. 祭肉에 절을 하는 것은 그 祖上을 공경함이니 이는 자신의 어버이로 같이 여기기 때문이다.
○ 이 한 절은 孔子의 친구 사귐의 義를 기록한 것이다.

251(10-16)

寢不尸

잠 잘 때는 시신처럼 눕지 아니하며, 평소 거처 때에는 용모를 꾸미지 않았다.

자최齊衰를 입은 자를 보게 되면 비록 절친한 사이일지라도 반드시 얼굴 색을 고치며, 면류관을 쓴 사람이나 장님을 만나면 비록 늘 보는 사람일지라도 반드시 예모로 대하였다. 상복을 입은 자를 만나면 식(式; 軾)을 하였으며, 부판자負版者에게도 식을 하였다. 성찬盛饌이 있으면 반드시 얼굴빛을 고치고 일어섰다. 빠른 우레와 바람이 셀 때에도 역시 얼굴빛을 바꾸었다.*

寢不尸, 居不容.㊀ 見齊衰者, 雖狎, 必變.

見冕者與瞽者, 雖褻, 必以貌.㊁

凶服者式之. 式負版者.㊂

有盛饌, 必變色而作.㊃ 迅雷風烈必變.㊄

【尸】위로 보고 누워 마치 시신처럼 눕는 형태.

【居不容】陸德明의《經典釋文》과《唐石經》에는 容이 客으로 되어 있다. 이에
　　다해 段玉裁는「論語『寢不尸, 居不客』, 謂生不可似死; 主不可似客也. 今本
　　誤作『不容』」이라 하였다. 이 경우 '손님처럼 앉지 않는다'로 풀이된다.

【齊衰】喪服. (前出) '자최'로 읽는다. 그러나 諺解에는 '재최(지최)'로 읽었다.

【褻】자주 봄(數相見). 평소 늘 보는 사이.

【式】軾과 같다. 수레 앞의 橫木을 잡은 채 禮를 표하는 것.

【負版者】나라의 서류를 짊어지고 가는 사람. 版은 나라의 圖籍을 뜻한다. 여기서는
　　公務를 수행중인 사람.

* 楊伯峻은『見齊衰者』이하를 分章하여 2章으로 나누었다.

◉ 諺解

🔵陶山本　　寢(침)홈애 尸(시)티 아니ᄒᆞ시며 居(거)홈애 容(용)티 아니터시다
　　　　　齊衰(지최)ᄒᆞᆫ 者(쟈)를 보시고 비록 狎(압)ᄒᆞ나 반ᄃᆞ시 變(변)
ᄒᆞ시며 冕(면)ᄒᆞᆫ 者(쟈)와 다못 瞽(고)ᄒᆞᆫ 者(쟈)를 보시고 비록 褻(셜)ᄒᆞ나
반ᄃᆞ시 써 貌(모)ᄒᆞ더시다

　　凶服(흉복)ᄒᆞᆫ 者(쟈)를 式(식)ᄒᆞ시며 版(판) 負(부)ᄒᆞᆫ 者(쟈)를 式(식)ᄒᆞ더시다
　　盛(셩)ᄒᆞᆫ 饌(찬)이 잇거든 반ᄃᆞ시 色(식)을 變(변)ᄒᆞ시고 作(작)ᄒᆞ더시다
　　迅(신)ᄒᆞᆫ 雷(뢰)와 風(풍)이 烈(렬)홈애 반ᄃᆞ시 變(변)ᄒᆞ더시다

寢(침)ᄒ실 제 尸(시)티 아니ᄒ시며 居(거)ᄒ실 제 容(용)티 아니ᄒ더시다

齊衰(직최)ᄒᆫ 者(쟈)ᄅᆞᆯ 보시고 비록 狎(압)ᄒ나 반ᄃᆞ시 變(변)ᄒ시며 冕(면)ᄒᆫ 者(쟈)와 다믓 瞽者(고쟈)ᄅᆞᆯ 보시고 비록 褻(셜)ᄒ나 반ᄃᆞ시 ᄡᅥ 貌(모)ᄒ더시다

凶服(흉복)ᄒᆫ 者(쟈)ᄅᆞᆯ 式(식)ᄒ시며 版(판)을 負(부)ᄒᆫ 者(쟈)ᄅᆞᆯ 式(식)ᄒ더시다

盛饌(셩찬)이 잇거든 반ᄃᆞ시 色(식)을 變(변)ᄒ고 作(작)ᄒ더시다

迅(신)ᄒᆫ 雷(뢰)와 風(풍)이 烈(렬)ᄒᆫ 제 반ᄃᆞ시 變(변)ᄒ더시다

◆ 集 註

251-㉠

尸, 謂偃臥似死人也. 居, 居家. 容, 容儀.

范氏曰:「寢不尸, 非惡其類於死也. 惰慢之氣不設於身體, 雖舒布其四體, 而亦未嘗肆耳. 居不容, 非惰也. 但不若奉祭祀‧見賓客而已, 申申夭夭是也.」

尸는 누운 자세가 마치 죽은 사람과 같은 것이다. 居는 집에 거하는 것이며, 容은 용모와 의표이다.

范氏(범조우)는 이렇게 말하였다. "寢不尸는 죽은 사람과 비슷한 자세를 혐오해서가 아니라 惰慢(게을러 허투루 하는 모습)한 기운이 몸에 깃들지 않게 하는 것으로, 비록 그 四體를 모두 편다 해도 역시 허투루 하지 않을 따름이다. 居不容이란 나태하게 하는 것이 아니라, 다만 제사를 받들 때나 손님을 만날 때처럼 하지 않을 뿐이며 申申하고 夭夭함(151(7-4))이 바로 이것이다."

251-㉡

狎, 謂素親狎. 褻, 謂燕見. 貌, 謂禮貌. 餘見前篇.

狎은 평소에 親狎하는 것을 말하며, 褻은 편안한 상태에서 만나는 것이다. 貌는 禮貌를 일컫는다. 그 나머지는 前篇을 보라.

251-㉣

式, 車前橫木. 有所敬, 則俯而憑之. 負版, 持邦國圖籍者. 式此二者, 哀有喪,
重民數也. 人惟萬物之靈, 而王者之所天也, 故周禮:『獻民數於王, 王拜受之』.
況其下者, 敢不敬乎?

式(軾)은 수레 앞의 橫木이다. 공경할 바가 있으면, 몸을 굽혀 이에 기댄다.
負版은 나라의 圖籍(나라의 지도와 호적 등 공문서)을 지닌 자이다. 이런 두 사람에게
式을 하는 것은 喪中인 사람을 불쌍히 여기고, 百姓의 숫자를 중히 여긴 것이다.
사람은 오직 萬物의 靈長이요, 王된 자가 하늘로 여기는 바이다. 그 때문에
《周禮》에 "百姓의 숫자를 王에게 올리면 王은 절하고 받는다"(《周禮》秋官 小司寇에
'孟冬, 祀司民. 獻民數於王, 王拜受之, 以圖國用而進退之'라 함) 하였는데, 하물며 그 아랫사람
이야 감히 경건히 하지 않을 수 있겠는가?

251-㉤

敬主人之禮, 非以其饌也.

주인된 사람의 예를 공경한 것이지 그 성찬 때문에 그렇게 한 것은 아니다.

251-㉥

迅, 疾也. 烈, 猛也. 必變者, 所以敬天之怒. 記曰:『若有疾風·迅雷·甚雨, 則必變,
雖夜必興, 衣服冠而坐.』
○ 此一節, 記孔子容貌之變.

迅은 빠르다는 뜻이며, 烈은 맹렬한 것이다. 必變이란 하늘의 怒氣에 경건함을
느끼기 때문이다. 《禮記》에 "만약 疾風·빠른 우레·심한 비가 있으면 반드시 낯빛을
바꾸며, 비록 밤중이라도 반드시 일어나 옷을 입고 관을 쓰고 앉는다"(《禮記》玉藻에
'君子之居恒當戶, 寢恒東首, 若有疾風·迅雷·甚雨, 則必變, 雖夜必興, 衣服冠而坐'라 함) 하였다.
○ 이 한 절은 孔子의 용모의 변화를 기록한 것이다.

252(10-17)

升車必正立

수레에 오를 때에는 반드시 바르게 서서 손잡이 끈을 잡았다. 수레 안에서는 머리를 돌려 훑어보지 않았으며 말을 빠르게 하지도 않았고, 손가락으로 친히 가리키는 일도 없었다.

升車, 必正立, 執綏.㉠
車中, 不內顧, 不疾言, 不親指.㉡

【綏】수레에 오를 때 잡는 손잡이 끈. 음은 '수'이다.
【疾言】高聲. 혹은 빠르게 말하는 것.

車(거)에 升(승)ᄒᆞ샤 반ᄃᆞ시 正(졍)히 立(립)ᄒᆞ샤 綏(유)를 執(집)ᄒᆞ더시다

車中(거듕)애 內顧(닉고)티 아니ᄒᆞ시며 疾(질)히 言(언)티 아니ᄒᆞ시며 親(친)히 指(지)티 아니터시다

車(거)의 升(승)ᄒᆞ실 제 반ᄃᆞ시 正(졍)히 立(립)ᄒᆞ야 綏(유)를 執(집)ᄒᆞ더시다

車中(거듕)에 內顧(닉고)티 아니ᄒᆞ시며 疾言(질언)티 아니ᄒᆞ시며 親(친)히 指(지)티 아니ᄒᆞ더시다

◆ 集 註

252-㊀

綏, 挽以上車之索也.
范氏曰:「正立執綏, 則心體無不正, 而誠意肅恭矣. 蓋君子莊敬無所不在, 升車則見於此也.」

綏는 수레에 오를 때 잡는 줄이다.
范氏(范祖禹)는 이렇게 말하였다. "바르게 서서 줄을 잡으면 마음과 몸이 바르지 않을 수 없고, 성의가 정숙하고 공경하게 된다. 아마 君子의 莊敬함은 없는 데가 없으니, 수레에 오르면 이러한 데에서도 나타나는 것이다."

252-㊁

內顧, 回視也. 禮曰:『顧不過轂.』三者皆失容, 且惑人.
○ 此一節, 記孔子升車之容.

內顧는 돌아보는 것이다.《禮記》에 "돌아볼 때의 시선은 바퀴 부분 이상을 벗어나지 않는다"(《禮記》曲禮(上)에 '車上不廣欬, 不妄指, 立視五雟, 式視馬尾, 顧不過轂, 國中以策彗卹勿驅, 塵不出軌'라 함)라 하였다. 이 세 가지 행동은 모두가 용모를 잃고, 게다가 남을 惑하게 하는 것이다.

○ 이 한 절은 孔子가 수레에 오를 때의 용모를 기록한 것이다.

253(10-18)

色斯擧矣

새도 사람의 표정을 보고 날아올라 돌아본 다음 모여 앉는다. 이를 보고 공자가 말하였다.

"산기슭 다리에 까투리가 때를 만났구나, 때를 만났구나!"

자로子路가 이를 잡아서 음식을 만들어 공자에게 드리자, 공자는 세 번 냄새를 맡아보고는 일어섰다.*

色斯擧矣, 翔而後集.㉠
曰:「山梁雌雉, 時哉時哉!」
子路共之, 三嗅而作.㉡

【色斯擧矣】 '새가 사람의 눈치를 보고 날아오르다'로 해석하는 것이 일반적이다.
* 본장은 歷代 이래 만족스러운 해석이 없었다. 많은 이들은 脫誤가 있거나
斷章된 것이 아닌가 여기고 있다. 따라서 "새도 사람 눈치를 보고 날아올라
돌다가 다시 앉는다. ……子路가 모이를 주었더니 세 번 냄새를 맡고 날아가
버렸다"로 해석되기도 하고, "子路가 산길 다리를 지나다가 까투리 한 마리를
잡자 다른 꿩들이 그 모습에 놀라 날아올랐다가 다시 모였다. 이를 보고 孔子가
『너는 산길 다리에 있는 까투리를 잡다니, 이것이 때에 맞는 일이냐? 이것이
때에 맞는 일이냐?』라고 나무라자, 子路가 두 손으로 이를 풀어주었다. 그러자
꿩이 세 번 날개를 퍼덕이며 날아올랐다"(《三民本》)라는 풀이까지 있다.
한편 『色斯擧矣』에 대하여 馬融은 「見顔色不善則去之也」라 하였고, 전체 뜻에
대하여는 何晏의 《論語集解》에는 「言山梁雌雉得其時, 而人不得其時, 故歎之.
子路以其時物故共具之; 非其本意・不苟食, 故三嗅而作. 作, 起也」라 하였다.
그런가 하면 楊伯峻은 "(孔子가 산길을 가다가 꿩을 보고) 얼굴이 상기되자,
꿩들이 곧바로 날아올라 한 바퀴 돌고 다시 내려와 앉았다. 孔子가『이 산의
다리의 까투리들이 때를 만났구나! 때를 만났구나!』라고 하자, 子路가 그들에게
손을 내밀어 모으는 시늉을 하였다. 그러자 그들은 다시 날개를 퍼득거리더니
날아가 버렸다"라고 풀이하였다.
이에 본장의 풀이는 임시로 朱子의 註를 따라 옮겼다. 참고로 皇侃의 疏에는
다음과 같이 되어 있다.
「梁者, 以木架水上・可渡水之處也. 孔子從山梁閒見有此雌雉也. 時哉者, 言雉
逍遙得時也. 言人遭亂世・翔集不得其所, 而不如梁閒之雉・十步一啄・百步一飮・
是得其時, 故嘆之也. 獨云『雌』者, 因所見而言矣. 子路不達孔子『時哉時哉』
之嘆, 而謂嘆雌雉是時月之味, 故馳逐驅拍遂得雌雉・煮熟而進以供養孔子,
乖孔子本心. 孔子若直爾不食者, 則恐子路生怨, 故先三歎氣而後乃起.」

陶山本 色(식)ᄒ고 이에 擧(거)ᄒ야 翔(샹)ᄒ 後(후)에 集(집)ᄒᄂ니라
ᄀᆞᆯᄋᆞ샤ᄃᆡ 山梁(산량)엣 雌雉(ᄌᆞ티)ㅣ 時(시)ㄴ뎌 時(시)ㄴ뎌 子路
(ᄌᆞ로)ㅣ 共(공)ᄒᆞᆫ대 세 번 嗅(후)ᄒ시고 作(작)ᄒ시다

栗谷本 色(식)애 擧(거)ᄒ고 翔(샹)ᄒ 後(후)에 集(집)ᄒᄂ니라
ᄀᆞᄅᆞ샤ᄃᆡ 山梁(산량)의 雌雉(ᄌᆞ티)ㅣ 時(시)ㄴ뎌 時(시)ㄴ뎌
ᄒ야시ᄂᆞᆯ 子路(ᄌᆞ로)ㅣ 共(공)ᄒᆞᆫ대 세 번 嗅(후)ᄒ시고 作(작)ᄒ시다

◈ 集 註

253-㊀

言鳥見人之顏色不善, 則飛去, 回翔審視而後下止, 人之見幾而作, 審擇所處, 亦當如此. 然此上下, 必有闕文矣.

새가 사람의 顏色이 선하지 못한 것을 보면, 날아가 빙빙 돌며 자세히 살펴본 다음 다시 앉는 것이니, 사람도 幾微를 보고 행동하며 깊이 생각하여 처할 바를 택함도 역시 마땅히 이와 같아야 함을 말한 것이다. 그러나 이 구절의 위아래에 틀림없이 빠진 문장이 있다.

253-㊁

共, 九用反, 又居勇反. 嗅, 許又反.
○ 邢氏曰:「梁, 橋也. 時哉, 言雉之飮啄得其時. 子路不達, 以爲時物而共具之. 孔子不食, 三嗅其氣而起.」
晁氏曰:「石經『嗅』作『戛』, 謂雉鳴也.」
劉聘君曰:「『嗅』, 當作『臭』, 『古闃反』. 張兩翅也. 見爾雅.」
愚按:「如後兩說, 則共字當爲拱執之義. 然此必有闕文, 不可强爲之說. 姑記所聞, 以俟知者.」

共은 反切로 '九用反'(공)이며, 또는 '居勇反'(공)이다. 嗅는 '許又反'(후)이다.

○ 邢氏(邢昺)는 이렇게 말하였다. "梁은 교량(다리)이다. 時哉란 꿩이 물을 마시고 먹이를 쪼는 것이 그 때에 맞음을 말한 것이다. 子路가 이를 깨닫지 못하고 이는 時物(제철의 음식)이라 여겨 함께 갖추어 드리자, 孔子는 이를 먹지 않고 세 번 냄새를 맡아보고는 일어섰다."

晁氏(晁公武)는 이렇게 말하였다. "《石經》에는 '嗅'자가 '戛'자로 실려 있으니 이는 꿩의 울음소리를 일컫는 것이다."

劉聘君(劉勉之, 朱熹의 장인)은 이렇게 말하였다. "'嗅'는 '戛'으로 써야 한다. 反切로 '古闃反'(격)이다. 양 날개짓을 하는 것이다. 《爾雅》를 보라."(《爾雅》 釋獸에 '鳥曰戛'라 함)

내 생각으로는 이렇다. "뒤의 두 가지 설(晁氏와 劉聘君)과 같다면 '共' 자는 의당 '拱執'(붙잡다)이라는 뜻이 되어야 한다. 그러나 여기에는 틀림없이 闕文이 있어 억지로 이를 풀이할 수는 없다. 내가 들은 바를 임시로 기록하여 아는 사람을 기다린다."

임동석(苗浦 林東錫)

慶北 榮州 上苗에서 출생. 忠北 丹陽 德尙골에서 성장. 丹陽初中 졸업. 京東高 서울
敎大 國際大 建國大 대학원 졸업. 雨田 辛鎬烈 선생에게 漢學 배움. 臺灣 國立臺灣師
範大學 國文硏究所(大學院) 博士班 졸업. 中華民國 國家文學博士(1983). 建國大學校
敎授. 文科大學長 역임. 成均館大 延世大 高麗大 外國語大 서울대 등 大學院 강의.
韓國中國言語學會 中國語文學硏究會 韓國中語中文學會 會長 역임. 저서에 《朝鮮譯
學考》(中文) 《中國學術槪論》 《中韓對比語文論》. 편역서에 《수레를 밀기 위해 내린
사람들》 《栗谷先生詩文選》. 역서에 《漢語音韻學講義》 《廣開土王碑硏究》 《東北民族
源流》 《龍鳳文化源流》 《論語心得》 〈漢語雙聲疊韻硏究〉 등 학술 논문 50여 편.

임동석중국사상100

논어 論語

朱熹 集註 / 林東錫 譯註
1판 1쇄 발행/2009년 12월 12일
2쇄 발행/2013년 11월 11일
발행인 고정일
발행처 동서문화사
창업 1956. 12. 12. 등록 16-3799
서울강남구신사동563-10 ☎546-0331~6 (FAX)545-0331
www.dongsuhbook.com
잘못 만들어진 책은 바꾸어 드립니다.

*

*

사업자등록번호 211-87-75330
ISBN 978-89-497-0544-6 04080
ISBN 978-89-497-0542-2 (세트)